曾 杰◎著

中国对发达国家直接投资的
技术创新效应研究

中国财经出版传媒集团

经济科学出版社
Economic Science Press

·北 京·

图书在版编目（CIP）数据

中国对发达国家直接投资的技术创新效应研究/曾
杰著 . -- 北京：经济科学出版社，2023.7
ISBN 978 - 7 - 5218 - 4681 - 2

Ⅰ.①中…　Ⅱ.①曾…　Ⅲ.①对外投资 – 研究 – 中国
Ⅳ.①F832.6

中国国家版本馆 CIP 数据核字（2023）第 062365 号

责任编辑：周国强
责任校对：杨　海
责任印制：张佳裕

中国对发达国家直接投资的技术创新效应研究
ZHONGGUO DUI FADA GUOJIA ZHIJIE TOUZI DE JISHU CHUANGXIN XIAOYING YANJIU
曾　杰　著
经济科学出版社出版、发行　新华书店经销
社址：北京市海淀区阜成路甲 28 号　邮编：100142
总编部电话：010 - 88191217　发行部电话：010 - 88191522
网址：www. esp. com. cn
电子邮箱：esp@ esp. com. cn
天猫网店：经济科学出版社旗舰店
网址：http://jjkxcbs. tmall. com
固安华明印业有限公司印装
710×1000　16 开　16 印张　260000 字
2023 年 7 月第 1 版　2023 年 7 月第 1 次印刷
ISBN 978 - 7 - 5218 - 4681 - 2　定价：96.00 元
（图书出现印装问题，本社负责调换。电话：010 - 88191545）
（版权所有　侵权必究　打击盗版　举报热线：010 - 88191661
QQ：2242791300　营销中心电话：010 - 88191537
电子邮箱：dbts@ esp. com. cn）

前　言

20 世纪 90 年代以来，经济全球化趋势不断加强，国际经济交往日益紧密，随着对外直接投资快速发展，其所产生的逆向技术溢出效应被逐渐关注。"入世"以来我国对外开放水平不断提升，随着国家"走出去"战略不断深入推进，中国企业开始加速布局海外市场，对外直接投资（OFDI）迅速增长①，2019 年中国对外直接投资流量为 1369.1 亿美元，已经多年位列世界第 2 位。2002～2019 年间中国对外直接投资增长了 50 倍，年均增长速度高达 26%②，远超全球平均水平。企业通过向发达国家直接投资，可以获取更加先进的技术、人力资本、管理经验等研发资源，并传导回母国，实现母国技术进步。因此，对外直接投资已成为我国参与经济全球化的重要方式，可借此突破技术瓶颈，提升我国在全球价值链中

---

① 对外直接投资英文为"outward foreign direct investment"，简称为"OFDI"，本书中提到的 OFDI 泛指对外直接投资。

② 数据源自《2019 年中国对外直接投资统计公报》，并经过计算整理。

的地位。

技术进步和知识积累对于一国经济增长发挥着重要驱动作用，知识经济时代一个国家只有具备较强的创新能力，才能提升自身的核心竞争力。我国经济经过多年快速发展，综合国力已经显著增强，但是在研发投入强度和万人专利拥有量等科技创新指标上与发达国家依然有一定差距。在经济新常态时期，迫切需要提高技术创新能力，实现由要素驱动向创新驱动转变，才能有效提升经济增长质量。而对外直接投资作为经济新常态下的外向型引擎，应充分释放逆向技术溢出效应的巨大潜能。发达国家是先进技术的来源国，本书主要研究中国对发达国家直接投资的创新效应问题，从宏观和微观视角进行实证分析，解答中国对发达国家直接投资对技术创新的作用效果如何以及有哪些影响因素，对于为国内经济发展寻找新动能、指导中国企业通过对外投资实现技术升级具有重要意义。

本书采用实证研究法、比较分析法和规范分析法等多种分析方法，遵循理论基础、现状分析、机理分析、实证分析、结论建议的研究思路，深入具体地研究了中国对发达国家直接投资的技术创新效应问题。从结构安排来看，本书共分为七章。第1章是绪论，主要介绍本书的选题背景和意义、国内外研究现状、各部分主要内容、研究方法及主要创新点和不足。第2章是理论综述，明确界定几个关键概念，阐述发展中国家对外直接投资理论、技术进步和技术创新理论、国际技术溢出理论以及企业异质性理论。第3章是中国对发达国家直接投资概述，包括中国对外直接投资的总体特征，中国对发达国家直接投资的现状和面临的新形势。第4章是OFDI促进母国技术创新的机理与影响因素，从微观、中观、宏观三个层面阐述机理，从母国和东道国两个角度阐述影响因素，最后以华为公司为例进行案例分析。第5章从宏观视角对中国向发达国家OFDI的技术创新效应进行实证分析，包括母国吸收能力视角和东道国视角两部分内容，母国吸收能力视角的分析包括总体检验和门槛特征检验。第6章从微观视角对中国向发达国家OFDI的技术创新效应进行实证分析，阐述了中国企业对发达国家OFDI的特征，并进行企业异质性分析。然后对企业OFDI促进技术创新效应进行实证检验，包括初始检验、动态效应检验、异质性投资动机检验和异质性进入模式检验等几个方面。

第7章为结论和建议，对全书的研究结论进行总结，并提出政策建议。

　　本书得出如下几点研究结论：第一，中国对外直接投资发展迅速，但投资行业集中度较高，区位分布不均衡。对发达国家投资比重过低，但投资增速很快、区域集中。近几年发达国家加大外商投资审查监管力度，中资企业OFDI 面临更大阻力。第二，中国对发达国家直接投资对母国技术创新的机理，主要通过企业微观、产业中观和国家宏观三个层面进行传导。第三，从宏观视角进行实证检验，结果表明中国对发达国家 OFDI 对国内技术创新的促进作用显著为正，远高于对发展中国家 OFDI 的促进作用。OFDI 促进技术创新的母国吸收能力存在门槛效应。东道国的技术差距、经济发展水平、制度环境、研发支出和技术创新能力等影响因素，与对发达国家 OFDI 逆向技术溢出效应都呈现出显著的正相关关系。第四，中国 A 股制造业上市公司中，对外投资占比为 40%，其中 61% 投向发达国家。在研发投入、盈利能力和创新能力三个方面，向发达国家 OFDI 企业均强于向发展中国家 OFDI 企业和非 OFDI 企业。第五，从企业微观视角进行实证检验，采用基于倾向得分匹配的双重差分法（PSM-DID），结果表明企业对发达国家 OFDI 对技术创新的促进作用显著为正，但技术寻求型企业获取的技术创新效应优势不明显，说明从发达国家获取到的先进技术很有限。动态效应呈先上升后下降的倒 "U"型趋势，采用绿地投资模式的企业获取的技术进步要明显高于采用并购投资的企业。

目　　录

| 第 1 章 | 绪论 ／ 1 |

1.1　选题背景 ／ 1

1.2　研究意义 ／ 3

1.3　国内外研究综述 ／ 5

1.4　研究内容与框架结构 ／ 11

1.5　研究方法 ／ 13

1.6　创新点及不足 ／ 14

| 第 2 章 | 理论综述 ／ 18 |

2.1　基本概念的界定 ／ 18

2.2　理论基础 ／ 20

2.3　本章小结 ／ 39

| 第 3 章 | 中国对发达国家和地区直接投资概述 ／ 40 |

3.1　中国对外直接投资现状特征 ／ 40

3.2 中国对发达国家和地区直接投资的现状 / 59

3.3 中国向发达国家和地区直接投资面临的新态势 / 87

3.4 本章小结 / 95

| 第4章 | **OFDI 促进母国技术创新机理与影响因素 / 97**

4.1 中国对发达国家 OFDI 促进母国技术
创新的机理 / 98

4.2 中国对发达国家 OFDI 促进母国技术创新的
影响因素 / 105

4.3 案例分析：华为公司 OFDI 促进技术创新的
路径机理 / 110

4.4 本章小结 / 116

| 第5章 | **中国对发达国家 OFDI 促进技术创新的实证分析：
基于宏观视角 / 118**

5.1 基于母国吸收能力视角的实证分析 / 118

5.2 基于东道国特征视角的实证分析 / 139

5.3 本章小结 / 152

| 第6章 | **中国对发达国家 OFDI 促进技术创新的实证分析：
基于微观视角 / 154**

6.1 中国企业对发达国家 OFDI 特征及企业异质性分析 / 154

6.2 实证检验与结果分析 / 163

6.3 本章小结 / 176

第 7 章	结论与建议 / 178
7.1	研究结论 / 178
7.2	政策建议 / 180

附录 ／ 189

参考文献 ／ 232

后记 ／ 246

| 第 1 章 |

绪　　论

1.1　选题背景

　　中国的对外直接投资（OFDI）始于改革开放后，但由于当时经济发展水平低且外汇储备不足，中国企业 OFDI 规模极小。在 2001 年我国加入世界贸易组织之后，随着国家对外政策的转变，由注重"引进来"转向"引进来"与"走出去"并重，OFDI 规模也开始迅速扩张。2002 年，中国 OFDI 流量仅有 27 亿美元，排在全球第 26 位；而 2019 年，OFDI 流量为 1369.1 亿美元，排在全球第 2 位，而且已经连续 8 年位列全球对外直接投资流量前三。2002～2019 年间中国 OFDI 的年均增长速度高达 26%，远超全球平均水平。从 2015 年起，我国的 OFDI 流量连续多年超过了外商直接投资流量。另外，截至 2019 年底，中国 OFDI

存量已经高达 21988.8 亿美元，位列全球第 3 位。中国共有 2.75 万家境内投资者在 188 个国家（地区）设立境外企业，境外企业数量为 4.4 万家，资产总额为 7.2 万亿美元。① 可见中国对外直接投资在全球的影响力在不断扩大，对世界经济的贡献日益凸显。

2008 年爆发了国际金融危机，全球对外投资受此影响也出现了急剧下滑，但是中国企业对外投资不仅没有下滑，反而小幅上涨。很多中国大型央企此时加速了海外并购的步伐，如中海油、五矿集团、中国化工橡胶集团等，以及在互联网和电子制造领域领先的大型民营企业都通过并购方式向国外投资。金融危机使很多发达国家股市暴跌，资产价格下降，恰好为中国企业走出去并购提供了时机。2008 年之后中国企业加大了对发达国家的投资力度，同比增速和占比都大幅提升。在 2003～2019 年这 16 年的时间，对发达国家流量的年均增幅达到 58%，远远高于总流量的增幅。

技术溢出效应是学术界普遍关注的热点问题，新古典增长理论和内生增长理论认为，只有技术进步才能保障人民生活水平的长期提高。国内外大量学者的研究已经表明，一国技术创新水平的提高主要源于国内和国外两种途径，国内途径指依靠自身的研发资本投入，而国外途径主要包括国际贸易、吸引外资和对外直接投资，通过这三种渠道来获取国外研发资本溢出。从 2018 年开始中美贸易摩擦频繁，发达国家贸易保护主义有抬头的趋势，因此今后我国的贸易前景尚不明朗。面对发达国家愈加严格的技术封锁，进口贸易很难成为获取国外研发资本的主要渠道。在改革开放后的 40 多年里，国家出台了吸引外资的优惠政策，采用"以市场换技术"的战略，外商直接投资给我国带来了先进技术和管理经验，改变了原先落后的工业体系，促进了经济的发展。如苹果、三星等著名外资名牌厂商，通过来华投资带动了我国相关产业链上游的发展，提升了整个产业链的技术创新能力。因此，利用外商投资通过示范效应与技术扩散效应，提升了整个国家的技术创新能力，一度成为提升技术的重要路径。但随着国内人口红利逐渐消失，要素成本不断上升。而且金融危机之后，西方发达国家开始意识到实体经济对促进经济增长

---

① 《2019 年中国对外直接投资统计公报》。

的重要性，于是开始实施再工业化战略，使制造业纷纷回流母国，也引起大量创新人才回流。因此，在新的历史阶段外商直接投资对我国技术创新的促进作用逐渐减弱。随着中国对外直接投资的快速发展，中国跨国企业的竞争力与影响力不断增强，通过嵌入发达国家技术密集型产业，可以获取先进技术的外溢，促进本国创新能力提升，因而新形势下对外直接投资成为我国获取国外技术溢出的重要途径。

中共十九大报告强调要建立以企业为主体的产学研深度融合的技术创新体系，实现技术创新是中国企业实现长久发展的唯一途径。改革开放和招商引资政策的实施，使我国企业的科技创新能力稳步提升，涌现出了一批创新能力强、具有国际竞争力的行业龙头企业。但是很多企业依然存在技术水平低下、创新动力不足的问题。中国企业通过在海外投资的迅速扩展，学到了很多发达国家的先进管理经验和先进技术，使企业生产率提高并降低生产成本。海外子公司再将学习到的先进技术和经验反馈回国内母公司，促使母公司技术创新能力提升。而发达国家是国际领先技术的来源地，在此背景下研究中国企业对发达国家直接投资获取的创新效果如何？其对企业创新的作用机制是什么？对这些问题的解答对于提升我国企业的技术水平，为中国的创新发展寻找新的驱动力是至关重要的。

1.2　研　究　意　义

1.2.1　理论意义

随着经济全球化趋势不断加强，世界各国的对外直接投资活动日益活跃，国内外学者对跨国公司的海外直接投资行为展开了多方面的研究，取得了宝贵的成果。如垄断优势理论、国际生产折衷理论、产品生命周期理论等以发达国家为研究对象的对外直接投资理论；还有如小规模技术理论、技术地方化理论等以发展中国家为研究对象的对外投资理论。除了理论成果以外，学者们也取得了重要的实证成果，学者科格特和张（Kogut & Chang，1991）首次通过实证分析方法对此问题进行研究，结果显示对外直接投资确实存在逆向技术溢出效应。科和赫尔普曼（Coe & Helpman，1995）通过构建国际研发溢出模型研究，发现除了国内研发资本存量以外，通过进口获取的国际研发资本存量也会影响一国的全要素生产率。利希滕贝格和波特斯伯格（Lichtenberg & Pottlelsberghe，2001）在 C-H 模型的基础上，首次将对外直接投资引入国际技术溢出模型，研究了其对全要素生产率的影响，L-P 模型成为研究国际技术溢出的经典模型。国内学者对中国 OFDI 逆向技术溢出效应的研究也层出不穷，例如，赵伟、古广东、何国庆（2006），李梅、柳士昌（2012），陈菲琼、钟芳芳、陈㼆（2013），尹东东、张建清（2016），刘宏（2019）等，但学者们的研究并未得出一致的结论。从现有的理论成果来看，更多的是对中国对外直接投资逆向技术溢出效应的研究，而且在研究数据选取、模型设定和变量引入等方面还存在很多不足之处。对外直接投资促进母国技术创新效应的研究还不多，中国对发达国家直接投资是否能够促进母国技术进步？又有哪些影响因素？中国企业向发达国家投资以后，技术创新能力是否得到了显著提升？这些问题有待给出答案。在理论分析方面，本书首先对 OFDI 理论和技术进步与创新理论等进行梳理；然后分析 OFDI 促进母国技术进步的作用机理。在实证分析方面，将投资对象国进行明确分类，重点研究对发达国家直接投资的技术创新效应，并且从宏观和微观两个视角进行翔实、充分的实证分析。本书力求丰富本领域理论研究成果，以期弥补现有文献研究的不足，对本领域理论研究产生一定推动作用。

1.2.2 实践意义

对于一国而言，创新是国家经济增长的重要推动力。对于一个企业而言，创新是其能否掌握核心技术、在竞争中取胜的关键。尽管近些年我国政府鼓励自主创新，也取得了一定成效，但是在一些关键领域仍然缺乏拥有自主知识产权的核心技术，我国企业的创新能力有待提高。目前中国处于经济转型升级、新旧动能转换的关键阶段，迫切需要提升自主创新能力，以便为经济的持续健康发展提供新动力。企业创新能力提升的途径分为两种方式，即内源式增长和外源式增长。内源式增长指的是企业依靠自身不断增加研发投入和通过"干中学"不断积累技术经验，最终促进技术进步和创新能力提升；外源式增长是指企业通过进出口贸易、外商直接投资、OFDI 等方式获取国外研发要素，提升本国的技术创新能力。随着世界各国经济日益融合，对外直接投资成为一国获取先进技术和提升创新能力的重要途径。

近些年中国对外直接投资结构逐渐优化，企业加大了对发达国家的投资力度，投资目的也逐步实现从资源寻求型向技术寻求型转变。发达国家是全球技术创新的主要来源地，技术寻求是中国企业对发达国家 OFDI 的主要目的之一。中国企业通过对发达国家和地区的研发密集区域进行投资，建立研发机构或者并购技术优势企业，可以学到国际先进技术、积累跨国管理经验，通过逆向技术溢出效应、知识汲取效应等影响途径，促进企业自身的创新和发展。中国企业对外直接投资的创新效应不仅受母国的吸收能力等宏观因素的影响，也受企业自身特征、进入模式等微观因素的影响。尤其近几年发达东道国的投资准入环境逐渐恶化，中国企业对西方发达国家对外直接投资面临越来越多的困难。因此，本书以发达国家为重点研究对象，采取理论阐述和实证分析相结合的方法，就中国对发达国家直接投资与技术创新的问题从宏观和微观的不同视角进行研究，对于提高中国对外直接投资的绩效和提升企业创新水平具有重要的现实意义。

1.3　国内外研究综述

1.3.1　国外相关研究综述

1.3.1.1　国外对 OFDI 逆向技术溢出和促进技术进步的肯定观点

国外学者对 OFDI 逆向技术溢出相关问题的研究比国内学者还要更

早。科格特和张（Kogut & Chang，1991）研究发现日本企业对美国的投资中，多数以建立合资企业的方式投资于研发密集型产业，OFDI 具有逆向技术溢出效应。科和赫尔普曼（Coe & Helpman，1995）建立了国际研发模型，简称 C-H 模型，他们认为除了国内研发资本以外，通过国际贸易方式获取的国际研发资本存量也会影响一国的全要素生产率。法斯弗瑞和莫塔（Fosfuri & Motta，1999）建立了古诺模型，论证了技术处于劣势的国家通过 OFDI 获取逆向技术溢出的实现机制，包括演示模仿、技术扩散、人员培训、产业关联四个方面。利希滕贝格和波特斯伯格（Lichtenberg & Pottlelsberghe，2001）在 C-H 模型的基础上将对外直接投资引入了国际技术溢出模型，创建了 L-P 模型。他们通过对美国、德国、日本等 13 个国家的数据进行实证检验，用全要素生产率作为被解释变量，代表母国的技术水平，他们认为通过进口贸易、外商直接投资和对外直接投资三种渠道都会产生国际技术溢出效应。实证结果表明对 R&D 密集型国家进行投资能显著地促进全要素生产率的增长，并提高本国企业的技术水平。L-P 模型受到了学术界的广泛关注，至今仍为研究此类问题的主流模型。伯豪科尼和埃克霍尔姆等（Braconier & Ekholm et al.，2002）通过研究瑞典企业数据，发现其获得的技术溢出与其吸引外资和对外投资的规模正相关。类似地，德里菲尔德和洛夫（Driffield and Love，2003）通过实证分析英国制造业企业数据，表明区位选择和行业选择的差异会影响逆向技术溢出的效果，在英国投资的外国企业只有在高新技术区域或特定产业聚集区进行投资才能获得技术溢出效应，企业 OFDI 的动机可能是为了获取东道国的先进技术。此外，格里菲斯和雷丁等（Griffith & Redding et al.，2004）以及维特和马索（Vahter & Masso，2005）的研究也都证实了 OFDI 存在逆向技术溢出效应。赫泽（Herzer，2011）研究发展中国家 OFDI 与技术进步的关系，利用 33 个国家的数据进行实证分析，结果发现 OFDI 能够促进全要素生产率提升，而且不同国家的技术溢出效果存在差异。布兰施泰特（Branstetter，2006）从微观角度对日本企业在美国投资的特征进行实证研究，发现日本对美以合资或并购的方式投资能够获得技术溢出，技术密集型公司获取的技术溢出效应高于其他类型公司。科和赫尔普曼（Coe & Helpman，

2008）与霍夫迈斯特（Hoffmaister，2008）将制度变量引入国际研发溢出模型，研究将一国的法规制度、专利保护制度、高等教育以及贸易自由化程度作为吸收能力因素，检验其对国际研发溢出效应的影响。德里菲尔德和张（Driffield & Chang，2009）对英国的产业数据进行检验，证明了对研发密集型国家进行投资能够促进企业技术进步。韦森（Wesson，2009）建立了异质产品古诺模型，证实了落后国家通过技术获取型 OFDI 能够提高本国技术水平。米歇尔和波特斯伯格（Michele & Pottelsberghe，2011）分别从宏观和微观两个角度进行分析，结果显示从微观角度研究的 OFDI 逆向技术溢出效应不明显，而从宏观角度研究的效应却很显著。德里菲尔德、洛夫和杨（Driffield，Love & Yang，2014）从微观视角收集了分布于不同国家的 4500 多家跨国公司的数据，研究发现技术寻求型跨国公司通过 OFDI 获得的技术促进效应更明显。

1.3.1.2 国外对 OFDI 逆向技术溢出和促进技术进步的否定观点

国外学者中有少部分人认为 OFDI 并不存在显著的逆向技术溢出效应。格旺胡恩（Gwanghoon，2006）对 OECD 国家的数据进行检验，发现这些国家通过 OFDI 并没有产生明显的逆向技术溢出效应。比泽和克里克斯（Bitzer & Kerekes，2008）在 OECD 成员国中选取 17 个国家的产业数据进行研究，结果显示 OFDI 逆向技术溢出效应存在着国别差异。英国、法国、日本等国通过 OFDI 能够获取技术溢出效应，而加拿大、德国、丹麦等国则未能获取技术溢出效应。

1.3.2 国内相关研究综述

进入 20 世纪以后，随着我国"走出去"步伐的不断加快，国内越来越多的学者开始研究 OFDI 问题，关于 OFDI 逆向技术溢出效应的研究主要是从其存在性以及影响因素等方面展开，产生了丰富的学术成果。然而，由于研究视角和样本选取等方面的差异，在中国 OFDI 是否存在逆向技术溢出效应及 OFDI 是否对母国技术进步有促进作用等问题上，学者们并未得出一致的结论。

1.3.2.1　国内对 OFDI 逆向技术溢出和促进技术进步的肯定观点

国内一部分学者研究认为我国企业 OFDI 可以获取逆向技术溢出效应，并促进了国内技术进步。冼国明、杨锐（1998）采用斯塔克尔伯格模型，从技术积累的角度研究发展中国家 OFDI 问题，通过将学习到的技术和经验进行消化来增强自身的竞争能力。马亚明、张岩贵（2003）利用非合作博弈策略分析方式研究发展中国家 OFDI 行为，以技术单向和双向扩散模型为基础，结果显示发展中国家对发达国家 OFDI 可以获得技术扩散。赵伟、古广东和何国庆（2006）分析了中国通过 OFDI 促进技术进步的机理，通过研发费用分摊、研发成果反馈等机制，获取对研发要素丰裕国家投资的技术溢出。周春应（2009）利用中国 1991~2007 年间的数据进行研究，结果显示中国对外直接投资存在显著的逆向技术溢出效应。陈菲琼、钟芳芳和陈娜（2013）在模型中加入人力资本作为吸收能力与 OFDI 国外研发资本溢出的交叉项，实证检验证明 OFDI 对我国技术创新起到促进作用。田巍、余淼杰（2012），蒋冠宏、蒋殿春和蒋昕桐（2013），肖慧敏、刘辉煌（2014）等学者纷纷从微观视角研究中国 OFDI 与企业生产率及技术进步问题，研究结果表明中国企业通过 OFDI 对企业生产率有显著的正效应。毛其淋、许家云（2014）采用倾向得分匹配法，利用 2004~2009 年间《中国工业企业数据库》的微观数据进行检验，结果显示 OFDI 对企业创新具有持续性的促进作用。霍忻、刘宏（2016）将全要素生产率作为衡量技术水平的指标，通过实证检验证明中国 OFDI 虽然能产生逆向技术溢出效应，但影响效果不如国内研发、进口贸易和外商投资三种渠道。李娟、唐珮菡等（2017）研究 OFDI 逆向技术溢出效应是否能够促进我国创新能力提升，结果显示对外直接投资对我国创新能力的影响为正但相对较小，而国内研发资本投入和人力资本才是主要影响因素。近两年部分学者从更新的视角研究 OFDI 逆向技术溢出问题，如李平、史亚茹（2019）研究证明知识产权保护对我国 OFDI 逆向技术溢出产生积极的影响，对东部地区的影响最明显。刘宏、赵恒园和李峰（2019）运用省际面板数据进行实证检验，发现 OFDI 对地区创新产出的影响存在地区差异，东、中、西部地区显著为正，东北地区不明显。李延喜、何超等（2020）利用企业微观数据研究对"一带一路"沿线国家直接投资存在多种逆向创新的溢出渠道，包括外围技术剥离、研发成本分摊和研发成果反馈三种渠道，通过这些渠道可以促进中国企业创新。陈培如、冼国明（2020）基于二元边际视角研究中国 OFDI 逆向技术溢出促进创新问题，结果显示往期和新增 OFDI 能够促进我国创新能力提升，但集约边际的作用不显著，而扩展边际对技术创新有促进作用。

1.3.2.2　国内对 OFDI 逆向技术溢出和促进技术进步的否定观点

另一部分国内学者通过研究认为中国 OFDI 没有产生明显的逆向技术溢出效应，并没有促进国内技术进步。王英、刘思峰（2008）借鉴国际研发溢出模型的实证检验结果表明国内研发资本溢出是促进中国技术进步最主要的因素，而 OFDI 的技术溢出并没有促进我国技术进步。白洁（2011）经过实证检验认为我国 OFDI 逆向技术溢出效应不显著。李梅、柳士昌（2012）采用 GMM 分析法，利用省际面板数据进行实证分析，结果表明我国对外直接投资未能促进全要素生产率的提升和国内技术进步。尹东东、张建清（2016）认为我国 OFDI 总体上并未呈现明显的逆向技术溢出效应，但是在东中西部地区之间存在差异，并且加入了吸收能力与 OFDI 国外研发资本溢出的交叉项，吸收能力包括研发投入、人力资本、基础设施、对外开放程度等。梁锶、谢吉惠和苑生龙（2018）利用宏观数据检验证明中国对中东欧国家 OFDI 产生的逆向技术溢出效应较弱。孔群喜、彭丹和王晓颖（2019）引入人力资本作为吸收能力，检验证明 OFDI 逆向技术溢出并未能促进技术进步。沈春苗、郑江淮（2019）研究了 2003～2015 年中国对 29 个 OECD 成员国 OFDI 的逆向技术溢出对国内技能偏向性技术进步的影响，检验结果表明产生的影响是抑制作用而不是促进作用，原因可能在于技术吸收能力不足、国内产能过剩以及 GVC 低端锁定等。李和胡（Li & Hu，2013）研究台湾对祖国大陆的投资，结果发现 OFDI 反而不利于企业技术效率提升，OFDI 可能对本地研发具有替代作用。此外，持否定观点的学者还包括邹玉娟、陈漓高（2008），刘明霞、王学军（2009），朱彤、崔昊（2012），申俊喜、鞠颖（2016）等。

1.3.3　现有文献评述

从目前的研究现状来看，尽管学者们纷纷从理论和实证方面探讨了中国对外直接投资问题，但大部分研究是针对 OFDI 的逆向技术溢出效应，对 OFDI 与母国技术创新的研究不多。国内学者大多研究 OFDI 逆向技术溢出的存在性及影响因素，对发达国家直接投资的研究相对缺乏，而且学者们对我国 OFDI 逆向技术溢出的存在性这一问题并未得出一致结论。目前的研究主要存在以下几个不足：

第一，国内学者在研究我国 OFDI 逆向技术溢出效应时，多数研究并未将投资目的国进行分类，通常只是选取 OFDI 数额前几名的国家作为研究对象。对不同类型的国家进行 OFDI 对母国技术进步的作用机理和效果存在较大差异。因此，将不同类型的国家作为一个整体进行研究，将影响研究结果的准确性。发达国家和发展中国家在经济发展、技术水平、研发存量、人力资本和知识产权保护等方面都存在着显著差别，因而中国对两种不同类型国家 OFDI 的逆向技术溢出效应大相径庭。

第二，现有的从企业微观视角研究 OFDI 问题的学者，大多选取的是 2005～2009 年之间《中国工业企业数据库》的数据，时间跨度短而且比较陈旧。2008 年世界金融危机之后，中国对外直接投资开始迅速增长。因此，用 2010 年之前的数据分析企业对外直接投资状况对当前的研究借鉴意义不大。

第三，现有文献中重点针对中国对发达国家对外直接投资的研究目前相对较少。最近几年在中美经贸摩擦持续不断的背景下，美国、欧盟、澳大利亚等发达国家纷纷加大了对中国企业投资的审查力度，中国企业到发达国家投资将面临更大的阻力和困难，在此背景下对中国向发达国家 OFDI 的新态势及相关问题进行分析并提出应对策略具有现实意义。

针对现有研究的不足之处，本书的贡献在于在分析中采用对比分析法，将投资国别分为发达国家和发展中国家两个群体，重点研究中国对发达国家直接投资对母国技术创新的影响，同时结合目前的国际经贸环境分析我国对发达国家直接投资的新态势。从宏观上揭示中国对发达国家直接投资与技术创新的关系，分母国和东道国两个视角进行实证分析，揭示哪些因素影响或阻碍对发达国家直接投资技术溢出的获取。除宏观分析外，同时从企业微观视角进行实证分析，重点考察的是金融危机之后，即 2010～2019 年间企业对外直接投资状况，采用了上市公司最新的财务数据进行分析，检验企业 OFDI 的技术创新效应。最终得出结论和建议，以期为我国企业向发达国家进行技术寻求型直接投资提供有价值的借鉴和参考。

1.4 研究内容与框架结构

1.4.1 研究内容

本书主要研究内容分为七章，具体介绍如下：

第 1 章是绪论，首先介绍本书的选题背景和研究意义，然后简述国内外研究现状并做出评价，介绍各章的主要内容并阐明研究方法，最后提出主要创新点及不足之处。

第 2 章是理论综述，首先对几个关键概念进行准确、严谨的界定，然后阐述发展中国家对外直接投资理论、技术进步与创新理论、国际技术溢出理论及企业异质性理论，为后面的分析打下坚实的理论基础。

第 3 章是中国对发达国家直接投资概述，首先介绍了中国对外直接投资的总体特征，包括投资的规模、方式、行业、区位和主体五个方面。然后阐述了中国对发达国家直接投资的现状，包括投资总体特征和具体的分国别阐述。最后详细分析了中国对发达国家直接投资面临的新态势。

第 4 章是 OFDI 促进母国技术创新机理与影响因素，首先阐述了中国对发达国家 OFDI 促进母国技术创新的机理，分别从企业微观、产业中观和国家宏观三个角度进行阐述。然后分析中国企业对发达国家 OFDI 逆向技术溢出的影响因素，分别从投资母国和东道国两个方面进行阐述。最后进行案例分析，分析华为公司通过对外直接投资实现技术创新的路径。

第 5 章从宏观视角对中国向发达国家 OFDI 的技术创新效应进行实证分析，首先从母国吸收能力视角进行实证分析，包括 OFDI 促进技术创新的总体检验和母国吸收能力的门槛特征检验两部分内容。总体检验中将对发达国家 OFDI 和对发展中国家 OFDI 的创新效应进行对比分析。门槛效应检验中选取的四个吸收能力指标包括研发投入、人力资本、金融发展水平和经济发展水平。然后从东道国特征视角进行实证分析，检验东道国一些因素对中国 OFDI 逆向技术溢出效果的影响，包括发达东道国的经济发展水平、人力资本、研发投入、技术创新水平、技术差距和制度环境几个方面。

第 6 章从微观视角对中国向发达国家 OFDI 的技术创新效应进行实证分析，首先分析了中国企业对发达国家 OFDI 的几个特征，并从企业研发投入、盈利能力和创新能力三个方面进行企业异质性分析。然后运用基于倾向得分匹配的双重差分法对企业 OFDI 促进技术创新效应进行实证检验，包括初始检验、动态效应检验、异质性投资动机检验和异质性进入模式检验等几个方面。

第 7 章为结论和建议，首先对全书的研究结论进行归纳总结，然后提出相关的政策建议。

1.4.2　框架结构

本研究的技术路线如图 1 - 1 所示。

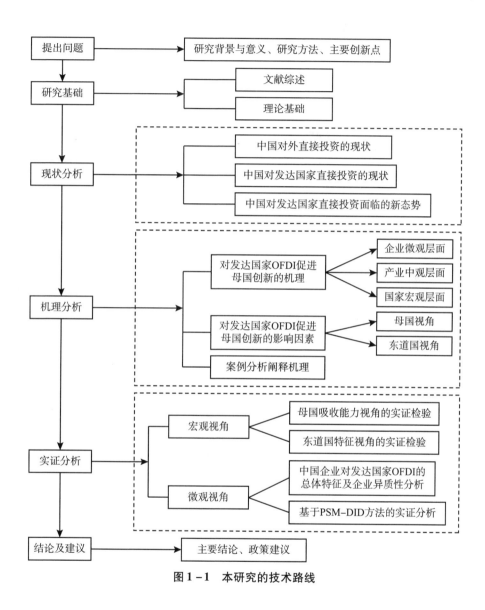

图 1-1 本研究的技术路线

1.5 研 究 方 法

第一，规范分析法。本书采用规范分析法对中国向发达国家直接投资的技术创新问题进行了全面而系统的研究。按照理论分析、现状分析、机理分析、实证分析、结论建议的逻辑思路分层次地进行阐述。首先以相关的理论分析作为本书研究的基础，以现状分析和机理分析作为研究的依托，以实证分析作为研究的重点和支撑，最终得出有说服力的结论并提出建议。

第二，实证分析法。在本书重点部分第 5 章和第 6 章的研究中，都采用了实证分析法，分别从宏观和微观视角就中国对发达国家 OFDI 技术创新效应进行实证检验。在宏观实证分析中，借鉴了传统经典的国际研发溢出模型并进行了适当的改进，利用 2003 ~ 2018 年间我国 30 个省份的省际面板数据，采用了 OLS、广义矩估计法（GMM）和面板门槛效应检验等多种计量分析方法。在微观实证分析中，查询了近两千家 A 股制造业上市公司的数据，采用了基于倾向得分匹配的双重差分法（PSM-DID）进行实证检验。通过运用多维度的计量分析方法，力求更加客观准确地得出检验结果。

第三，比较分析法。本书在机理分析部分和实证分析部分，多次使用了比较分析法。在第 4 章机理分析中，不仅详细地分析了对发达国家 OFDI 促进母国创新的机理，同时列出了对发展中国家 OFDI 促进母国创新的机理，便于对两类不同国家的技术传导途径进行对比分析。在宏观实证分析部分，分别对发达国家 OFDI 和对发展中国家 OFDI 的创新效应进行了检验，并将结果作出对比分析。在微观实证分析部分，分别查找了 OFDI 企业和非 OFDI 企业的数据，在企业异质性分析中，在创新能力和研发投入等几个方面将对发达国家 OFDI 企业、对发展中国家 OFDI 企业和非 OFDI 企业分行业地进行对比分析。在微观实证检验部分，在对企业 OFDI 促进创新的初始检验和动态效应检验中，也将发达国家和发展中国家 OFDI 企业的结果进行了对比分析。通过使用对比分析法，使得研究内容更加充实，而且研究结论更加有说服力。

1.6　创新点及不足

1.6.1　主要创新点

第一，新颖的研究视角。先前国内外学者更多聚焦于 OFDI 逆向技术溢出效应的研究，对 OFDI 促进母国创新效应的研究较少。而且几乎都没有对投资目的国进行分类，事实上对不同类型的国家进行 OFDI 对母国技术进步的作用机理和效果存在较大差异。因此，将不同类型的国家作为一个整体进行研究，将影响研究结果的准确性。发达国家和发展中国家在经济发展、技术水平、研发存量、人力资本和知识产权保护等方面都存在着显著差别。而本书在研究视角的选取上不同于先前的学者，将投资目的国进行了清晰划分，分为发达国家和发展中国家两种类型，在机理分析和实证分析中分别对两种不同类型的国家进行分析和实证检验，这样得出的结果更加准确、客观、符合实际。另外，在宏观实证分析中，不仅从母国吸收能力的视角进行研究，同时从东道国的特征视角进行实证分析，这样的研究结论更全面具体，弥补了之前研究的不足。

第二，研究内容的创新。首先，本书选取发达国家为主要研究对象，详细阐述了中国对发达国家 OFDI 的现状，结合最近两年西方各国对外商投资的政策动向，分析了中国企业对发达国家 OFDI 的新态势。其次，在宏观实证分析部分，在国际技术溢出模型的公式中，对传统模型进行了修正，加入了发达国家的技术保护这一因素，也是考虑到发达国家普遍对本国技术采取严格保护，这对外国投资者获取其技术溢出会形成阻碍，先前的研究中往往忽略这一重要因素。在实证检验中，将对发达国家 OFDI 和对发展中国家 OFDI 的创新效应进行比较研究，这也是之前研究中忽略的地方。最后，在微观实证分析部分，为确保研究数据真实、新颖，克服了数据烦琐、不易统计等诸多困难，花费大量的时间查询到近两千家制造业上市公司近十年的财务数据和专利数据，最新的数据截止到 2019 年。在获取到翔实微观数据的基础上，在书中加入了企业异质性分析这部分内容，分行业地比较不同类型企业在研发投入、盈利能力和创新能力三个方面的差别。

第三，丰富的研究方法。本书运用了文献分析、理论分析、案例分析、实证分析和对比分析等多种研究方法，将对发达国家 OFDI 的宏观和微观研究同时纳入分析框架内，相比之前的研究更具有全面性和创新性。实证分析部分是本书研究的重点，综合运用了多种计量分析方法。在宏观分析中，由于对外直接投资和创新产出之间存在着双向因果关系，为了避免模型估计中存在内生性问题，使用广义矩估计（GMM）法加以解决。此外书中分析还用到了最小二乘法（OLS）、可行广义最小二乘法（FGLS）和面板门槛模型检验等计量方法。在微观分析中，采用基于倾向得分匹配的双重差分法（PSM-DID），避免了直接将 OFDI 企业和非 OFDI 企业做比较可能导致的选择性偏差或遗漏变量造成的内生性问题。正是由于研究方法的选用恰当、灵活，才使得分析结果真实、准确。

1.6.2　不足之处

受限于指标变量选取和客观数据获取的难度等原因，本书还存在以下两个方面不足之处。

第一，指标变量选取的有限性。首先，宏观实证分析中吸收能力指标选取有待继续扩展。第 5 章门槛效应检验中，本书选取人力资本水平、研发强度、经济发展水平和金融发展水平四个指标作为国内对先进技术的吸收能力。但现实中还存在其他一些影响吸收能力的因素，如市场化程度、基础设施状况、环境因素等。这些指标目前存在着获取和量化的难度，在今后的研究中要探索关于这些指标的获取方式和正确的量化方法，使得对于吸收能力的研究更加科学、完整。其次，关于被解释变量创新能力指标的选取可以继续完善。本书在宏观和微观实证检验中均选取了发明专利授权量来衡量地区或企业的创新能力。这一指标有其合理性，但也应注意到衡量企业创新能力的指标并不唯一，先前的研究中有学者用新产品销售收入或研发支出来衡量企业创新能力，而且科技论文数量或高科技产品产出一定程度上也可以反映一个国家或地区的创新能力。因此，在企业创新能力的指标选取方面，今后应该探索更科学的衡量指标体系，比如将几种指标按照权重综合起来衡量等，以期对创新能力的衡量更加客观、完善。

第二，获取的微观数据不是很充足。由于企业信息最完整的《中国工业企业数据库》信息尚未完全公开，不易获取，而且时间较陈旧。因而在本书的实证分析中，企业微观数据选用的是沪深两地 A 股上市公司的数据，源于国泰安数据库。这个选取方法的优点是上市公司的数据很新而且类别齐全，可以查到企业的研发投入、利润率、资产负债率、盈利能力、所得税率以及企业的海外市场进入方式等各种指标。但上市公司数量毕竟只有四千多家，数量不够充足。因此，在微观数据获取方面还不够完整，今后的研究中争取通过多种渠道搜集到数量更丰富的企业微观信息，以确保研究结果更充实。

| 第 2 章 |

理 论 综 述

2.1 基本概念的界定

2.1.1 对外直接投资

我国《对外直接投资统计制度》（2017）对对外直接投资的概念做出了准确的定义：对外直接投资（outward foreign direct investment, OFDI）是指我国境内投资者在国外及港澳台地区设立、兼并、收购或参股国（境）外企业，通常以实物、现金或无形资产等方式进行，拥有该企业 10% 或以上的股权。

对外直接投资的进入方式大致分为绿地投资、跨国并购和合作经营三种。对外直接投资的动机通常被学者们划分为四种类型：资源导向型、市场导向型、效率导向型和战略资产导向型。资源导向型 OFDI 指以获取一些天然的稀缺资源为投资目的，如石油、天然气、矿产资源等。市场导向型 OFDI 通常是一些制造业和服务业行业选择在发展中国家投资，以便扩大在东道国的市场份额，还可以分散跨国经营风险并规避贸易壁垒。效率导向型 OFDI 的主要目的是提高企业生产率，制造业企业会选择生产效率高、生产流程较先进的国家投资。战略资产导向型 OFDI 也可称之为技术获取型 OFDI，以寻求先进技术和研发资源为投资的主要动机，通过与东道国研发人员和机构的合作交流，可以获取东道国的先进技术，投资对象国大多是发达国家和地区的技术密集型行业。

2.1.2 逆向技术溢出

技术实质上是推动社会进步和经济发展的根本力量，它是一种无形资产，同样具有公共产品的性质，在研发和使用过程中将产生显著的正外部性。创新者发明新技术并应用以后，其他企业会随之模仿，即由于技术的外溢而受益，这种效应便是技术外溢效应。随着技术外溢效应的不断释放，并且在不同群体之间传递，技术落后的一方通过消化、吸收新技术，最终能够实现生产效率提高、技术进步和研发能力提升。

在国际经济活动中，技术溢出将会跨越国界而不再局限于国内企业之间，技术在国与国间的溢出已成为近年来学术研究的热点。发展中国家企业通过向发达国家直接投资，有机会与东道国企业进行研发合作与交流，技术外溢效应使海外子公司学习并吸收发达国家的先进技术、管理经验和生产工艺等，从而提高自身的技术水平，并通过跨国企业内部渠道传导回国内母公司，促使母国企业生产效率提升和技术进步。然后由于技术扩散效应，促使行业内企业和上下游企业的技术水平提升，最终会促进母国整体技术水平提升。发展中国家向发达国家的投资被称为逆向投资，由于技术外溢方向与投资方向互逆，也称其为逆向技术溢出。对外直接投资逆向技术溢出的传导过程如图 2 - 1 所示。

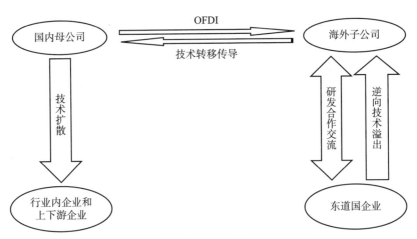

图 2 - 1   对外直接投资逆向技术溢出过程

2.1.3　创新

"创新"这一概念是由经济学家熊彼特（Schumpeter, 1912）首次提出，在其著作《经济发展理论》一书中做出了全面而准确的界定。创新是指"建立一种新的生产函数"，也可理解为是对生产要素的重新组合，把生产要素和生产条件的"新组合"引入生产体系中去。熊彼特指出创新的五种情况分别是产品创新、技术创新、市场创新、资源配置创新和组织创新。本质上讲，创新是生产过程中内生的，而且要能够创造出新的价值。创新就是新工具或新方法的应用，从机制上解释了经济发展，后来一些学者从不同的角度对创新理论进行了补充。本书中阐释的"创新"概念更偏重于技术创新。

2.2　理 论 基 础

2.2.1　对外直接投资理论

20 世纪 60 年代以后，随着跨国投资的逐渐兴起，各国学者开始聚焦于国际直接投资理论的研究。早期投资大多是发达国家向发展中国家的顺向投资，或者发达国家之间的相互投资，学者们以美国、日本等发达国家跨国公司为研究对象，从不同的视角解读了发达国家对外直接投资的动因。主流的理论包括垄断优势理论（Hymer，1960）、产品生命周期理论（Vernon，1966）、内部化理论（Buckley & Casson，1976）、国际生产折衷理论（Dunning，1977）等。20 世纪 80 年代以后，随着新兴工业化国家的逐步崛起，发展中国家企业开始寻求海外投资，投资目的地既有发展中国家，也有先进的发达国家，即逆向投资。由于发展中国家不具备垄断优势，而传统的投资理论无法解释发展中国家向发达国家的逆向投资行为，因而发展中国家对外直接投资理论应运而生，代表性理论包括小规模技术理论（Wells，1977）、技术地方化理论（Lall，1983）和技术创新产业升级理论（Cantwell & Tolentino，1989）等，这些理论能够合理地解释发展中国家对外投资的优势来源和动机等问题。下面分别阐述发达国家对外直接投资理论和发展中国家对外直接投资理论。

2.2.1.1 垄断优势理论

加拿大经济学家海默（Hymer，1960）提出了垄断优势理论，这是最早研究对外直接投资的独立理论。该理论以美国为研究对象，假定市场具有不完全性，并重视对微观企业行为和产业组织结构进行分析，指出各国企业在竞争过程中最终有些公司将获得垄断或寡头地位。海默认为，跨国企业在开展对外直接投资时，需要承担很多额外的成本与风险，诸如运输成本、汇率波动风险，与东道国不同的语言、文化、法律制度和风俗习惯等。在面临这些投资阻碍的情况下，跨国企业只有在具备比东道国同类企业更有利的垄断优势，才能对其进行投资，这种垄断优势包括：知名品牌的所有权、丰富的管理技能、优秀的营销能力、优惠的资金支持、先进的专有技术、较为完备的融资渠道等。跨国企业利用这些优势不仅可以抵御上述不利因素所带来的投资风险，还会为跨国企业带来比国内投资更大的经济效益，这一点也充分揭示了企业开展跨国经营的原因。

垄断优势理论认为企业是否开展跨国投资取决于其是否具备一定的垄断

优势，而其中具有重要地位的是技术优势。但在实践中，有技术优势的企业却未必进行对外投资，可能选择在国内投资，或通过技术转让等方式来获得利益。此外，垄断优势理论虽然较好地解释了企业对外直接投资的条件和原因，但是并没有指出企业的垄断优势是如何获得的，也无法解释没有垄断优势的发展中国家向发达国家直接投资的现象。

2.2.1.2　产品生命周期理论

美国经济学家、哈佛大学教授雷蒙德·弗农（Vernon，1966）在其《产品周期中的国际贸易与国际投资》一文中首次提出了"产品生命周期"的概念。弗农认为：产品和人的生命一样，都要经历一个引入期、成长期、成熟期、衰退期四个阶段。在不同技术水平的国家里，这个周期发生的时间和过程是不一样的，存在一个较大的时差。由于不同国家在技术水平上存在差距，所以同一产品在不同国家市场上的竞争地位也存在差异，从而决定了国际贸易和国际投资的变化。弗农将差异化国家分为三类，分别为创新国（即最发达国家）、一般发达国家和发展中国家。美国属于技术创新国，该理论揭示出美国对外直接投资的实质，即当某产业技术在本国市场上已经标准化、不再有垄断优势时，便开始对后发国家进行扩散、转移，为本国产品进入新一轮创新阶段做准备，从而使产品不断得以创新，维持其在国际上的垄断优势。该理论侧重从技术创新、技术进步和技术传播的角度来分析国际贸易产生的基础，将国际贸易中的比较利益动态化，研究产品出口优势在不同国家间的传导，分析了发达国家跨国公司在技术衰退阶段，通过对外直接投资的形式，在相对落后的国家继续保持其垄断优势的过程。

2.2.1.3　内部化理论

以英国学者巴克利和卡森（Buckley & Casson，1976）以及加拿大学者拉格曼（Rugman，1981）为代表的西方学者通过对发达国家的跨国企业进行研究后，提出了内部化理论。该理论分析了发达国家的跨国企业进行投资的动机及行为，认为由于市场的缺陷，中间产品诸如信息、技术、商誉、营销、原材料、半成品、零部件等原因，这些资源在外部市场进行交易，其市场是不完全的，因为市场失灵以及中间产品所具有的特殊性质。比如，信息技术等具有公共物品的属性，在外部市场上交易容易产生信息的扩散。因此，只通过市场交易很难让企业获取最大化利润。企业可以通过建立内部市场，将外部市场实现内部化来获取最大利润。而通过对外直接投资来进行内部化运作，可以充分对企业内部资源开展协调与配置，建立企业的内部市场，降低因为市场不完全而引起的交易成本，减少外部市场对企业经营效率的影响。企业开展对外直接投资的主要动机或者目的就是为了消除与克服外部市场的不完全性给企业经营效率带来的不利影响。如果一种产品的生产需要经历多个阶段，那么专利、技术等中间产品的生产就可以在内部市场转移，这样会最大限度防止技术流失，提高效率。内部化结果就是跨国企业放弃外部市场交易体系转而使用内部的交易体系，企业可充分发挥自身优势，降低交易成本，实现最大利润，以获得内部化的优势。随着市场经济的发展，由于该理论中只提到为获取最大利润而进行的企业扩张，忽略了其他导致企业扩张的因素，因此无法全面解释现有的各种对外投资行为。

2.2.1.4 国际生产折衷理论

英国经济学家、雷丁大学教授邓宁（Dunning，1977）在其代表作《国际生产和跨国企业》中提出了国际生产折衷理论。他认为，以前的投资理论只能对对外直接投资活动做出部分的解释，未能较好地将投资理论与贸易理论结合。于是邓宁集百家之长，吸收各国的国际经济与投资理论的思想，将垄断优势理论、内部化理论和区位优势理论统一到一个框架之中，提出了经典的国际直接投资理论，即国际生产折衷理论。该理论认为跨国公司进行投资时应当拥有三种对东道国的优势，即所有权优势、区位优势和内部化优势，这三者在企业对外直接投资的过程中缺一不可。

所有权优势是指一国企业具备而别国企业不具备或者不能得到的优势，包括企业的规模优势、管理和融资能力、技术资本、营销能力等方面的优势。区位优势指在选择投资对象的时候，会考虑东道国的政治经济、要素禀赋、优惠政策等，比如东道国经济规模较大、距离更近、资源丰富、运输成本和生产成本低廉、基础设施完善、制度环境良好、税收政策优惠、投资风险低等。选择具有区位优势的东道国，才会创造更大收益。内部化优势是指企业为避免外部市场不完全性对企业经营产生不利影响，或使其无法保持技术创新的垄断地位，企业于是对其拥有的资产进行内部化所拥有的优势。企业扩大经营规模时，采用内部化运作可以有效降低外部交易成本的优势。市场不完全可分为结构性的不完全与知识性的不完全，结构性的不完全往往由于竞争壁垒、贸易战等导致；知识性的不完全指不易获得生产销售等方面信息。因此，企业在技术等无形产品的生产与销售领域，在某些自然资源生产加工的产品与销售领域，把优势内部化，以避开外部市场机制不完全带来的问题。

根据东道国不同的区位因素，邓宁提出了直接投资的三大类动机：市场寻求型、资源寻求型（包括战略性资产寻求）和效率寻求型。该理论很好地解释了企业对外进行直接投资的原因和区位选择问题，成为被广泛接受的国际直接投资理论。依据国际生产折衷理论，如果企业只拥有所有权优势和区位优势而无内部化优势，则企业拥有的所有权优势难以在内部加以利用，只能将其转让给国外企业，在此情况下可以选择技术转让的方式。如果企业具备所有权优势和内部化优势，而不具备区位优势，则意味着没有适宜的国外投资场所，依靠产品出口供应当地市场更为有利。如果企业具备了内部化优势和区位优势而无所有权优势，则意味着企业缺乏对外直接投资的基本前提。只有在同时具备三种优势的条件下，企业才会选择对外投资。企业进入国际市场的方式与条件如表2-1所示。由于发达国家具有较好的区位优势，这种区位优势既体现在中国与发达东道国在制度、文化等方面的差异，也体现在发达国家相较于发展中国家更低的风险水平。中

表2-1　　　　　　　　企业进入国际市场的方式与条件

进入方式	所有权优势	区位优势	内部化优势
技术转让	具备	具备	不具备
出口	具备	不具备	具备
对外直接投资	具备	具备	具备

国企业在对外直接投资的过程中，东道国的区位优势是决定中国投资区位的重要因素。在本书的分析中，将东道国的经济发展水平、研发投入、创新水平、人力资本状况、制度环境等作为影响中国对发达国家逆向投资的因素进行了考量。

2.2.1.5　小规模技术理论

美国经济学家威尔斯（Wells，1977）经过对发展中国家的对外直接投资行为的深入研究，提出了"小规模技术理论"，后来在其专著《第三世界跨国企业》中对此理论又做了更详尽的阐述①。威尔斯（Wells，1977）在对印度 52 家制造业跨国公司的调查中发现，绝大多数印度公司的生产技术是从国外进口的，这些公司对进口技术进行改造，从而满足本国和其他发展中国家对小规模、差异化商品的需求。该理论认为，发展中国家企业对外投资的优势在于其具有的局部垄断优势，尽管和发达国家企业相比它们不具有绝对垄断优势，但仍然存在对外投资的基础。发达国家大规模的生产技术无法在发展中国家的小型市场获得规模效益优势，而发展中国家的比较优势是其研发的满足自身小型市场的技术，具有低成本优势。威尔斯认为，发展中国家跨国公司的竞争优势主要表现在三个方面：第一个方面是劳动密集型的小规模生产技术为小市场服务可以获得规模收益，由于发展中国家商品市场的需求通常是有限的，因而小规模技术能够以寻找"市场缝隙"的形式打入国际市场。与之相反，发达国家的跨国公司虽然具有更强大的生产制造能力，但是对于"小市场"需求却未必能获得规模收益。第二个方面是发展中国家的民族产品在海外市场具有特殊优势。根据威尔斯的研究，东南亚的一些国家和地区如印度、泰国、新加坡、马来西亚等在境外生产民族产品的投资中都占有一定比例。这些国家和地区的企业能够充分借助本地化资源，以传统知名品牌的影响力去开发国际市场，以民族为对外投资的纽带在世界各地投资经营。第三个方面是产品具有低价营销优势。不同于发达国家跨国公司追求品牌效应，通常需要投入巨额的广告营销经费。而发展中国家跨国企业生产的

---

① Wells, L. T. , *Third World Multinationals.* Cambridge, MA：MIT Press, 1983.

商品通常是物美价廉的，更容易占领市场份额，因而在广告费用投入方面也通常采取低价营销战略，节省了企业管理费用和营销费用。

小规模技术理论是发展中国家对外投资领域研究中的早期代表性理论之一。威尔斯把发展中国家跨国企业竞争优势的产生与这些国家自身的市场特征结合起来，为发展中国家企业在国际化初期阶段如何在国际竞争中取得竞争优势找到了方法。但这一理论存在明显的局限性，属于技术被动论，威尔斯传承了弗农的产品生命周期理论，它认为发展中国家的竞争优势只是劳动密集型的小规模生产技术，实质是使用低级技术生产在西方国家早已成熟的产品，所生产的产品只能销售给生产技术更加落后的国家，处于国际生产体系的边缘。但是现实中发展中国家不仅对市场规模较小的发展中国家投资，也对市场规模的较大的发达国家投资。很多发展中国家的高科技企业对发达国家进行的直接投资，该理论无法解释。

2.2.1.6　技术地方化理论

英国经济学家拉奥（Lall，1983）在其著作《新跨国公司：第三世界企业的发展》中提出了技术地方化理论。拉奥通过对印度跨国公司投资行为的深入研究，发现尽管发展中国家企业大多投资于小规模的劳动密集型产业，使用的是标准化技术，但却可以根据东道国市场特点对技术进行二次创新。发展中国家的创新过程是企业引进新技术，转化吸收为适合自身技术的过程，而不是简单地模仿和复制。拉奥认为发展中国家能够形成自己独特的优势主要有以下几个原因：首先，由于发展中国家的生产资源、人力资本等条件不同于发达国家，技术地方化理论更强调企业将技术引进后，通过主动性创新对技术进行本土化，使之更适应当地市场，开发出与品牌产品不同的消费品。使他们的产品能更好地满足当地或邻国市场需求，这种创新活动给企业带来新的竞争优势。其次，发展中国家企业利用自身的生产要素和资源配置，能够进一步降低生产成本。最后，发展中国家企业竞争优势不仅来自于其生产过程和产品与当地的供给条件和需求条件紧密结合，而且来自创新活动中所产生的技术在小规模生产条件下具有更高的经济效益。因此，在逆向投资和平行投资中，发展中国家企业即使技术水平较低，也会拥有进行对外直接投资的独特优势。

拉奥的技术地方化理论与小规模技术理论不同,认为发展中国家不是只能被动接受发达国家的落后技术,而是更强调技术的创新过程。企业引进新技术后转化为适合自身技术的过程,即对技术的消化、引进和创新,使之更适应当地市场。技术地方化理论首次将研究的重点转向微观层面,强调技术地方化和适应性是发展中国家竞争优势的来源。技术地方化理论认为对于先进技术的消化和吸收能力非常重要,强调发展中国家的跨国企业对新技术引进吸收后通过技术再创新获得竞争优势,为发展中国家参与国际市场竞争提供了理论依据,也为研究我国对发达国家直接投资逆向技术溢出提供了较好的借鉴。

2.2.1.7 技术创新产业升级理论

英国学者坎特韦尔(Cantwell,1989)和他的学生托兰惕诺(Tolentino,1993)通过对发展中国家对外投资行为的长期研究,关注投资的动态演进过程,并从技术进步和技术积累的角度进行分析。该理论重点考察发展中国家的技术变迁和技术积累过程,认为技术水平和技术能力的提升是发展中国家对外直接投资的重要因素。对于不同类型的国家而言,技术创新促进产业发展的路径是不同的。发达国家企业的技术创新通常是要投入大量的研发成本,以取得在某一领域的领先技术;而发展中国家企业没有强大的科研实力,主要通过吸收引进和技术积累来实现技术水平逐渐提升,最终促进产业升级。

坎特韦尔等学者还从产业特征和地理特征的角度分析了发展中国家对外直接投资行为。他们的研究认为发展中国家跨国公司对外直接投资受其国内产业结构和内生技术创新能力的影响。在产业分布上,首先,是以自然资源开发为主的纵向一体化生产活动,其次,是进口替代和出口导向为主的横向一体化生产活动。此外,发展中国家企业选择在海外投资受语言、文化和习俗等方面的影响较大,投资区位大致遵循以下的发展顺序:首先,对邻近或文化相近国家投资;其次,随着投资经验的增加,进一步扩大海外市场,向其他发展中国家扩展;最后,随着生产力进步和综合实力提高,产业结构不

断优化，为获得更先进的技术和经验，开始向发达国家投资。对外投资产业
变化的规律也遵循着由低级到高级的转变规律，即先由资源密集型向劳动密
集型行业转变，最后发展为高科技领域的技术密集型行业。发展中国家投资
区位变化和产业变化的轨迹如图 2 - 2 所示。

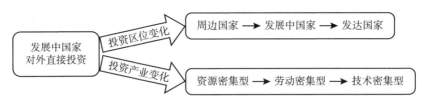

图 2 - 2　发展中国家对外直接投资区位变化和产业变化的轨迹

技术创新产业升级理论全面地解释了 20 世纪 80 年代以后发展中国家对
外直接投资的产业结构的变动轨迹，产业结构的升级与地区分布的变化密切
相关。随着技术积累的扩展，对外直接投资从资源密集行业逐渐转向技术密
集行业，即由传统产业向高技术产业流动；同时投资目的国由发展中国家转
向发达国家。该理论受到西方经济理论界的高度评价，对于发展中国家通过
对外投资来加强技术积累，提升产业结构和国际竞争力具有指导意义。但是
该理论也存在着一定的缺陷，在解释对外直接投资决定因素方面，只从技术
积累和产业升级的角度，忽略了其他决定因素，对发达国家逆向投资的动机
解释不够完整。

2.2.1.8　投资发展阶段理论

投资发展阶段理论是由英国雷丁大学教授邓宁（Dunning，1981）提出，
其运用实证分析法，选取了经济发展水平不同的 67 个国家，分析了在 1967 ~
1978 年间的对外直接投资与经济发展水平即人均国民生产总值（GNP）的关
系，发现对外直接投资和流入的外资都随人均 GNP 的变化而变化。邓宁早先
的国际生产折衷理论是从企业的层面提出的，在解释发展中国家对外直接投
资时具有局限性。而在投资发展阶段理论中，邓宁转向国家层面，从动态的
视角来解释经济发展水平不同国家在对外直接投资中的地位，弥补了国际生

产折衷理论的缺陷。

邓宁通过分析区位优势、所有权优势和内部化优势在不同发展阶段的变化来解释一国对外直接投资与经济发展阶段的关系及原因。一个国家对外直接投资和吸引外资往往分为四个阶段，第一阶段是人均 GNP 小于 400 美元时，这时国家经济发展落后，较为贫困，既没有可供投资国选择的区位优势，又不拥有从事对外直接投资的所有权优势和内部化优势，对外投资额和吸引外资额都很少。第二阶段是人均 GNP 在 400~2000 美元时期，随着国内需求增加和投资环境的改善，开始有外国企业进入东道国市场。而这时国家对外投资数额较小，少于吸收外资的数额，还没有实力形成对外直接投资的所有权优势和内部化优势，很多发展中国家处于这个阶段。第三阶段为人均 GNP 在 2000~4750 美元时期，随着国家经济实力的提高，国内企业的三大优势都在增强，会吸引很多外国企业入境投资。此时对外直接投资也会大幅增加，增速甚至会超过吸引外资的增速，两者之间的差距迅速缩小。大部分新兴工业化国家处于此阶段。第四阶段是人均 GNP 大于 4750 美元时期，此时国家已步入发达国家行列，国家富裕，企业掌握先进的生产技术，具有很强的所有权优势、内部化优势及区位优势，对外直接投资数额很大，已经超过吸引外资数额，对外直接投资净额为正。大多数发达国家处于这一阶段。

邓宁的投资发展阶段理论认为一国经济发展水平决定了它的三种优势，即所有权优势、内部化优势和区位优势，而这三种优势对国家的对外投资又会产生很大的影响。这一理论具有较好的实践应用性，一些发达国家的对外直接投资的发展过程与理论阐述的几个阶段相符。但是，该理论也存在一些缺陷。比如，衡量一个国家的经济发展水平有很多其他指标，每个国家的情况不同，如果只以人均 GNP 来衡量一个国家的经济发展水平并不准确。

2.2.1.9　创造性资产寻求理论

英国著名经济学家邓宁（Dunning，1993）在其著作《跨国企业和全球经济》中提出了"创造性资产"一词。创造性资产又称为战略性资产，指企业在经营过程中逐渐积累起来的资产，它能为企业带来长期利益，如新技术、新工艺、品牌商誉、市场技能等。创造性资产寻求理论认为跨国企业 OFDI 的主要目的是获取创造性资产，获得的战略性资产将会增强跨国企业的整体竞争力。该理论合理地解释了发展中国家对发达国家投资的主要动机，通过投资获取的创造性资产如关键技术等，可以弥补自身在研发资源和高技能人力资本等方面的不足，提升自身的创新能力。前面阐述的几种对外投资理论，都是企业在利用自身的优势进行对外投资，而创造性资产寻求理论解释了不具备特定优势的企业进行对外投资的动因问题。一个国家进行对外直接投资，一方面是利用自身优势参与到全球化中；另一方面也为了获取优势取得创造性资产。因此具有局部优势的企业可以到发达国家投资，通过获取的创造性资产促进国内技术进步和产业结构升级。

2.2.2 内生技术进步理论

20 世纪 50 年代开始，技术进步在经济增长中的重要性被学者们日益关注。1957 年，经济学家索洛（Solow）作为新古典主义增长理论的创始人，将技术进步引入经济发展模型，认为技术进步是一个外生变量，可以促进经济增长。在没有外生技术进步的情况下，一国经济将长期处于稳定状态的均衡。该理论的缺点在于假设经济增长依赖人为设定的外生变量，不符合经济发展的实际。之后经济学家如阿罗（Arrow，1962）、乌沙华（Uzawa，1965）、罗默（Romer，1986，1990）、卢卡斯（Lucas，1988）等提出内生技术进步理论，将技术与资本和人力资源相结合。20 世纪 80 年代以后，以罗默为代表的知识溢出模型和以卢卡斯为代表的人力资本模型是新经济增长理论的两大学派。

2.2.2.1 知识溢出模型

阿罗（Arrow，1962）首先提出了技术进步内生化的理论，认为国内技术进步是资本不断积累的结果，也被称为"干中学"理论。"干中学"理论假设知识是传统经济活动的副产品，知识或技术水平随着人们在生产实践中的不断积累而不断地提高。知识是一种具有正外部性特征的公共产品，它的外溢性会促进整个社会经济提高和技术进步。

罗默（Romer，1986）在吸收阿罗"干中学"思想的基础上，将内生技术进步引入经济增长模型，提出了著名的知识溢出模型，他认为知识积累和技术研发是经济增长的源泉。在该模型中罗默假设认为，知识是一种具有正外部性的公共产品，即具有外溢性，因此知识产品具有边际报酬递增效应。罗默认为技术包括一般技术和专有技术两种类型。技术进步对产量会产生规模报酬递增效应，厂商收益提高以后会进一步追加投资，催生新技术，从而形成良性循环，经济可以实现长期的持续性增长。

罗默（Romer，1990）通过深入考察经济增长的实际情况后，提出了他的第二个内生经济增长模型，即 R&D 经济增长模型。该模型把技术进步定义为中间产品的增加，并引入研发部门。模型假设存在两个部门，即产品生产部门和研究与开发部门；包含四个变量：劳动（L）、资本（K）、技术（A）和产出（Y）。产品生产函数如式（2-1）所示，知识生产函数如式（2-2）所示。

$$Y(t) = \left[(1 - \alpha_k) K(t) \right]^{\alpha} \left[A(t)(1 - \alpha_L) L(t) \right]^{1-\alpha}, \ 0 < \alpha < 1 \quad (2-1)$$

$$\dot{A} = B \left[\alpha_k K(t) \right]^{\beta} \left[\alpha_L L(t) \right]^{\gamma} \left[A(t) \right]^{\theta}, \ B > 0, \ \beta \geqslant 0, \ \gamma \geqslant 0 \quad (2-2)$$

其中，$K(t)$、$L(t)$、$A(t)$ 分别表示 t 时期的资本存量水平、劳动力人数及知识技术水平；α_L 和 α_k 分别表示劳动力和资本中用于研究与开发部门的份额，而 $1 - \alpha_L$ 和 $1 - \alpha_k$ 则表示用于产品生产部门的份额。假定技术给定，式（2-1）意味着规模报酬不变。式（2-2）中，B 为转移参数；参数 θ 代表现有知识存量对研发成败的影响。罗默还对资本存量与劳动力的增长做出了如下假定：

$$\dot{K}(t) = sY(t) \quad (2-3)$$

$$\dot{L}(t) = nL(t), \ n \geqslant 0 \quad (2-4)$$

其中，$\dot{K}(t)$、$\dot{L}(t)$ 代表资本存量和劳动力的变化率，s 为储蓄率。罗默的研究结论认为经济增长率受到资本、劳动力和知识技术增长率的综合影响，知识生产函数中的参数取不同值时，长期经济将会有不同的增长路径。知识生产函数的规模报酬情况取决于式（2-2）中的参数 β 和 θ。当参数 $\beta + \theta < 1$ 时，知识生产函数会呈现规模报酬递减，长期经济增长率为零；当参数 $\beta +$

$\theta = 1$ 时，呈现规模报酬不变，经济在长期中只有唯一的平衡增长路径；当参数 $\beta + \theta > 1$ 时，呈现规模报酬递增，经济将出现长期持续增长。因此，知识技术进步是经济增长的内生动力和源泉。

2.2.2.2 人力资本增长模型

与阿罗不同，经济学家乌沙华（Uzawa，1965）提出了以人力资本投资为特征的内生经济增长模型，其理论认为人力资本通过教育积累，可视为技术进步的载体，技术进步可以实现内生化。因而人力资本生产部门的要素边际报酬是递增的，经济能实现长期持续增长。

卢卡斯（Lucas，1988）在借鉴乌沙华思想的基础上，提出了自己的人力资本增长模型，认为具有专业化技术的人才是通过学校培养和边干边学而形成的，也突出了知识水平的重要性。他认为人才是经济增长的动力，高素质的人力资本具有溢出效应，能带动周围的人群进步，促进劳动力质量提高，进而推动全社会经济增长，该理论也被称为新增长理论。理论假设每位生产者都有 H 单位的人力资本，μ 为人力资本中用于物质生产的那部分比例，$1 - \mu$ 为剩余的用于自身人力资本积累的比例。卢卡斯人力资本增长模型的主要贡献在于其确定人力资本积累不仅存在正向外部效应，而且也是经济得以持续增长的决定因素。

在内生经济增长理论中，虽然罗默的知识溢出模型和卢卡斯的人力资本增长模型的研究与对外直接投资逆向技术溢出效应没有直接的关系，但是知识的积累和专业人才的储备最终都指向了技术需求，肯定了技术发展对于经济增长的重要性。因此，内生经济增长中对于"干中学"、人力资本溢出效应等有关知识的研究为对外直接投资溢出效应的研究提供了指导思想。通过对外直接投资产生技术溢出的方式，可以为一国的经济带来新的知识来源。

2.2.3 技术创新理论

熊彼特（Schumpeter，1912）首次提出技术创新理论，认为技术创新是经济增长的动力，在此基础上后来又衍生出了制度创新理论、国家创新理论、组织学习理论和开放式创新理论等。

2.2.3.1　熊彼特技术创新理论

经济学家熊彼特（Schumpeter，1912）在其著作《经济发展理论》中对"创新"这一概念做出了明确界定，并提出了创新是经济增长的主要动力。他认为创新是企业家为了获取潜在利润，对生产要素进行重新组合，并引入生产体系之中。"新组合"的含义包含五个方面：开发新产品；采用新生产方法、新工艺或新技术；开辟新市场；开拓新的原材料或半成品的供给来源；构建新的企业组织结构或实行新的管理方法。其中，最主要的是技术创新。之后熊彼特（Schumpeter，1934）建立了技术创新的分析框架，分析了创新与经济发展和经济周期之间的关系。

后来一些学者对熊彼特技术创新理论进行了拓展和补充。曼斯菲尔德（Mansfield，1982）认为企业还可以通过模仿进行创新，来获得新技术。凯民和施瓦兹（Kanmien & Schwartz，1982）提出了市场结构对企业创新的影响，小规模企业在完全竞争市场中没有足够的资金进行技术创新；垄断企业没有动力进行创新。因此，只有处于垄断和完全竞争之间的企业才最适宜进行创新。斯通曼（Stoneman，1990）提出技术创新的扩散理论，指创新者通过贝叶斯学习可以预期未来的风险，也可以预测和评估创新的效果，最终做出决策。

2.2.3.2　其他技术创新理论

诺斯和戴维斯（North & Davis，1971）在其著作《制度变迁和美国经济增长》中提出了制度创新理论，认为健全的制度可以为经济发展提供充分的保障。制度包括管理体制、法律法规、所有制结构、分配机制等，如果现有制度已不能保障经济良性发展，则应淘汰旧制度，尝试进行制度创新，建立新制度以促进经济健康发展。纳尔逊（Nelson，1987）和弗里曼（Freeman，1992）等提出技术创新的国家创新理论，他们通过深入研究美国、日本等发达国家和地区的创新活动，并且借助实证分析方法进行检验，得出结论认为在影响企业技术创新的因素中，国家整体创新系统发挥了关键作用，对企业技术创新给予大力扶植和帮助。我国学者路甬祥（1998）扩展了国家创新体系（NIS）的含义，认为由企业、政府、科研机构和大学等组成的国家创新网络，能够为企业提升创新能力提供坚实的保障，NIS将先进技术和知识在不同机构之间协助推广、扩散和应用，最终会推动整个国家的技术创新水平和绩效提升。蒂斯（Teece，1992）在继承熊彼特思想的基础上，提出了创新资源获取的动态能力理论，认为决定企业发展成功与否最重要的就是创新能力。

随着知识经济时代的到来，企业在信息化社会中有机会利用外部的创新资源，原先的封闭式创新理论受到挑战。哈佛大学商学院教授切斯布罗（Chesbrough，2003）提出了开放式创新理论，认为企业的创新活动可以通过企业对内和对外两种渠道同时进行，除了依靠自身加大研发资金和人力资本投入以外，对外可以采取联合研发、技术并购、战略联盟和境外投资等多种手段，企业通过整合对内和对外两种不同渠道的创新资源，不仅可以提高自身的创新效率并增加创新成功率，还可以降低创新成本。开放式创新理论从国际视角为中国企业利用对外直接投资提升自主创新能力提供了较好的借鉴和指导。

2.2.4　国际技术溢出理论

国际技术溢出的渠道通常被认为包括国际贸易、外商直接投资和对外直接投资三种方式。前两种渠道属于被动的技术获取方式，而OFDI逆向技术溢出是一种主动的技术获取方式，获取的技术往往具有较强的时效性和较高的价值，可以避免通过进出口贸易以及引进外资等渠道获取发达国家已经淘汰的技术，因此，OFDI可以在一定程度上推进母国的技术进步。国际技术溢出理论主要包括C-H理论模型、L-P理论模型和两阶段古诺博弈模型。

2.2.4.1　C-H模型

格罗斯曼和赫尔普曼（Grossman & Helpman，1991）最先关注国际技术溢出理论，他们使用全要素生产率来衡量一国的技术进步，建立数理模型阐述了技术可以通过国际贸易在不同国家间传递，国际贸易渠道的技术溢出能够促进进口国的技术进步。进口技术含量高的中间产品和制成品，可以接触到国外先进技术并模仿用于国内生产，节约在技术研发上的资本投入。进出口双方的两国企业也可以相互学习研发、生产及销售经验，因此国际贸易可以提高一国的技术创新效率和资源利用效率，间接提升了技术水平。

科和赫尔普曼（Coe & Helpman，1995）提出了国际研发溢出模型，简称 C-H 模型。利用经验数据用实证的方法进行分析，证明了国际贸易渠道确实存在着技术溢出。所建立的计量回归方程为：

$$\ln TFP_t = \alpha_0 + \alpha_1 \ln S_t^d + \alpha_2 \ln S_t^{im} + \varepsilon_t \tag{2-5}$$

其中，t 表示时期，TFP 表示一国的全要素生产率，衡量该国的技术水平，S_t^d 代表一国的国内研发资本存量，S_t^{im} 代表通过进口渠道获取的国外研发资本存量。

S_t^{im} 的计算公式为：

$$S_t^{im} = \sum_{j=1}^n \frac{M_{jt}}{M_t} S_{jt} \tag{2-6}$$

其中，M_{jt} 是本国 t 期从 j 国的进口额，M_t 是本国 t 期的总进口额，S_{jt} 是 j 国 t 期的国内研发资本存量。

科和赫尔普曼（Coe & Helpman，1995）的实证检验再次证明了一国的技术水平不仅取决于本国的研发资本存量，也可以通过进口贸易渠道获取国际技术溢出。同时他们研究发现一国的对外贸易开放度越高，即与其他国家的经贸往来越频繁，则国外研发资本存量对本国的 TFP 影响越大。另外，国家经济规模也决定了 TFP 的影响因素不同，大国的 TFP 受国内研发资本存量的影响较大，受国外的影响较小；而小国的情况与大国不同，其 TFP 受国外研发资本存量的影响更大。

2.2.4.2 L-P 模型

利希滕贝格和波特斯伯格（Lichtenberg & Pottelsberghe，1996，1998，2001）在 C-H 模型的基础上，对国际技术溢出的渠道进行了扩展，加入外商直接投资和对外直接投资两种渠道，认为国外研发资本存量溢出包括三种途径。L-P 的模型构建如式（2-7）所示：

$$\ln TFP_t = C + \beta_1 \ln S_t^d + \beta_2 \ln S_t^{im} + \beta_3 \ln S_t^{fdi} + \beta_4 \ln S_t^{ofdi} + \varepsilon_t \qquad (2-7)$$

其中，TFP_t、S_t^d 和 S_t^{im} 的含义同式（2-5）。S_t^{fdi}、S_t^{ofdi} 分别表示通过外商直接投资和对外直接投资渠道获取的国外研发资本存量，C 是常数项，β_1、β_2、β_3、β_4 表示不同途径获取的研发资本存量对全要素生产率的影响系数，ε_t 表示误差项。

利希滕贝格和波特斯伯格（Lichtenberg & Pottelsberghe，1996）在 C-H 模型的基础上，对国外研发资本存量溢出的计算方法做了一定的修正，对原公式中的分母进行了替换，如式（2-8）所示：

$$S_t^{im} = \sum_{j=1}^{n} \frac{IM_{jt}}{GDP_{jt}} S_{jt} \qquad (2-8)$$

其中，GDP_{jt} 是 j 国 t 期的国内生产总值，其他变量含义同式（2-6）。类似地，通过 FDI 和 $OFDI$ 渠道溢出的国外研发资本存量的计算公式为：

$$S_t^{fdi} = \sum_{j=1}^{n} \frac{FDI_{jt}}{GDP_{jt}} S_{jt} \qquad (2-9)$$

$$S_t^{ofdi} = \sum_{j=1}^{n} \frac{OFDI_{jt}}{GDP_{jt}} S_{jt} \qquad (2-10)$$

其中，FDI_{jt} 是本国 t 时期从 j 国引进的外商直接投资额，$OFDI_{jt}$ 是本国 t 时期对 j 国的对外直接投资额，其他含义同上。

利希滕贝格和波特斯伯格（Lichtenberg & Pottelsberghe，2001）利用美国、日本、德国等 13 个国家的数据，使用全要素生产率作为被解释变量，衡量一国的技术进步水平。实证检验结果表明通过 OFDI 渠道获取的国外研发溢出，与母国的技术进步显著正相关，说明跨国公司建立海外分支机构可以获得东道国的逆向技术溢出，能够促进母国技术水平提升。同时，实证检验表明 FDI 渠道获取的国外研发溢出对本国技术进步没有显著影响，原因可以解释为跨国公司进行海外投资的目的并不是想把技术传递给东道国，与之相反，他们会设法获取东道国的先进技术。引进外资对东道国技术没有显著影响，为了自身的经济利益，跨国公司在进行直接投资时甚至会想方设法保护自己的技术，尽可能减少外溢。因此，对于想依赖引进外资促进本国技术进步、产业升级的国家，应当对引进的外资企业持谨慎态度。

C-H 模型和 L-P 模型作为经典的国际技术溢出模型，其提出的衡量指标和实证方法至今仍被大多数研究者使用。其研究方法具有重要意义，证实了技术可以通过多种渠道实现跨国界溢出，对外直接投资可以获得逆向技术溢出，为技术落后国提升技术水平提供了新的渠道。

2.2.4.3 两阶段古诺博弈模型

韦森（Wesson，1999）构造了异质产品的古诺竞争模型，借此来研究技术处于劣势的企业向国外技术优势企业进行 OFDI 后，技术劣势企业创造出了更大价值。法斯弗瑞和莫塔（Fosfuri & Motta，1999）借鉴博弈论的方式，构建了两阶段古诺博弈模型，研究结果表明技术劣势国家的企业向发达国家进行 OFDI 可以获取逆向技术溢出。他们进一步研究证实技术差距的重要性，只有当技术劣势企业与东道国企业之间的技术差距适当，OFDI 企业才能获得利润最大化。如果两者技术差距过大，则不利于技术劣势企业获取 OFDI 逆向技术溢出。

2.2.5 企业异质性理论

国际贸易理论大致经历了三个发展阶段，即关注产业间分工的传统国际贸易理论、关注产业内分工的新贸易理论、关注异质性企业的新新贸易理论，研究视角由宏观、中观转向了微观层面。新新贸易理论主要从微观企业的视角探究差异性企业的贸易选择行为，企业异质性是新新贸易理论的核心假定。而现实中不同企业在规模、技术水平、资本密集度、所有制、盈利能力等多个方面都存在差异。伯纳德和詹森（Bernard & Jensen，1995）最早关注企业异质性现象，其研究促进了新新贸易理论的发展。随着企业异质性理论研究的不断深入，越来越多的学者不仅仅只研究企业出口问题而是开始在企业异质性框架下研究企业的对外直接投资。

梅利茨（Melitz，2003）通过垄断竞争的一般均衡动态模型，将企业生产率作为重要的解释变量进行理论分析，其研究表明只有生产率高的企业才会选择通过出口参与到国际竞争中，而生产率较低的企业则只会在国内生产。赫尔普曼、梅利茨和耶普尔（Helpman，Melitz & Yeaple，2004）将该理论研究的视角由出口拓展到对外直接投资，研究表明企业选择的国际化路径是由企业根据其生产率预先决定的。较低生产率的企业仅在国内生产和销售；中等生产率的企业选择出口服务国外市场；最高生产率的企业才能承担对外直接投资所面临的高额成本，进行跨国直接投资。HMY 模型（Helpman-Melitz-Yeaple model）又被称为企业行为的自我选择效应。新新贸易理论对企业异质性与对外投资的分析主要是基于 HMY 理论（Helpman-Melitz-Yeaple model），实证分析大多也是基于该理论展开，且绝大多数实证研究均验证了 HMY 理论。本书的第 6 章就是从企业异质性的视角出发，比较不同类型和性质的 OFDI 企业，检验出不同特征的企业进行对外直接投资获得逆向技术溢出的差异。

2.2.6 理论评析

本节对 OFDI 与创新的相关基础理论进行了回顾与梳理，传统的对外直接投资理论对发达国家和发展中国家 OFDI 的动机和原因等提供了合理解释。内生技术进步理论和技术创新理论诠释了技术进步、创新与经济增长的关系。以 C-H 和 L-P 为代表的国际技术溢出理论及研究方法的出现具有重要意义，技术可以通过多种渠道实现跨国界溢出，包括进口、吸引外资和对外投资等渠道。国际技术溢出理论认为技术落后国家通过 OFDI 可以获得领先国的先进技术，对发展中国家提升技术水平具有重要意义。企业异质性理论为从微观视角研究企业对外直接投资行为奠定了坚实的基础。实践中我国改革开放之后，很长一段时间更注重通过吸引外资来促进国内技术进步和产业结构升级。而对外直接投资则起步较晚，2001 年以后才开始提倡"走出去"与"引进来"并重，之后中国 OFDI 迅速增长，2016 年开始我国成为对外投资的净流出国。那么实际上引进外资进入是否真的促进了我国的技术进步？通过对外直接投资是否对我国技术进步和技术创新产生了积极影响？这些问题有待于后文的实证检验中给予解答。

2.3 本章小结

本章作为理论基础部分，分两个方面进行了阐述。第一部分对相关的基本概念进行了清晰、全面、准确的界定，包括对外直接投资、逆向技术溢出及创新，为本书的后续研究打好基础。第二部分对相关理论基础进行了回顾，主要阐述了对外直接投资理论、内生技术进步理论、技术创新理论、国际技术溢出理论和企业异质性理论。垄断优势理论、产品生命周期理论、内部化理论和国际生产折衷理论等从不同的视角解读了发达国家对外直接投资的动因。以小规模技术理论、技术地方化理论、技术创新产业升级理论和创造性资产寻求理论等为代表的发展中国家对外直接投资理论对发展中国家OFDI 的动机、原因等提供了合理解释。内生技术进步理论包括以罗默为代表的知识溢出模型和以卢卡斯为代表的人力资本增长模型，该理论认为知识积累和人力资本积累是经济增长的源泉。以熊彼特为代表的技术创新理论，认为技术创新是经济增长的动力，在此基础上后来又衍生出了制度创新理论、国家创新理论、组织学习理论和开放式创新理论。国际技术溢出理论主要包括 C-H 理论模型、L-P 理论模型和两阶段古诺博弈模型，国际技术溢出理论认为技术可以通过进口、吸引外资和对外投资三种渠道实现跨国界溢出，为发展中国家通过向发达国家直接投资获取技术进步提供了理论基础。此外，企业异质性理论研究不同生产率企业选择不同的国际市场进入方式，成为从微观视角研究企业对外直接投资行为的先导。本章关于对外投资、技术进步和技术溢出的理论回顾为后续的研究和分析打下基础，起到了良好的借鉴作用。

第 3 章

中国对发达国家和地区
直接投资概述

3.1 中国对外直接投资现状特征

中国企业到境外投资始于改革开放之初，当时政府审批严格，对外投资规模很小。加入 WTO 之后，中国企业加快了对外投资的步伐，政府也开始大力推进"走出去"政策，此后我国对外直接投资进入快速发展期。截至 2019 年底，中国 2.75 万家境内投资者在全球的 188 个国家和地区[①]共设立对外直接投资企业[②] 4.4 万家，OFDI 总存量为 21988.8 亿美元[③]，居世界第三位，中国已经是名副其实的对外投资大国。

---

① 对外直接投资的国家（地区）按境内投资者投资的首个目的地国家（地区）进行统计。

② 对外直接投资企业指境内投资者直接拥有或控股 10% 或以上股权、投票权或其他等价利益的境外企业。

③ 本章数据如无特殊说明，均源自商务部发布的历年《中国对外直接投资统计公报》。

3.1.1 投资规模

3.1.1.1 投资流量稳步提升，近三年略有回落

中国历年 OFDI 的流量情况如图 3-1 所示，2002 年中国 OFDI 流量仅为 27 亿美元，而 2019 年流量跃升到 1369.1 亿美元，17 年间的年均增速高达 26%，2019 年流量是 2002 年的 50 倍。2002 年投资流量仅列世界第 26 位，2019 年已经是世界第 2 位，并且已经连续 8 年位列全球 OFDI 流量前三。2016 年中国 OFDI 流量达到最高峰 1961.5 亿美元之后，2017 年开始中国收紧了对外投资政策，加大了对企业 OFDI 的审查力度，严查真实性和合规性，引导企业对外投资回归理性。许多行业的 OFDI 受到了限制，主要包括房地产、酒店、影院、娱乐业等。因而 2017~2019 年连续三年，中国 OFDI 流量都出现了小幅回落，但是对外投资行业结构却更加优化。2019 年，全球外国直接投资流出流量 1.31 万亿美元，中国对外直接投资占全球当年流量的 10.4%。如图 3-2 所示，2019 年中国 OFDI 流量仍然列世界第 2 位，仅次于日本，可见中国在全球 OFDI 中的地位在不断上升。

图 3-1 2002~2019 年中国对外直接投资流量

资料来源：《2019 年中国对外直接投资统计公报》。

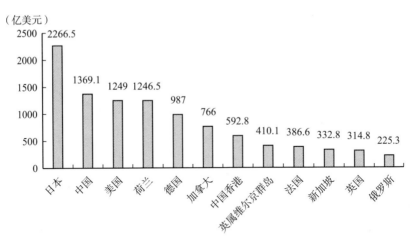

图 3 - 2 2019 年中国与全球主要国家（地区）对外直接投资流量对比

资料来源：《2019 年中国对外直接投资统计公报》。

3.1.1.2 投资存量迅速增长，已跃居世界第三位

中国 OFDI 总存量由 2002 年末的 299 亿美元增长到 2019 年末的 21988.8 亿美元，17 年间投资存量增长了 73 倍，占全球 OFDI 存量的比重由 2002 年的 0.4% 提升至 2019 年的 6.4%，存量增长情况如图 3 - 3 所示。

图 3 - 3 2002～2019 年中国对外直接投资存量

资料来源：《2019 年中国对外直接投资统计公报》。

中国投资存量在 2002 年全球仅排在第 25 位，但 2019 年已上升至第 3 位，仅次于美国、荷兰，如图 3 - 4 所示。从存量规模上看，2019 年末，全球外国直接投资存量为 34.57 万亿美元，中国存量在全球占比 6.4%；美国对外投资总存量遥遥领先，在全球占比 22%。中国与美国差距较大，仅相当于美国的 28.5%。由图 3 - 4 可知，全球主要国家（地区）投资存量占全球比重超过了 70%。

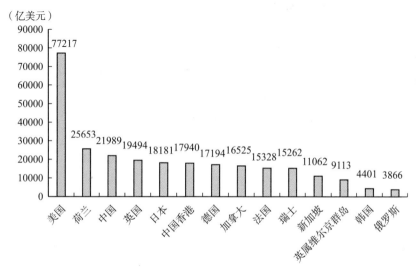

图 3 - 4　2019 年中国与全球主要国家（地区）对外直接投资存量对比

资料来源：《2019 年中国对外直接投资统计公报》。

3.1.1.3　双向直接投资呈现净输出

从双向投资流量角度分析，2015 年开始对外投资额首次超过吸引外资额，这种净输出态势一直持续到 2018 年，保持了四年。2019 年，中国吸引外资额为 1412.3 亿美元，略高于对外投资金额。2009 ~ 2019 年中国双向直接投资对比情况如图 3 - 5 所示。

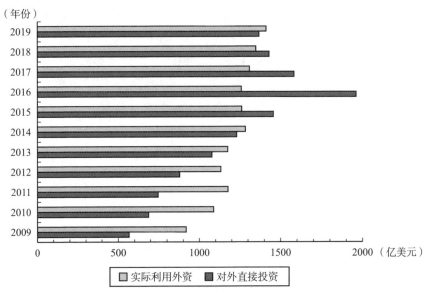

图 3 - 5　2009～2019 年中国双向直接投资对比

资料来源：中国实际利用外资额源自联合国贸发会议《2020 世界投资报告》。

3.1.2　投资方式

并购投资与绿地投资为企业 OFDI 的两种主要方式。绿地投资又称新建投资，而并购投资指兼并或收购投资国企业，可以直接获得并购企业的研发资源、人员及专利技术。我国企业对外投资并购活跃且涉及领域广泛。如表 3 - 1 所示，我国境外并购金额持续保持快速增长，2004 年只有 30 亿美元，在 2016 年达到顶峰 1353.3 亿美元，12 年间增长了超过 40 倍。近十年间并购投资的比重呈现先上升后下降的态势，2016 年占比为 44.1%，之后开始下降，2019 年占比仅为 12.6%。

2019 年，中国企业共实施对外投资并购项目 467 起，涉及 68 个国家和地区，实际交易总额 342.8 亿美元。其中，直接投资 172.2 亿美元，占并购总额的 50.2%，占当年中国对外直接投资总额的 12.6%；境外融资 170.6 亿美元，占并购金额的 49.8%。2019 年，中国企业对外投资并购涉及制造业、信息传输/软件和信息技术服务业、电力/热力/燃气及水的生产和供应业等 18 个行业大类。从并购金额上看，制造业 142.7 亿美元，位居首位，涉及 179 个项目；信息传输/软件和信息技术服务业 72.5 亿美元，位居次席，涉及 49 个项目；电力/热力/燃气及水的生产和供应业 45.4 亿美元，居第三位，涉及 31 个项目。2019 年，中国企业对外投资并购分布在全球 68 个国家（地区）。从并购金额看，芬兰、德国、英属维尔京群岛、法国、巴西、中国香港、开曼群岛、英国、秘鲁和新加坡列前 10 位。

表 3 – 1　　　　　　　2004～2019 年中国对外直接投资并购情况

年份	并购金额（亿美元）	同比（%）	比重（%）
2004	30	—	54.4
2005	65	116.7	53
2006	82.5	26.9	39
2007	63	-23.6	23.8
2008	302	379.4	54
2009	192	-36.4	34
2010	297	54.7	43.2
2011	272	-8.4	36.4
2012	434	59.6	31.4
2013	529	21.9	31.3
2014	569	7.6	26.4
2015	544.4	-4.3	25.6
2016	1353.3	148.6	44.1
2017	1196.2	-11.6	21.1
2018	742.3	-37.9	21.7
2019	342.8	-53.8	12.6

资料来源：《2019 年中国对外直接投资统计公报》。

3.1.3　投资行业

3.1.3.1　按投资流量的行业分布

我国企业 OFDI 行业集中度高，行业结构逐渐优化。在国民经济的 18 个行业大类中，前四大行业分别是租赁和商务服务业（占比 30.6%）、制造业（占比 14.8%）、金融业（占比 14.6%）及批发和零售业（占比 14.2%）。2019 年，四大领域合计投资 1015.4 亿美元，占流量总额的 74.2%。可见对外投资行业结构呈现高度集中化倾向。其余比重较高的行业为信息传输/软件和信息技术服务业、采矿业、交通运输/仓储和邮政业、电力/热力/燃气及水的生产和供应业及建筑业。而房地产业、文化/体育和娱乐业、居民服务/修理和其他服务业在 2017 年以后由于受到宏观政策调控的影响，占比都出现大幅度下降。图 3-6 展示了 2019 年中国对外直接投资流量的行业分布和流量情况。

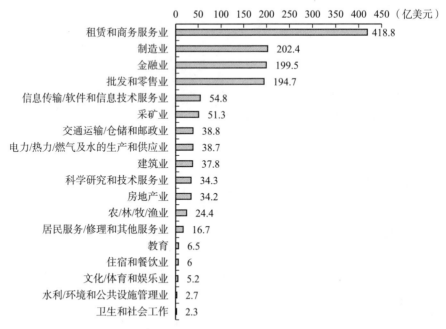

图 3-6　2019 年中国对外直接投资流量行业分布情况

资料来源：《2019 年中国对外直接投资统计公报》。

前四大行业的具体投资情况如下，流向租赁和商务服务业的投资 418.8 亿美元，同比下降 17.6%，占当年流量总额的 30.6%。投资主要分布在中国香港、英属维尔京群岛、新加坡、英国、澳大利亚等国家（地区）。制造业 202.4 亿美元，同比增长 6%，占 14.8%。主要流向汽车制造、化学纤维制造、有色金属冶炼和压延加工、医药制造、化学原料和化学制品、橡胶和塑料制品、铁路/船舶/航空航天和其他运输设备制造、电气机械和器材制造、专用设备制造、通用设备制造、黑色金属冶炼和压延加工、非金属矿物制品、造纸和纸制品业等。其中，流向装备制造业的投资 62.7 亿美元，同比下降 45%，占制造业投资的 31%。流向金融业 199.5 亿美元，同比下降 8.1%，占 14.6%。2019 年，中国金融业境内投资者对境外金融类企业的直接投资为 186 亿美元，占 93.2%；中国非金融业境内投资者投向境外金融企业的投资为 13.5 亿美元，占 6.8%；投向批发和零售业 194.7 亿美元，同比增长 59.1%，占 14.2%。主要流向中国香港、新加坡、英属维尔京群岛、美国、日本、英国、德国等国家（地区）。

3.1.3.2　按投资存量的行业分布

2019 年末，中国 OFDI 存量规模上千亿美元的行业有 6 个。租赁和商务服务业以 7340.8 亿美元高居榜首，占中国对外直接投资存量的 33.4%。其包括以投资控股为主的对外投资活动，主要分布在中国香港、英属维尔京群岛、开曼群岛，以及新加坡、美国、澳大利亚、英国等国家和地区。批发和零售业 2955.4 亿美元，列第 2 位，占 13.5%。金融业 2545.3 亿美元，列第 3 位，占 11.6%。信息传输/软件和信息技术服务业 2022.1 亿美元，占 9.2%，是中国自然人对外投资较为聚集的领域。制造业 2001.4 亿美元，占 9.1%，主要分布在汽车制造、计算机/通信及其他电子设备制造、化学原料及化学制品制造、专用设备制造、金属制品、非金属矿物制品、其他制造等领域。其中，装备制造业存量 1035.6 亿美元，占制造业投资存量的 51.7%。采矿业 1754 亿美元，占 8%，主要分布在石油和天然气开采、有色金属矿采选、黑色金属矿采选、煤炭开采等领域。以上 6 个行业存量合计 18618.9 亿美元，占中国对外直接投资存量的 84.8%。其他主要行业分布情况如下：房地产业 776.1 亿美元，占 3.5%。交通运输/仓储和邮政业 765.3 亿美元，占 3.5%，主要分布在水上运输、多式联运和运输代理、航空运输、管道运输等。科学研究和技术服务业 460.1 亿美元，占 2.1%，主要为科技推广和应用服务、专业技术服务等。建筑业 422.3 亿美元，占 1.9%，主要是房屋建筑、土木工程、建筑安装、建筑装饰/装修和其他建筑业的投资。电力/热力/燃气及水的生产和供应业 330.6 亿美元，占 1.5%，主要为电力生产和供应业的投资。农/林/牧/渔业 196.7 亿美元，占 0.9%。其中，农业占 28.7%，林业占 18.5%，渔业占 8.2%，畜牧业占 4.8%，农/林/牧/渔业及辅助性活动占 39.8%。居民服务/修理和其他服务业 136 亿美元，占 0.6%，主要是其他服务业及居民服务业的投资。文化/体育和娱乐业 126.3 亿美元，占 0.6%。住宿和餐饮业 49.2 亿美元，占 0.2%。教育 42.9 亿美元，占 0.2%。水利/环境和公共设施管理业 33 亿美元，占 0.1%。具体的投资存量行业分布如图 3-7 所示。

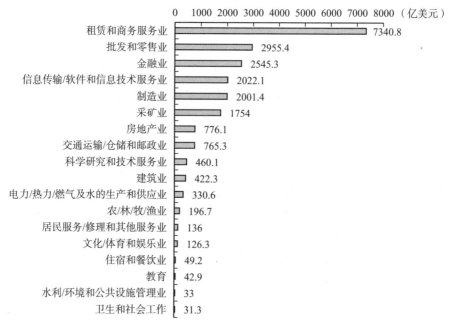

图 3-7　2019 年末中国对外直接投资存量行业分布情况

资料来源：《2019 年中国对外直接投资统计公报》。

通过以上分析可以看出，中国 OFDI 的行业分布很广泛，但集中度高、结构并不均衡。OFDI 主要集中在租赁和商务服务业、批发零售、金融业、制造业和采矿业等中低技术行业。而科技含量高的行业，如科学研究和技术服务业的比重仍然很低，不利于我国的技术积累和产业升级。因此，今后应重点扶植技术密集型产业到境外投资，以促进我国产业升级和技术进步。

3.1.4 投资区位

目前，我国 OFDI 的区位分布广泛但不均衡。2019 年末，中国 OFDI 投资目的国共 188 个国家（地区），这说明中国企业境外投资已覆盖了全球约 80% 的国家（地区）。

3.1.4.1 按投资区域划分

从投资区域的流量情况来看，2019 年，流向亚洲的投资 1108.4 亿美元，同比增长 5.1%，占当年对外直接投资流量的 80.9%。其中，对中国香港投资 905.5 亿美元，同比增长 4.2%，占对亚洲投资的 81.7%；对东盟 10 国投资 130.2 亿美元，同比下降 4.9%，占对亚洲投资的 11.8%。流向欧洲的投资 105.2 亿美元，同比增长 59.6%，占当年对外直接投资流量的 7.7%，较上年提升 3.1 个百分点。主要流向荷兰（38.9 亿美元）、瑞典（19.2 亿美元）、德国（14.6 亿美元）、英国（11 亿美元）、卢森堡（6.9 亿美元）、瑞士（6.8 亿美元）、意大利（6.5 亿美元）等国家。流向拉丁美洲的投资 63.9 亿美元，同比下降 56.3%，占当年对外直接投资流量的 4.7%。主要流向英属维尔京群岛（86.8 亿美元）、巴西（8.6 亿美元）、智利（6.1 亿美元）、阿根廷（3.5 亿美元）、秘鲁（3.5 亿美元）、墨西哥（1.6 亿美元）等。对开曼群岛和委内瑞拉的投资流量呈负，分别为 -43.6 亿美元和 -2.2 亿美元。流向北美洲的投资 43.7 亿美元，同比下降 49.9%，占当年对外直接投资流量的 3.2%。其中，对美国投资 38.1 亿美元，同比下降 49.1%；对加拿大投资 4.7 亿美元，同比下降 69.7%。流向非洲的投资 27.1 亿美元，同比下降 49.9%，占当年对外直接投资流量的 2%。主要流向刚果（金）、安哥拉、埃塞俄比亚、南非、毛里求斯等国家。流向大洋洲的投资 20.8 亿美元，同比下降 6.3%。占当年对外直接投资流量的 1.5%。主要流向澳大利亚、新西兰等国家。2019 年中国对外直接投资流量分区域的具体金额和比重情况如表 3 - 2 所示。

表 3 - 2　　　　　　　　2021 年中国对外直接投资流量地区构成情况

洲别	流量金额（亿美元）	比上年增长（%）	比重（%）
亚洲	1108.4	5.1	80.9
欧洲	105.2	59.6	7.7
拉丁美洲	63.9	−56.3	4.7
北美洲	43.7	−49.9	3.2
非洲	27.1	−49.9	2
大洋洲	20.8	−6.3	1.5
合计	1369.1	−4.3	100

资料来源：《2019 年中国对外直接投资统计公报》。

从投资区域的存量情况来看，2019 年末，中国在亚洲的投资存量为 14602.2 亿美元，占 66.4%，主要分布在中国香港、新加坡、印度尼西亚、中国澳门、老挝、马来西亚、阿联酋、哈萨克斯坦、泰国、越南、韩国、柬埔寨等国家和地区；中国香港占亚洲存量的 87.3%。拉丁美洲 4360.5 亿美元，占 19.8%，主要分布在开曼群岛、英属维尔京群岛、巴西、委内瑞拉、阿根廷、秘鲁、智利、牙买加、墨西哥等国家和地区。其中，开曼群岛和英属维尔京群岛合计存量 3897.2 亿美元，占对拉美地区投资存量的 95.8%。欧洲 1143.8 亿美元，占 5.2%，主要分布在荷兰、英国、德国、卢森堡、俄罗斯、瑞典、法国、瑞士、意大利、挪威、西班牙、爱尔兰等国家。2019 年末，在中东欧 17 国的投资存量为 28.4 亿美元，占对欧洲投资的 2.5%。北美洲 1002.3 亿美元，占 4.6%，主要分布在美国、加拿大。非洲 443.9 亿美元，占 2%，主要分布在南非、刚果（金）、安哥拉、赞比亚、埃塞俄比亚、尼日利亚、加纳、阿尔及利亚等。大洋洲 436.1 亿美元，占 2%，主要分布在澳大利亚、新西兰等国家。图 3-8 展示了中国对外直接投资存量的区域分布情况。

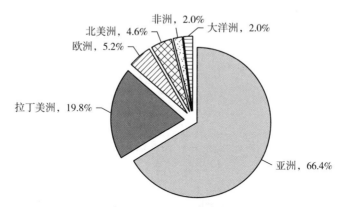

图 3-8 2019 年中国对外直接投资存量地区分布情况

资料来源:《2019 年中国对外直接投资统计公报》。

3.1.4.2 按经济体划分

如果将投资区位按经济体划分,如图 3-9 所示,中国 OFDI 存量绝大多数集中在发展中经济体。2019 年末,中国在发展中经济体的投资存量为 19206 亿美元,占总存量的 87.3%,其中中国香港 12753.6 亿美元,存量最多占 66.4%;东盟 1098.9 亿美元,占 5.7%。

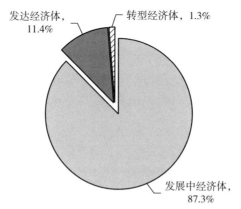

图 3-9 2019 年末中国对各类经济体直接投资存量构成

资料来源:《2019 年中国对外直接投资统计公报》。

在发达经济体①投资存量为2494.6亿美元，占总存量的11.4%，前3位为欧盟939.1亿美元（占37.6%）、美国778亿美元（占31.2%）、澳大利亚380.7亿美元（占15.3%）。其中，加拿大140.9亿美元，占5.7%；瑞士56.6亿美元，占2.3%；日本41亿美元，占1.6%；以色列37.8亿美元，占1.5%；新西兰24.6亿美元，占1%；挪威12.5亿美元，占0.5%。

在转型经济体②的直接投资存量为288.2亿美元，占总存量的1.3%，其中俄罗斯存量最多，共128亿美元，占44.4%；哈萨克斯坦72.5亿美元，占25.2%；乌兹别克斯坦32.5亿美元，占11.3%；塔吉克斯坦19.5亿美元，占6.8%；吉尔吉斯斯坦15.5亿美元，占5.4%。

3.1.4.3　按国别（地区）划分

2019年，中国OFDI流量前20位的国家（地区）的流量之和为1312.6亿美元，占中国OFDI总流量的95.8%，具体国家（地区）的流量和比重情况如表3-3所示。

表3-3　　　　2019年中国对外直接投资流量前20位的国家（地区）

序号	国家（地区）	流量金额（亿美元）	比重（%）
1	中国香港	905.5	66.1
2	英属维尔京群岛	86.8	6.3
3	新加坡	48.3	3.5
4	荷兰	38.9	2.8
5	美国	38.1	2.8
6	印度尼西亚	22.2	1.6

---

①　划分依据为联合国贸发会议《世界投资报告》。其中发达国家和地区包括美国、加拿大、澳大利亚、日本、新西兰、挪威、瑞士、以色列，以及欧盟和百慕大群岛。

②　转型国家包括哈萨克斯坦、吉尔吉斯斯坦、塔吉克斯坦、土库曼斯坦、乌兹别克斯坦、阿尔巴尼亚、阿塞拜疆、白俄罗斯、波黑、俄罗斯、黑山、北马其顿、萨尔瓦多、塞尔维亚、乌克兰及亚美尼亚；剩余为发展中国家。

续表

序号	国家（地区）	流量金额（亿美元）	比重（%）
7	澳大利亚	20.9	1.5
8	瑞典	19.2	1.4
9	越南	16.5	1.2
10	德国	14.6	1.1
11	泰国	13.7	1.0
12	阿联酋	12.1	0.9
13	老挝	11.5	0.8
14	马来西亚	11.1	0.8
15	英国	11.0	0.8
16	刚果（金）	9.3	0.7
17	伊拉克	8.9	0.7
18	巴西	8.6	0.6
19	哈萨克斯坦	7.9	0.6
20	柬埔寨	7.5	0.6
合计		1312.6	95.8

资料来源：《2021 年中国对外直接投资统计公报》。

2019 年末，中国 OFDI 存量前 20 位的国家（地区）累计存量达到 20308.7 亿美元，占中国 OFDI 总存量的 92.4%，具体国家（地区）的存量和比重情况如表 3-4 所示。

表 3-4　　2019 年末中国对外直接投资存量前 20 位的国家（地区）

序号	国家（地区）	存量（亿美元）	比重（%）
1	中国香港	12753.6	58
2	开曼群岛	2761.5	12.6
3	英属维尔京群岛	1418.8	6.5
4	美国	778	3.5

续表

序号	国家（地区）	存量（亿美元）	比重（%）
5	新加坡	526.4	2.4
6	澳大利亚	380.7	1.7
7	荷兰	238.5	1.1
8	英国	171.4	0.8
9	印度尼西亚	151.3	0.7
10	德国	142.3	0.7
11	加拿大	140.9	0.6
12	卢森堡	139	0.6
13	俄罗斯	128	0.6
14	中国澳门	98.5	0.4
15	瑞典	85.8	0.4
16	百慕大群岛	83.4	0.4
17	老挝	82.5	0.4
18	马来西亚	79.2	0.4
19	阿联酋	76.4	0.3
20	哈萨克斯坦	72.5	0.3
合计		20308.7	92.4

资料来源：《2019 年中国对外直接投资统计公报》。

通过以上分析可见，我国对外投资的区位分布虽然遍及世界各个大洲和绝大多数国家（地区），但是投资规模不均衡，在亚洲等发展中经济体投资比重过高。中国企业对发展中国家进行 OFDI 主要以市场寻求型和资源寻求型为主要动机。而对中国香港、开曼群岛、英属维尔京群岛、百慕大群岛等避税地区投资，主要是为了获取税收优惠和融资便利，对这些地区投资以后大都采取投资回流的方式。而对发达国家和地区的投资比例仍然较低，仅占11.4%。由于发达国家和地区是技术创新的来源地，这将极大限制 OFDI 获取的逆向技术溢出。发达国家和地区市场空间大，拥有先进的技术和管理经验，法律制度完善，对其进行直接投资政策风险相对较小，又能获取先进技术，我国应该支持和鼓励企业向发达国家和地区开展更多技术寻求型 OFDI，以获取国外先进技术提升国内创新水平。

3.1.5 投资主体

3.1.5.1 按投资主体的区域划分

从投资流量的情况来看，如表 3 – 5 所示，2019 年，地方企业对外非金融类直接投资流量897.4 亿美元。其中，东部地区①对外直接投资流量715.6亿美元，同比下降5.6%，占地方投资流量的79.7%；西部地区②78.1 亿美元，同比下降22.4%，占8.7%；中部地区③91.1 亿美元，同比下降10.2%，占10.2%；东北三省④12.6 亿美元，同比下降43.8%，占1.4%。东部省份对外直接投资表现活跃，九成东部省份继续稳居当年地方对外直接投资流量前10 名之列。广东、上海、山东、浙江、北京、江苏、天津、福建、河南、海南列地方对外直接投资流量前10 位，合计723.8 亿美元，占地方对外直接投资流量的80.7%，如表 3 – 6 所示。

表 3 – 5   **2019 年地方企业对外直接投资流量按区域分布情况**

地区	流量金额（亿美元）	比重（%）	比上年增长（%）
东部地区	715.6	79.7	– 5.6
中部地区	91.1	10.2	– 10.2
西部地区	78.1	8.7	– 22.4
东北三省	12.6	1.4	– 43.8
合计	897.4	100	– 8.7

资料来源：《2019 年中国对外直接投资统计公报》。

---

① 东部地区包括北京、天津、河北、上海、江苏、浙江、福建、山东、广东、海南，分类不含港澳台地区。
② 西部地区包括内蒙古、广西、四川、重庆、贵州、云南、陕西、甘肃、青海、宁夏、新疆、西藏。
③ 中部地区包括山西、安徽、江西、河南、湖北、湖南。
④ 东北三省包括黑龙江、吉林、辽宁。

表 3 - 6　　　　　　2019 年地方企业对外直接投资流量前 10 位的省份

序号	省份	流量金额（亿美元）	占地方比重（%）
1	广东	167.0	18.6
2	上海	104.9	11.7
3	山东	102.4	11.4
4	浙江	89.5	10.0
5	北京	82.7	9.2
6	江苏	51.2	5.7
7	天津	44.0	4.9
8	福建	29.0	3.2
9	河南	27.5	3.1
10	海南	25.6	2.9
合计		723.8	80.7

资料来源：《2019 年中国对外直接投资统计公报》。

从投资存量的情况来看，2019 年末，地方企业对外非金融类直接投资存量达到 7855.5 亿美元，占全国非金融类存量的 40.4%。东部地区对外直接投资存量最多，为 6409.4 亿美元，占 81.6%；其次是西部地区，存量为 669.1 亿美元，占 8.5%；然后是中部地区，存量为 561.3 亿美元，占 7.1%；东北三省存量最少，为 215.7 亿美元，占 2.8%。具体的区域分布如图 3 - 10 所示。

分省份来看，2019 年，OFDI 存量最多的是广东 1783.8 亿美元，第二是上海 1303.3 亿美元，第三是北京 736.9 亿美元，之后是浙江、山东、江苏、天津、福建、海南、河南等，前 10 位省份合计占地方总存量的 82.1%。2019 年末对外直接投资存量前 10 位的省份如表 3 - 7 和图 3 - 11 所示。

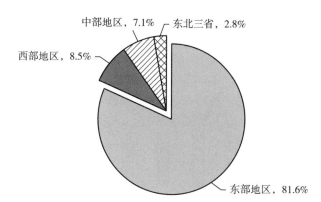

图 3 – 10   2019 年末地方企业对外直接投资存量地区比重构成

资料来源：《2019 年中国对外直接投资统计公报》。

表 3 – 7   2019 年地方对外直接投资存量前 10 位的省份

序号	省份	流量金额（亿美元）	占地方比重（%）
1	广东	1783.8	22.7
2	上海	1303.3	16.6
3	北京	736.9	9.4
4	浙江	659.0	8.4
5	山东	624.0	7.9
6	江苏	545.0	6.9
7	天津	279.3	3.6
8	福建	190.1	2.4
9	海南	169.9	2.2
10	河南	154.5	2.0
合计		6445.8	82.1

资料来源：《2019 年中国对外直接投资统计公报》。

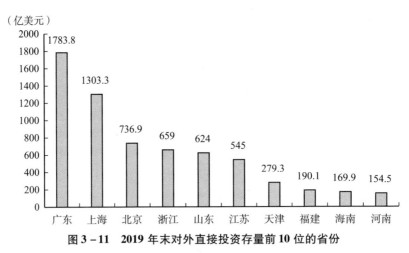

图 3 - 11　2019 年末对外直接投资存量前 10 位的省份

资料来源：《2019 年中国对外直接投资统计公报》。

　　由上述分析可以看出，我国对外直接投资主体的区域分布是极不均衡的，东部经济发达省份是绝对主体，占比超过八成；而其他几个区域之和还不到两成。因此，中西部区域应该加快"走出去"的步伐，积极引导企业到境外投资，给予更多优惠政策加以扶持，尽快改善对外投资主体区域分布不均的情况。

3.1.5.2　按所有制类型划分

　　2019 年，中央企业和单位对外非金融类直接投资流量 272.1 亿美元，同比增长 18%；地方企业 897.4 亿美元，同比下降 8.7%，占全国非金融类流量的 76.7%，较上年下降 4.3 个百分点。中国对外非金融类投资流量中，非公有经济控股的境内投资者对外投资 588.7 亿美元，同比下降 22.2%，占 50.3%；公有经济控股对外投资 580.9 亿美元，同比增长 27%，占 49.7%。

　　2019 年末，在对外非金融类直接投资 19443.5 亿美元存量中，国有企业占 50.1%，非国有企业占 49.9%。非国有企业主要包括有限责任公司（占 15.3%）、股份有限公司（占 9.1%）、私营企业（占 7.6%）、个体经营（占 6.9%）、港澳台商投资企业（3.7%）和外商投资企业（占 3.4%）等。2006 ~ 2019 年国有企业和非国有企业存量占比情况如图 3 - 12 所示。

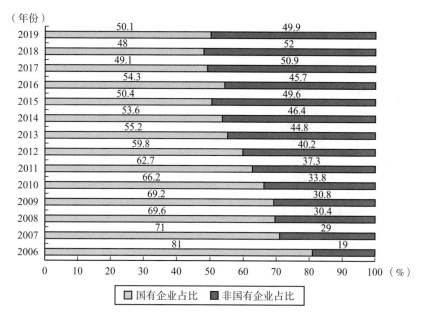

图 3-12 2006~2019 年中国国有企业和非国有企业存量占比情况

资料来源：历年《中国对外直接投资统计公报》。

由图 3-12 可以看出，在总投资存量中，国有企业所占比重呈不断下降态势，由 2006 年的 81% 下降到 2019 年的 50.1%；而非国有企业所占比重却持续上升，由 2006 年的 19% 上升到 2019 年的 49.9%。目前非国有企业所占比重与国有企业基本相当，在对外投资中的重要性日益凸显。与国有企业相比，民营企业的优势体现在体制灵活、经营高效、竞争力强、富有创新精神等。因此，非国有企业占比提高说明投资主体结构在逐渐优化，更有利于我国企业对外直接投资的绩效提升。

3.2 中国对发达国家和地区直接投资的现状

从中国 OFDI 的绝对规模而言，对发达国家和地区的投资占比很低。如前节所述，2019 年末中国在发达经济体投资存量为 2494.6 亿美元，仅占 11.4%，远远低于对发展中经济体的比重。但是，从相对规模来看，如表3-8所示，中国对发达经济体直接投资流量在总流量中的占比却是逐渐提高的，由2003年的7.72%增长到2017年的18.4%。另外，对发达经济体投资流量的同比增速也呈现出迅猛增长的态势，在2003～2019年的16年间年均增幅高达58%，我国对发达经济体投资流量的增幅要远远高于总流量的增幅。尤其是2008年金融危机之后，中国企业加大了对发达经济体的投资力度，在总流量中所占比重不断提升。总的来说，中国企业通过对发达经济体直接投资，不仅可以学到先进技术和管理经验，也能够促使企业提高对外投资绩效，优化我国对外投资结构，促进我国早日由投资大国向投资强国转变。

表3-8　　　　　2003～2019年中国对发达经济体直接投资的流量

年份	流量（亿美元）	同比（%）	占比（%）
2003	2.2	—	7.72
2004	3.5	59	6.36
2005	7.3	108.6	5.95
2006	5.19	-28.9	2.45
2007	27.42	428.3	10.36
2008	27.87	1.64	4.98
2009	70.42	152.7	12.5
2010	108.61	54.2	15.8
2011	134.2	23.6	18
2012	135.1	0.67	15.4
2013	138.3	2.4	12.8
2014	238.3	72.3	19.4
2015	189.9	-20.3	13
2016	368.4	94	18.8
2017	291.6	-20.8	18.4
2018	174.6	-41	13
2019	178.8	2.4	13.1

资料来源：根据历年《中国对外直接投资统计公报》整理计算。

3.2.1 中国对发达国家直接投资的特征

3.2.1.1 投资规模逐渐扩大，占比不断提高

虽然中国对发达国家的直接投资起步较晚，但是发展较快。如表 3 - 8 和图 3 - 13 所示，2003 年，中国对发达国家的投资流量只有 2.2 亿美元，2016 年流量达到峰值 368.4 亿美元，增长速度可谓惊人。2007 年，流量同比增速高达 428%，2009 年增速 152%，2016 年增速 94%。2003 ~ 2019 年，对发达国家流量的年均增幅达到 58%，而同期中国对外投资总流量年均增幅为 36%。2017 年之后受政策调控影响，对发达国家投资流量也出现了下降。2018 年降幅较大，一方面是因为对欧盟和澳大利亚的投资减少导致；另一方面是由于对瑞士投资流量为 - 32 亿美元，出现负值主要是留存收益流出。

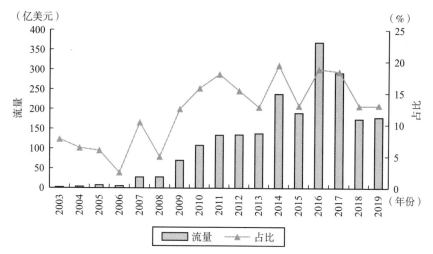

图 3 - 13   2003 ~ 2019 年中国对发达经济体直接投资流量及占比

资料来源：根据历年《中国对外直接投资统计公报》整理计算。

对发达国家的投资流量在总流量中的占比也是在不断提高的，2003 年只占 7.72%，之后有所回落，但很快迅速提高，2009 年金融危机之后占比一直

保持在 12% 以上，2014 年达到峰值 19.4%，2018 年后占比回落到 13%。

3.2.1.2 投资变化的三个不同阶段

中国对发达国家直接投资的历程可以分为以下三个阶段：

第一，起步阶段（1978~2006 年）：投资规模小，增速缓慢，方式单一。

从改革开放之初一直到 2006 年，这一阶段只是我国对发达国家投资的起步阶段，不仅投资规模小，而且增长缓慢，2002 年只有 2.2 亿美元，虽然在 2005 年增长到 7.3 亿美元，同比有了大幅提高，但在 2006 年投资流量很快又出现回落。在此之前中国对外投资的 90% 以上都是投资到发展中国家，对发达国家的投资只是处于刚刚起步、探索阶段，投资占比一直低于 10%。这一阶段的投资方式以境外工程承包和劳务输出为主。

第二，快速扩张阶段（2007~2016 年）：投资规模扩大，增速快。

从 2007 年开始，中国企业对发达国家的直接投资进入了快速扩张阶段，2007 年，投资流量同比增长 428.3%，其中对欧盟增长了 711%，对澳大利亚增长了 507%，对加拿大的投资增长最快，由 2006 年的 0.35 亿美元上升到 2007 年的 10.32 亿美元，增长了 29 倍。

2008 年投资增速短暂放缓之后，金融危机使很多发达国家股市暴跌，资产价格下降，恰好为中国企业走出去并购提供了好时机。2009 年、2010 年连续两年对发达国家和地区投资实现大幅增长，流量同比增幅高达 152.7% 和 54.2%。2009 年，对欧盟投资流量同比增长了 535%，对美国增长了 96.7%，对加拿大增长了 87 倍。2010 年，对欧盟同比增长 101%，对美国增长了 44%，对加拿大增长了 86%，对日本同比增长了 302%。

2011~2014 年期间对发达国家的投资依然保持了稳健增长，在投资流量总额中的占比于 2014 年达到最高的 19.4%。2015 年对发达国家投资流量同比回落 20%，主要是因为当年对欧盟投资大幅下降 44% 所致。

2016 年对发达经济体投资流量再创历史新高，达到 368.4 亿美元。这一年对几个主要经济体都实现了大幅增长，对欧盟增长 82.4%，对美国增长 111.5%，对加拿大增长 83.7%，对日本增长 43%，对新西兰增长 160%。

第三，回落阶段（2017~2019 年）：投资放缓，增速回落。

2017 年后对发达经济体的投资出现下滑，主要是两个方面的原因，一方面中国政府收紧了对外投资政策，加大对企业 OFDI 资格的审查，导致投资增速放缓；另一方面发达国家纷纷出台政策加强对外商投资的审查和监管。因此，2017 年对发达国家投资流量同比回落 20.8%，2018 年同比回落 41%。

3.2.1.3 对发达国家逆向投资区域集中

截至 2019 年末，中国在发达经济体直接投资存量 2494.6 亿美元。其中，排在第一位的是欧盟 939.1 亿美元，占比 37.6%；第二位是美国 778 亿美元，占 31.2%；第三位是澳大利亚 380.7 亿美元，占 15.3%。2019 年末中国在发达国家（地区）直接投资的存量和比重具体情况如表 3-9 所示。

表 3-9　　　　2019 年末中国在发达国家（地区）直接投资存量情况

国家（地区）	存量（亿美元）	比重（%）
欧盟	939.1	37.6
美国	778	31.2
澳大利亚	380.7	15.3
加拿大	140.9	5.7
瑞士	56.6	2.3
日本	41	1.6
以色列	37.8	1.5
新西兰	24.6	1
挪威	12.5	0.5
合计	2494.6	100

资料来源：《2019 年中国对外直接投资统计公报》。

由表 3-9 可以看出，在发达经济体中，中国对欧盟、美国、澳大利亚的占比最大，三国合计达 84.2%。因此，下面将重点分析中国对欧盟、美国、澳大利亚投资的现状及特征。

3.2.2 中国对发达经济体直接投资的国别（地区）分析

3.2.2.1 欧盟

1. 投资环境概况。

在中国对发达国家直接投资的地区中，对欧盟的流量和存量都居于首位，中欧双边投资合作基础深厚，潜力巨大。近年来，中国与欧盟国家合作领域不断拓宽，中欧产业互补性强，投资行业日益多元化。中国对欧盟投资结构随着欧洲政策、经济和市场的发展不断发生变化，朝着高附加值、高质量方向持续优化。同时，中国企业对欧盟投资方式日趋灵活，开始通过并购、参股、签署战略合作协议、建设工业园区等多种方式加强经贸合作。欧盟在高端制造业拥有比较优势，如化工、医药、航空、机动车辆、精密仪器等产业，其主要特点体现在质优价高、科技含量高。今后高端制造业和人工智能、大数据等高科技信息技术行业将成为中国企业在欧盟投资的热点领域。截至2018年底，中国已在欧盟设立的境外企业超过3200多家，雇佣外方员工26万人，为当地创造了大量就业。① 投资覆盖欧盟全部28个成员国，主要分布在德国、英国、荷兰、法国、意大利、西班牙等国家。

从投资环境看，欧盟的优势主要体现在以下方面：欧盟拥有4亿多消费者的统一市场；经济与政治环境总体健康稳定；法律法规完善透明；拥有一流的现代化基础设施以及高水平的劳动力素质和科研能力；此外，还具有产业群聚优势。但近年欧盟的经济发展也面临一些不利因素，受英国脱欧、中美及欧美贸易争端、全球经济整体疲软等因素影响，2019年欧盟发展低迷，经济增长下滑程度超过其他经济体。欧盟统计局数据显示，2019年欧盟27国GDP增长1.5%，欧元区19国增长1.2%，远低于2018年的2.1%和1.9%的增速。这种下滑始于制造业，延及服务业，并逐渐传导至劳动力市场，企业和消费者信心下降，金融市场振荡不稳，国债收益创下金融危机以

---

① 商务部《对外投资合作国别（地区）指南——欧盟（2020年版）》。

来最低水平。分成员国看，德国、法国、意大利的增长低于欧盟平均水平，西班牙保持较好增势，波兰、匈牙利、罗马尼亚等中东欧国家增长强劲。

2. 投资规模。

（1）投资流量。改革开放以后，中国与欧盟开始有了投资活动，但投资额极少。加入 WTO 以后，随着国家"走出去"战略的实施，中国对欧盟直接投资开始稳步增长，在 2007 年更是出现了爆发式增长，对欧盟投资流量同比增长 709%。2008 年国际金融危机和 2010 年欧债危机的发生，给中国企业提供了进入欧盟的良好契机，2009 年流量同比增长 535%，2014 年增长 116%。2003～2019 年中国对欧盟直接投资流量的具体情况如表 3 - 10 和图 3 - 14 所示，流量和占比保持同步，16 年间大多数年份都在上涨，只在少数几年出现回落。

表 3 - 10　　　　　　　2003～2019 年中国对欧盟直接投资流量情况

年份	流量（亿美元）	同比（%）	占比（%）
2003	1. 21	—	4. 24
2004	0. 71	− 41. 3	1. 29
2005	1. 89	89	1. 54
2006	1. 29	− 31. 7	0. 61
2007	10. 44	709	3. 94
2008	4. 67	− 55. 3	0. 84
2009	29. 66	535	5. 25
2010	59. 63	101	8. 67
2011	75. 61	26. 8	10. 13
2012	61. 2	− 19	6. 97
2013	45. 24	− 26. 1	4. 19
2014	97. 87	116. 3	7. 95
2015	54. 8	− 44	3. 76
2016	99. 94	82. 4	5. 1

年份	流量（亿美元）	同比（%）	占比（%）
2017	102.67	2.7	6.49
2018	88.66	-13.6	6.2
2019	107.0	20.7	7.8

资料来源：历年《中国对外直接投资统计公报》。

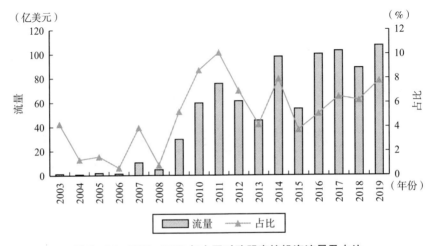

图 3-14　2003~2019 年中国对欧盟直接投资流量及占比

资料来源：历年《中国对外直接投资统计公报》。

　　2003~2019 年的 16 年间，对欧盟的投资绝大多数年份都保持了正增长，只在个别年份出现了短暂的回落。2004 年，我国对欧盟投资只有 0.71 亿美元，到了 2007 年就增加到 10.44 亿美元，2009 年之后更是开始"爆发式"增长，到 2017 年超过百亿美元，2018 年稍有回落，年均增长率达到 95%。对欧盟的投资流量在总投资中的比重也是逐年提高，2004 年只占 1.29%，到了 2011 年达到最高值 10.13%。近些年对欧盟投资保持高速增长的主要原因之一是金融危机和欧债危机使很多企业资产价值缩水，为中国企业提供了买入的好时机。而且很多欧盟企业对未来预期悲观，因而急于出售资产。

（2）投资存量。中国对欧盟直接投资存量情况如表 3 - 11 所示，2003 ~ 2019 年间的年均增长率达到46%，2003 年的存量只有 4.18 亿美元，在总存量中占比是 1.26%；而 2019 年的存量为 939.1 亿美元，总存量中的占比是 4.27%，在主要经济体中列第 3 位，仅次于中国香港和东盟。如图 3 - 15 所示，中国对欧盟直接投资存量在总投资存量中的占比也保持稳步提升趋势，由 2003 年的 1.26% 提高到 2019 年的 4.27%，在 2014 年占比最高达到 6.14%。

表 3 - 11　　　　　　　2003 ~ 2019 年中国对欧盟直接投资存量情况

年份	存量（亿美元）	同比（%）	占比（%）
2003	4.18	—	1.26
2004	5.04	20.6	1.13
2005	7.68	52.4	1.34
2006	12.74	65.88	1.41
2007	29.42	130.9	2.49
2008	31.74	7.89	1.73
2009	62.78	97.8	2.55
2010	125.1	99.2	3.94
2011	202.9	62.26	4.78
2012	315.4	55.43	5.93
2013	401.0	27.14	6.07
2014	542.1	35.2	6.14
2015	644.6	18.9	5.87
2016	698.4	8.34	5.14
2017	860.2	23.16	4.75
2018	907.4	5.49	4.60
2019	939.1	3.49	4.27

资料来源：历年《中国对外直接投资统计公报》。

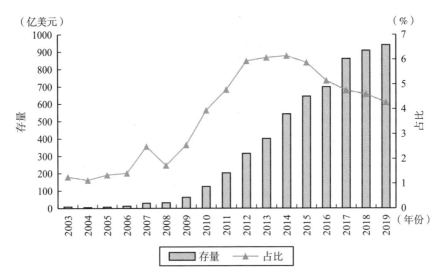

图 3 – 15　2003～2019 年中国对欧盟直接投资存量及占比

资料来源：历年《中国对外直接投资统计公报》。

3. 主要投资国别。

中国对欧盟的直接投资虽然已经覆盖了全部 28 个成员国，但是却呈现流向集中、不均衡的特点。表 3 – 12 表明了 2017～2019 年我国对欧盟几个主要国家的投资流量及占比情况，可以看出，近几年对欧盟的投资主要集中在德国、英国①、卢森堡、法国、瑞典、荷兰，对这几个国家的流量大、占比高，合计大约占到整个欧盟的 80% 以上。此外，奥地利、意大利、爱尔兰等国也是主要流向国。

从国别投资存量来看，2019 年末，荷兰、英国、德国和卢森堡四国的投资存量超过 100 亿美元，四国存量合计占欧盟总存量的 73.6%。存量超过 20 亿美元的国家还有瑞典、法国、意大利，以上几个国家是中国对欧盟的投资大国，合计占欧盟总存量的 91.8%。中国对欧盟主要国家的投资存量及比重如表 3 – 13 所示。

———————

① 英国已于 2020 年 1 月脱离欧盟，但本书数据统计的时间截止点是 2019 年，因此仍把英国视为欧盟成员国。

表 3 - 12 **2017～2019 年中国对欧盟主要国家的投资流量统计**

排名	2017 年			2018 年			2019 年		
	国家	流量 (亿美元)	占比 (%)	国家	流量 (亿美元)	占比 (%)	国家	流量 (亿美元)	占比 (%)
1	德国	27.16	26.5	卢森堡	24.87	28.1	荷兰	38.9	36.4
2	英国	20.66	20.1	德国	14.68	16.6	瑞典	19.2	17.9
3	卢森堡	13.53	13.2	瑞典	10.64	12	德国	14.6	13.6
4	瑞典	12.90	12.6	荷兰	10.38	11.7	英国	11	10.3
5	法国	9.52	9.3	英国	10.27	11.6	卢森堡	6.9	6.4
6	塞浦路斯	6.03	5.87	西班牙	5.38	6.1	意大利	6.5	6.1
7	意大利	4.25	4.14	意大利	2.98	3.4	匈牙利	1.2	1.1
8	奥地利	4.12	4.01	芬兰	1.41	1.6	西班牙	1.1	1.0

资料来源：历年《中国对外直接投资统计公报》。

表 3 - 13 **2019 年末中国对欧盟主要国家的投资存量**

国家	存量（亿美元）	比重（%）
荷兰	238.5	25.4
英国	171.4	18.3
德国	142.3	15.2
卢森堡	139.0	14.8
瑞典	85.8	9.1
法国	59.5	6.3
意大利	25.7	2.7
合计	862.2	91.8

资料来源：《2019 年中国对外直接投资统计公报》。

与西欧大国相比，中国对东欧国家的投资存量较低，对包括斯洛伐克、克罗地亚、爱沙尼亚、斯洛文尼亚、立陶宛和拉脱维亚在内的东欧国家，大多投资存量不足 1 亿美元，合计占比不到 3%。因此，我国对欧盟的投资呈现高度集中的特点，主要流向几个西欧大国。下面简要介绍六个欧盟投资大国的投资概况。

（1）英国。英国是世界第五大经济体，也是欧盟投资吸引力最高的国家之一，很多外国企业来欧洲投资首选英国。英国的投资环境优越，经济活力较高，国内消费潜力和市场规模巨大。商务效率高、税率为发达国家中最低的国家之一。高科技人才聚集，创新能力世界领先，拥有先进的通信网络和发达的交通连接。数字化管理和服务水平较高。此外，政府大力支持创新创业，经合组织统计显示，英国创业障碍世界最少，英国政府积极支持创新创业，英国是世界上创新型企业最活跃的国家之一。上述有利条件极大地增强了英国对外国投资者的吸引力。世界经济论坛《2019年全球竞争力报告》显示，英国在全球最具竞争力的141个国家和地区中，排第9位。世界银行发布的《2020年营商环境报告》显示，英国在190个国家和地区中营商便利度排名第8位。

2015~2019年，中国对英投资合作快速增长，国有和民营企业均较为活跃，投资领域从金融、能源等传统行业向高端制造、基础设施、信息科技等领域延伸。截至2019年底，中国对英国直接投资存量达到171.4亿美元，排在第2位，占欧盟总投资存量的18%。① 目前，在英国投资的中资企业超过500家，主要投资领域包括金融、汽车、通信、石化、医药、运输、传媒等行业。2016年国投电力收购英国海上风电项目公司WFEUK、中国航空技术国际控股有限公司收购英国飞机内饰制造商AIM ATTITUDE、携程收购英国全球机票预订平台天巡（Skyscanner）、上海家化收购英国老牌母婴品牌汤美天地等。2017年，吉利汽车在英国投资建设新工厂，腾讯收购英国游戏公司SpaceApe Games，京东收购奢侈品电商发发奇（Farfetch）等。2019年，蚂蚁金服全资收购英国跨境支付公司万里汇（WorldFirst）。此外，中国人寿、海航集团、复星国际、万科、首开集团等企业纷纷投资英国伦敦商业地产。英国研发创新能力处于全球领先地位，航空航天产业、汽车产业、能源产业、化工制药产业和信息通信产业都是其特色产业。中国企业通过对英国投资可

---

① 商务部《对外投资合作国别（地区）指南——英国（2021年版）》。

以很好的吸收逆向技术溢出效应。

（2）德国。德国是欧洲最大的经济体，也是欧盟经济的领头羊。德国拥有一流的基础设施和强大的创新能力，制造业技术世界一流，尤其在机械设备、汽车制造和电子制造等行业实力强劲。从投资环境的吸引力来看，德国竞争优势体现在以下十大方面：强大的经济实力；较高的国际地位；高生产率；高素质劳动力；强大的创新能力；一流的基础设施；极具吸引力的激励机制；极具竞争力的税收政策；安全稳定的投资框架；高品质的生活。为吸引外来投资，保障和增加就业岗位，促进地区经济发展，德国政府制定了一系列投资促进措施。这些措施包括对投资商提供政府担保、长期优惠贷款和投资或工资补贴等。德国对外资的市场准入条件基本与德国内资企业一样，允许德国投资者进入的领域一般对外国投资者也不设限制，但加强了对非欧盟国家的并购审查，尤其对中国投资的警惕性逐年上升。随着德国私有化进程的发展，原来禁止投资者进入的水电供应、基础设施、能源、医药等领域现在也对境内外投资者放开，但需对投资的经济实力、技术能力等方面进行调查，对投资项目进行审批。世界经济论坛《2019 年全球竞争力报告》显示，德国在全球最具竞争力的 141 个国家和地区中，排第 7 位。世界银行发布的《2020 年营商环境报告》显示，德国营商环境在全球 190 个国家和地区中排名第 22 位。

中国对德投资虽然起步晚、总量小，但 2010 年以来，中国企业对德投资日益活跃。欧债危机的扩散导致欧元大幅贬值及股市暴跌，德国很多企业的资产也随之大幅缩水，中国企业借此时机加大了在德国的投资力度，2016 年同比增速高达 480.7%，2016 年、2017 年连续两年位居欧盟各国首位，占比约占欧盟的四成。2019 年底，中国对德国投资存量 142.3 亿美元，列欧盟第 3 位。近年来，中国企业以并购、参股等形式在德国投资成效显著。在德国中资企业超过 2000 家，中国企业对德投资以并购为主，主要集中在机械制造、运输、汽车零部件、信息技术、电子、新能源、电信和节能环保等领域。从地区分布来看，中国企业投资主要分布在德国西部、南部等经济发达地区：一是西北部大汉堡地区。该地区具备港口优势，交通便利，因此是中国贸易、运输等企业青睐的投资地。二是中西部的鲁尔区。这里人口稠密，经济发达，中资公司主要集中在杜塞尔多夫、科隆等城市。三是金融之都、航空交通中心法兰克福周围，是中国的银行、航空企业及商业机构集中的地区。此外，高科技优势明显、中小企业集中的南部地区，特别是慕尼黑、斯图加特等城市也成为重要的生产型企业投资地区。近年来，随着中德经贸合作的进一步发展和中国企业对德国情况的深入研究探索，越来越多中资企业开始到成本较低且对外国投资提供优惠政策的德国东部地区开展业务。近年主要项目有潍柴动力入股凯傲集团、联想收购麦迪龙、三一重工收购普茨迈斯特、美的集团收购库卡、吉利集团收购奔驰母公司戴姆勒股权等，中车在德国建立了轨道交通技术研发中心。中德两国在高端制造业领域合作潜力很大，德国成为中国企业对欧盟投资获取逆向技术溢出的重要来源国。

（3）荷兰。作为传统的"欧洲门户"，荷兰拥有吸引外国投资的独特优势。世界经济论坛《2020 年全球竞争力报告》显示，荷兰在全球最具竞争力的 141 个国家和地区中，排第 4 位。荷兰目前是世界第十七大经济体、欧盟第五大经济体。荷兰经济发达，地理位置优越，基础设施齐全，物流网络先进。其商业历史悠久，营商环境优良，税收体系优惠，金融、法律、会计等服务业水平较高，属于典型的外向型经济体。荷兰创新技术领先，知名企业云集。荷兰政府和企业高度重视研发和技术创新，无论在化工、食品、机械、电子等传统产业，还是在环保、新能源、生命科学和新材料等新兴产业，荷兰均居世界领先水平，拥有众多全球知名企业，包括壳牌、飞利浦、帝斯曼、阿克苏·诺贝尔、喜力等。荷兰数字经济发达，基础设施完善，位于阿姆斯特丹的 AMS-IX 中心是全球最大的互联网交换中心。因此，其数字水平较高，线上服务完善。政府支持创新，政策环境优越。世界知识产权组织发布的《2020 年全球创新指数（GII 2020）》显示，荷兰列全球创新领先国家前 5 位。① 荷兰政府高度重视企业创新研发，对于研发活动提供一系列税收减免，并向创新型中小企业提供信贷支持或补贴。荷兰政府鼓励外国企业投资，大多数行业领域均对外资开放。为了吸引外资政府出台了一系列优惠政策，如对研发创新型企业和员工给予税费减免，对高科技类外国移民提供签证的便

---

① 商务部《对外投资合作国别（地区）指南——荷兰（2021 年版）》。

利条件等。

近几年中国对荷兰投资处于快速发展阶段。2019 年，中国对荷兰直接投资流量 38.9 亿美元，同比增长近 3 倍，荷兰成为中国在欧盟内最大投资目的地。2019 年底，中国对荷兰直接投资存量为 238.5 亿美元，位居欧盟首位。据荷方统计，中国在荷兰企业雇佣当地员工 11600 余人，间接创造了两万余个就业机会。[①] 从投资行业类型看，中国对荷兰的投资主要投向采矿业、信息传输/软件和信息技术服务业、批发和零售业、金融、运输、电子、化工等。中国很多大型企业均在荷兰进行过大规模投资，如华能集团、海纳川、上海建工、中集集团、中远集团、中海集团、华为、中兴通讯、南方航空、中国工商银行、比亚迪、汉能等。2008 年 9 月，中远集团联合香港和记黄埔等投资兴建鹿特丹 Euromax 无人操作集装箱全自动装卸码头，标志着中国企业对荷投资取得重大进展。近年来，中国对荷兰投资趋向多元化，有代表性的项目包括：2009 年，湖南湘电集团并购荷兰达尔文风电公司；2010 年，湘电集团又投资收购荷兰维沃德机电有限公司 95% 股权。2011 年 4 月，华能集团收购 INTERGEN 电力公司旗下的 GMR 荷兰公司 50% 股权；同年，海纳川收购荷英纳法汽车天窗公司。2013 年，海航集团收购美国通用电气旗下欧洲最大的拖车租赁公司 TIP Trailer Services。2015 年 2 月，安邦保险集团收购荷兰 VIVAT 保险公司全部股权。2016 年 5 月，中远海运集团下属中远太平洋有限公司与和记港口集团下属企业 ECTParticipations B. V. 公司签署股权转让协议，收购 ECT 公司拥有的鹿特丹 Euromax 集装箱码头 35% 的股权。2017 年 2 月，北京建广资产管理公司收购恩智浦半导体旗下标准产品业务。2021 年 3 月，高瓴资本收购飞利浦家用电器业务。[②]

（4）卢森堡。卢森堡地处欧洲中心，地理位置优越，经济高度发达，税收政策优惠，经济开放，重视自由贸易和保护投资。瑞士洛桑管理学院（IMD）在 2020 年 6 月发布的《2020 年全球竞争力报告》显示，卢森堡在全球最具竞争力的 64 个国家和地区中，排第 12 位。[③] 根据世界银行《2018 年

①② 商务部《对外投资合作国别（地区）指南——荷兰（2021 年版）》。
③ 商务部《对外投资合作国别（地区）指南——卢森堡（2021 年版）》。

全球营商环境报告》，卢森堡在缴税便利度方面全球排名第21位；总税率20.2%，全球排名第20位，在欧盟内税率最低。金融业、冶金业和卫星通信业是其主要经济支柱。卢森堡作为欧洲重要金融中心，实施严格的银行保密法，私营银行业务高度发达，资金出入没有特殊限制；金融服务业发达，有理财、审计、税务等咨询服务专业。卢森堡的资产管理规模超过3.5万亿欧元，是欧洲最大的投资基金中心，在全球仅次于美国。卢森堡政府为鼓励投资制定了多领域、多层次鼓励政策，包含适用于各类投资的一般性鼓励政策、有关行业的投资鼓励政策和有关地区的鼓励政策，主要途径包括融资、固定资产投资补贴和税收优惠。在卢森堡境内的本国和外国投资，均可同等享受欧盟和卢森堡政府双重鼓励政策。

中国对卢森堡的投资始于2007年，在此之前没有投资记录。截至2019年底，中国对卢森堡的OFDI存量达139亿美元，列欧盟第4位。① 卢森堡作为欧洲第三大金融中心，金融环境宽松，中国对其投资主要集中于金融业，中国几家大型商业银行如中国银行、中国工商银行、中国建设银行、中国农业银行、中国招商银行和交通银行等都选择卢森堡作为其欧洲总部所在地。由于卢森堡对外资的优惠税收政策，因而很多中资企业将卢森堡作为进入欧盟的门户，在此设立投资平台再转去投资其他欧盟成员国的企业和项目。因此，卢森堡也是中资企业在欧盟的投资中转地和资金调配中心。

（5）瑞典。瑞典投资环境优越，主要体现在以下方面：首先，市场开放，强调公平竞争。瑞典对外资采取开放态度，对不同产权和国籍的资本一视同仁，一般情况下，不会为保护本国产业限制外国企业，也不针对外资实行特别的鼓励优惠政策。其次，公共服务体系完善，市场环境良好。瑞典政府廉洁，政务公开透明，网络化程度高。就业、医疗、住房和教育服务网遍布全国，社会保障体系完善，人民安居乐业，幸福指数高。道路、铁路、水运、机场、港口等基础设施完备。瑞典以诚信、法治、公平闻名于世。市场规范有序，具有开放、现代和友好的商业环境。公司注册手续简便。咨询服务业发达，商业伙伴素质高。金融业发达，专业化程度高。各类专业人才齐

---

① 《2020年中国对外直接投资公报》。

全，技术工人资源充足，劳动生产率高。瑞典企业税在欧洲具有竞争优势，税制公开透明，操作简便。世界银行发布的《2020 年全球营商环境报告》显示，瑞典在 190 个国家和地区的营商便利度排名中排第 10 位。最后，创新能力强。瑞典的科技创新能力位居世界前列，人均拥有发明专利数量在世界名列前茅，2019 年在全球竞争力排名中列第 8 位。崇尚创新的传统、包容失败的社会氛围、开放式教育及完善的福利制度等形成了瑞典优越的创新环境。近年，瑞典研发投资约占 GDP 的 3% ~4%，以民间资本为主，是全球研发投入比例最高的国家之一。瑞典在很多领域拥有世界一流的研发实力和技术水平，如生物医药、信息通信、清洁能源、汽车和精密机电等行业。[①]

截至 2019 年末，中国对瑞典直接投资存量 85.8 亿美元，列欧盟第 5 位。[②] 中国企业在瑞典投资的主要行业包括贸易、通信、金融业、民航服务等领域。中资企业多以独资方式在瑞典开展贸易、信息通信、民航服务、金融服务等业务。吉利汽车已在瑞典建立了新能源汽车领域的研发中心，主要开展关键技术与零部件的研究。瑞典是中国企业在欧洲投资最重要的先进技术来源国之一。

（6）法国。法国是全世界最发达的工业国家之一，其投资环境的特点、优势、吸引力包括以下几个方面：法国市场开放程度高，外资项目基本实行登记备案制，很少审批。法律体系健全，投资者的合法权益有保障。基础设施完善，交通、通信、能源等基础设施十分发达。劳动力素质高，劳动生产率高。法国在许多高科技领域处于世界领先水平，如核能、高速铁路、航空航天、精密仪器、医药、能源开发、农业和食品加工、军工、电子技术、生物化工、环境保护等方面都具有世界领先的技术和成果。瑞士洛桑管理学院发布的《2020 年全球竞争力报告》显示，法国列第 32 位。世界银行发布的《2020 年营商环境报告》显示，法国在 190 个国家和地区中营商便利度排名第 32 位。根据安永会计师事务所报告，2019 年和 2020 年，法国连续两年蝉联最具外资吸引力的欧洲国家[③]。

---

① 商务部《对外投资合作国别（地区）指南——瑞典（2021 年版）》。
② 《2020 年中国对外直接投资统计公报》。
③ 商务部《对外投资合作国别（地区）指南——法国（2021 年版）》。

截至 2019 年底，中国对法国直接投资存量 59.5 亿美元，国内企业在法国设立企业共计 600 余家。中国对法国投资最初集中在金融和贸易领域，后来投资领域不断拓宽，逐渐涵盖了很多新兴产业和高附加值产业，如核能、电子信息、航空航天、电气设备、医药化工、环保、食品和建材等多个领域，可见中国企业对法国投资是逐步从低端向高端发展，为获取高科技领域的先进技术外溢创造了条件。2018 年，中资企业在法国的主要并购项目包括：中国沣沅资本金融集团（Fortune Fountain Capital，FFC）收购具有 250 年历史的法国奢侈水晶品牌巴卡拉（Baccarat）。中国今创集团（KTK）收购法国赛拉集团（Saira Seats）。中信资本控股有限公司收购从事知名服装及化妆品设计制造的阿克希龙（Axilone）公司。中国复星公司收购法国药品分销公司 Tridem 和法国知名高级时装品牌浪凡（Lanvin）。2020 年 1 月，广东文灿压铸股份有限公司收购法国百炼集团（Le Bélier S. A.）。百炼集团是专业生产铝合金铸造零部件的全球性集团，公司拥有从产品设计、模具设计与制造、样件制作到零部件铸造加工的完整生产体系。

4. 投资行业。

中国企业对欧盟投资行业日趋多元化，涉及 18 个行业领域。从存量行业分布看，中国对欧盟投资的前 5 大行业领域依次为制造业、金融业、采矿业、租赁和商务服务业以及批发和零售业。其中，制造业 308.3 亿美元，占 32.8%，主要分布在瑞典、德国、荷兰、英国、卢森堡、法国、意大利等；金融业 164.8 亿美元，占 17.5%，主要分布在英国、卢森堡、德国、法国等；采矿业 148.1 亿美元，占 15.8%，主要分布在荷兰、卢森堡、英国、塞浦路斯等；租赁和商务服务业 112.9 亿美元，占 12.0%，主要分布在英国、卢森堡、德国、塞浦路斯、荷兰、法国等；批发和零售业 53.0 亿美元，占 5.6%，主要分布在法国、英国、卢森堡、德国、荷兰、意大利、比利时等。上述 5 个行业投资存量合计 787.1 亿美元，占中国对欧盟投资存量的 83.7%。表 3 - 14 展示了 2019 年末中国对欧盟直接投资存量的主要行业分布及比重。

表 3 – 14   2019 年末中国对欧盟直接投资存量的主要行业分布

行业	存量（亿美元）	比重（%）
制造业	308.3	32.8
金融业	164.8	17.5
采矿业	148.1	15.8
租赁和商务服务业	112.9	12.0
批发和零售业	53.0	5.6
其他行业	162.0	16.3

资料来源：《中国对外投资合作发展报告 2020》。

3.2.2.2 美国

1. 投资环境概况。

美国不仅是全世界最大的发达经济体，也是最具竞争力和创新力的国家。美国的市场体制、规章制度和税收体系给外国投资者充分的经营自由。在世界经济论坛全球竞争力指数中，美国在创新、市场效率、高等教育和培训以及综合经商方面名列前茅。世界银行《2020 年营商环境报告》显示，美国在全球 190 个国家和地区中，排名第 6 位。美国历届政府对科技创新都高度重视，对高新技术产业表现出明显的政策倾斜，通过各项法案激励企业进行创新，激励措施主要包括税收优惠、重点项目资助、引导联合研究等。美国拥有优越的营商环境，基础设施完善，科技创新实力和企业生产率等均居世界前列。

美国是中国企业海外投资最重要的目的地，美国作为全球的创新中心，无疑是中国企业对外投资获取逆向技术溢出的最大来源国，越来越多的中国企业到美国开展技术寻求型投资。中国对美国投资涵盖的行业领域广泛，包括金融、信息通信、汽车、房地产、生物科技、农业、能源等近 20 个行业。近年中国对美投资金额较大的项目，比如 2020 年腾讯公司 34 亿美元并购环球音乐部分股权项目，哈药集团 7.7 亿美元并购 GNC 控股集团项目等。中国对美直接投资主体不断多元化，各类中资民营企业已成为我国对美投资主力军。2019 年末，中资企业在美设立境外企业已经超过 5500 家，雇用美国当地员工超过 11 万人。①

2. 投资规模。

（1）投资流量。从流量来看，表 3 - 15 显示了 2003～2019 年中国对美直接投资流量及同比和占比变动情况，2003 年只有 0.65 亿美元，2016 年创历史新高 169.81 亿美元，2017 年之后有所回落，年均增长率达到 51%。对美投资总的趋势一直是持续增长，只在 2006 年、2013 年和 2017 年这三年出现下降。2008 年金融危机之后，对美国投资明显加速，于 2009 年、2012 年、2014 年和 2016 年这几年都出现了爆发式增长。如图 3 - 16 所示，中国对美投资在总投资中的占比在 2007 年处于最低点 0.74%，之后一直稳步提升，2016 年占比达到最高点 8.66%。2017 年，投资流量同比降幅较大，骤降了 62.2%。2018 年对美投资流量回升，但 2019 年又出现大幅回落，降幅达 49%。2017 年以后中国对美国 OFDI 流量出现较大幅度回落，一方面是因为受美国采取的保护主义政策影响，在中美贸易摩擦愈演愈烈的背景下，美国政府出台了一系列对外商投资的限制措施，尤其加强了对中国企业赴美投资的审查力度；另一方面是由于中国政府对企业对外投资的宏观政策收紧。

表 3 - 15 　　　　　　　　2003～2019 年中国对美国直接投资流量情况

年份	流量（亿美元）	同比（%）	占比（%）
2003	0.65	—	2.28
2004	1.20	84.6	2.18
2005	2.32	93.3	1.89
2006	1.98	- 14.7	0.94
2007	1.96	1.0	0.74
2008	4.62	135.7	0.83
2009	9.09	96.8	1.61
2010	13.08	43.9	1.90

① 商务部《对外投资合作国别（地区）指南——美国（2021 年版）》。

续表

年份	流量（亿美元）	同比（%）	占比（%）
2011	18.11	38.5	2.43
2012	40.48	123.5	4.61
2013	38.73	-4.3	3.59
2014	75.96	96.1	6.17
2015	80.29	5.7	5.51
2016	169.81	111.5	8.66
2017	64.25	-62.2	4.06
2018	74.77	16.4	5.20
2019	38.10	-49.0	2.80

资料来源：历年《中国对外直接投资统计公报》。

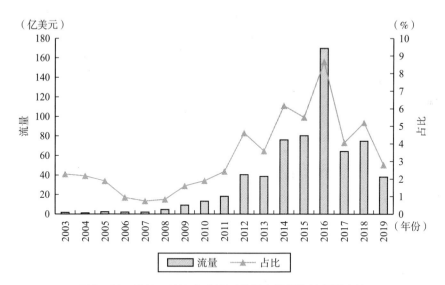

图 3 - 16　2003~2019 年中国对美国直接投资流量及占比

资料来源：历年《中国对外直接投资统计公报》。

（2）投资存量。2019 年末，中国对美投资存量为 778 亿美元，占中国

OFDI 总存量的 3.54%。如表 3 - 16 所示，中国对美投资存量 2003 年只有 5.02 亿美元，到 2019 年高达 778 亿美元，年均增长率达到 41%。不仅在数量上迅猛增长，在与总投资存量的比重上也呈现上升趋势。如图 3 - 17 所示，中国对美国投资存量占比在 2010 年之前处于平稳阶段，在总存量中的占比基本保持在 1.5% 左右。而在 2011 年之后占比迅速提高，于 2016 年占比达到最高点 4.46%，之后稍有回落。可见中国对美国的直接投资在总投资中的重要性是日益增加的。

表 3 - 16　　　　　　　2003 ~ 2019 年中国对美国直接投资存量情况

年份	存量（亿美元）	同比（%）	占比（%）
2003	5.02	—	1.51
2004	6.65	32.5	1.48
2005	8.2	23.3	1.43
2006	12.4	51.2	1.37
2007	18.8	51.6	1.59
2008	23.9	27.1	1.30
2009	33.4	39.7	1.36
2010	48.7	45.8	1.54
2011	89.9	84.6	2.12
2012	170.8	90.0	3.21
2013	219.0	28.2	3.32
2014	380.1	73.6	4.31
2015	408.0	7.3	3.72
2016	605.8	48.5	4.46
2017	673.8	11.2	3.72
2018	755.07	12.0	3.81
2019	778	3.0	3.54

资料来源：历年《中国对外直接投资统计公报》。

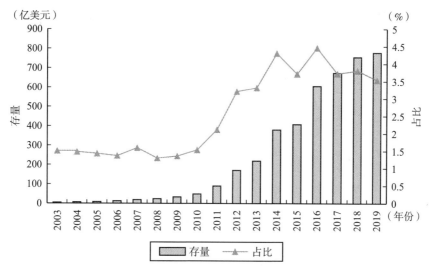

图 3 - 17　2003～2019 年中国对美国直接投资存量及占比

资料来源：历年《中国对外直接投资统计公报》。

3. 投资行业。

美国作为世界上最大的发达经济体，经济结构也十分多元，支柱产业众多，包括航空制造、电子通信、化工、汽车制造、钢铁工业、金融业、农业等。中国对美投资领域保持多元化，覆盖 18 个行业大类。2019 年末中国对美投资存量的具体行业分布情况如表 3 - 17 所示，制造业以 192.9 亿美元高居榜首，占对美投资存量的 24.8%，之后比重较高的几个行业依次是：金融业119.2 亿美元，占 15.3%；租赁和商务服务业 94.1 亿美元，占 12.1%；信息传输/软件和信息技术服务业 76.0 亿美元，占 9.8%；批发和零售业 59.0 亿美元，占 7.6%；采矿业 57.4 亿美元，占 7.4%；文化/体育和娱乐业 56.2 亿美元，占 7.2%。具体行业的投资存量情况见表 3 - 17 所示。

在中国对美国投资存量较多的几个行业中，制造业中更多的是投向中低端制造业，而金融业、租赁和商务服务业、批发和零售业及文化/体育和娱乐业都属于技术含量较低的第三产业，对这些行业投资能够获取的先进技术外溢较少。总的来说，近些年中国对制造业的投资逐年增多，对第三产业的投资在逐年减少，今后要着重加大对高端制造业与高新行业的投资，对技术含量较高的科学研究和技术服务业、信息传输/软件和信息技术服务业应继续加大投资，以期获得先进技术的溢出。

表 3 – 17　　　　　　2019 年末中国对美国直接投资存量行业分布

行业	存量（亿美元）	比重（%）
制造业	192.9	24.8
金融业	119.2	15.3
租赁和商务服务业	94.1	12.1
信息传输/软件和信息技术服务业	76.0	9.8
批发和零售业	59.0	7.6
采矿业	57.4	7.4
文化/体育和娱乐业	56.2	7.2
房地产业	37.6	4.8
科学研究和技术服务业	33.7	4.3
建筑业	19.5	2.5
住宿和餐饮业	10.1	1.3
其他行业	22.6	2.9

资料来源：《中国对外投资合作发展报告 2020》。

3.2.2.3　澳大利亚

1. 投资环境概况。

澳大利亚矿产资源十分丰富，农业生产条件优越，服务业发达。澳大利亚政治和社会环境稳定，金融体系规范。澳地理位置优越，成为联系西方市场和亚太地区的重要桥梁。世界经济论坛《2020 年全球竞争力报告》显示，澳大利亚在全球最具竞争力的 141 个国家和地区中，排第 18 位。世界银行《2020 年营商环境报告》显示，在进行调查的 190 个国家和地区中，澳大利亚在营商环境便利度方面排名第 14 位。[①] 澳大利亚是经济发展较快的主要发达国家之一，服务业、制造业、采矿业、农业是澳大利亚的四大主导产业。政府鼓励外国投资，政策透明度较高，市场总体开放，法律法规健全，吸引

① 商务部《对外投资合作国别（地区）指南——澳大利亚（2021 年版）》。

了大量的外国投资者。

2015 年，中国和澳大利亚两国签署了自由贸易协定，为两国的贸易往来和相互投资带来了更多便利，中国已经连续 9 年成为澳大利亚第一大贸易伙伴。中国对澳大利亚的投资存量排在发达国家群体的第 2 位，仅次于美国。近年来受大宗商品价格走低及矿业投资降温等因素影响，企业利润下降，财政赤字增加。近些年澳大利亚受"逆全球化"思潮的影响，对外国企业来澳大利亚投资出现了不同意见，对中资企业的影响较为明显。总体而言，澳大利亚政府依然欢迎外国投资，中国对澳投资的主要领域是矿产业、房地产、运输、贸易、农业、制造业、信息通信和服务业等。2019 年末，中国对澳大利亚直接投资存量为 380.7 亿美元，中国是澳大利亚第五大直接投资来源地。中国共在澳大利亚设立超过 1000 家境外企业，雇用外方员工逾 2 万人。[①]

2. 投资规模。

（1）投资流量。从表 3 - 18 可以看出，在 2003 ~ 2019 年的 16 年间，中国对澳大利亚投资流量实现了飞速增长，年均增长率达 77%。2006 年之前处于投资流量很少且增速缓慢阶段；2007 年之后进入快速增长阶段，在 2007年、2008 年、2011 年、2013 年这几年，都实现了"爆发式"增长，2017 年投资流量达到最高点 42.42 亿美元。如图 3 - 18 所示，2007 年之后中国对澳大利亚的投资占比保持稳定，一直在 2% ~ 4.5% 区间内波动，2009 年和 2011年占比达到高点，近几年出现回落。2018 年，中国对澳大利亚投资流量19.86 亿美元，同比下降 53.2%，大幅下降主要是受到采矿业和批发零售业的流量为负值所致。2019 年，对澳大利亚流量小幅回升。

表 3 - 18　　　　　2003 ~ 2019 年中国对澳大利亚直接投资流量情况

年份	流量（亿美元）	同比（%）	占比（%）
2003	0.3	—	1.05
2004	1.25	316	2.27
2005	1.93	54.4	1.57

---

① 《中国对外投资合作发展报告 2020》。

续表

年份	流量（亿美元）	同比（%）	占比（%）
2006	0.88	-54.4	0.42
2007	5.32	504	2.01
2008	18.92	256	3.38
2009	24.36	28.8	4.31
2010	17.02	-30.1	2.47
2011	31.65	86	4.24
2012	21.73	-31.3	2.47
2013	34.58	59.1	3.21
2014	40.49	17.1	3.29
2015	34.01	-16	2.33
2016	41.87	23.1	2.13
2017	42.42	1.31	2.68
2018	19.86	-53.2	1.39
2019	20.9	5.2	1.5

资料来源：历年《中国对外直接投资统计公报》。

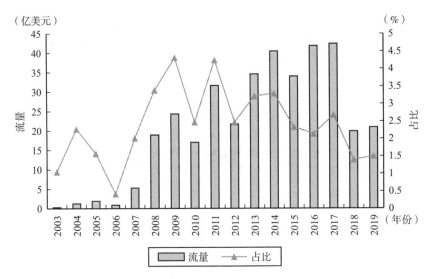

图3-18 2003~2019年中国对澳大利亚直接投资流量及占比

资料来源：历年《中国对外直接投资统计公报》。

（2）投资存量。2003～2019 年分年度中国对澳大利亚直接投资存量和占比情况见表 3-19 和图 3-19。2003 年时的存量只有 4.16 亿美元，2019 年末达到 380.7 亿美元，在总存量中占 1.7%，占在大洋洲投资存量的 87%，投资存量的年均增长率达 36%。对澳投资存量在总存量中的占比也在逐渐提升，2009 年之后基本保持在 2% 以上，2014 年占比最高 2.7%。2018 年、2019 年稍有回落。

表 3-19   2003～2019 年中国对澳大利亚直接投资存量情况

年份	存量（亿美元）	同比（%）	占比（%）
2003	4.16	—	1.3
2004	4.95	19.0	1.1
2005	5.87	18.6	1.0
2006	7.94	35.3	0.9
2007	14.44	81.8	1.2
2008	33.55	132.3	1.8
2009	58.63	74.8	2.4
2010	78.68	34.2	2.5
2011	110.41	40.3	2.6
2012	138.73	25.6	2.6
2013	174.5	25.8	2.6
2014	238.82	36.9	2.7
2015	283.74	18.8	2.6
2016	333.5	17.5	2.5
2017	361.75	8.5	2.0
2018	383.79	6.1	1.9
2019	380.7	-0.8	1.7

资料来源：历年《中国对外直接投资统计公报》。

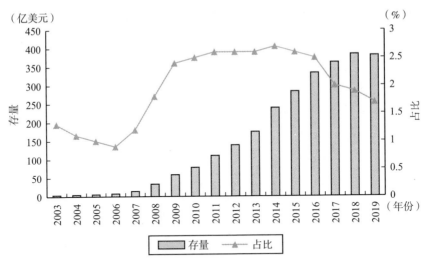

图 3 - 19　2003 ~ 2019 年中国对澳大利亚直接投资存量及占比

资料来源：历年《中国对外直接投资统计公报》。

3. 投资行业。

2019 年底中国对澳大利亚投资存量的主要行业中，占第一位的是采矿业193.6 亿美元，比重占了总存量的一半；其他投资比重较高的几个行业是金融业41.8 亿美元，占 11%；租赁和商务服务业39.3 亿美元，占 10.3%；房地产业35.3 亿美元，占 9.3%；制造业20.9 亿美元，占 5.5%。前 5 大行业占比超过 80%，行业集中度较高。中国对澳大利亚投资存量行业分布情况见表 3 - 20。

表 3 - 20　　　　　　2019 年末中国对澳直接投资存量的主要行业分布

行业	存量（亿美元）	比重（%）
采矿业	193.6	50.9
金融业	41.8	11
租赁和商务服务业	39.3	10.3
房地产业	35.3	9.3
制造业	20.9	5.5
合计	330.9	86.9

资料来源：《中国对外投资合作发展报告 2020》。

由以上的行业流向分析可以看出，中国对澳大利亚的投资以资源寻求型的采矿业为主，占比过半。中国和澳大利亚两国产业互补性强，我国每年需要大量的矿产资源和其他能源用于基础设施建设，而澳大利亚丰富的矿产资源刚好可以满足中国对资源的渴求。但澳大利亚国内由于缺乏资金，需要利用外资来带动资源行业的发展。近几年，中国对澳大利亚的租赁和商务服务业、房地产业的投资快速增长。但是这些行业也都是技术含量低的第三产业，而制造业的存量占比较低，只有 5.5%，科学研究和技术服务业的占比更是微乎其微。因此，对澳大利亚投资的行业技术含量偏低，今后应着重加大对技术含量高的制造业投资。

3.3 中国向发达国家和地区直接投资面临的新态势

2018 年以来，中美贸易摩擦持续不断。面对中国企业海外扩张的步伐不断加快，欧美等发达国家以保护国家安全为由，对关键战略资产和高新技术等领域，对外国投资审查愈加严格，使中国企业海外投资面临很大阻力和诸多不确定性。当前复杂的国际背景下，欧美等国家实施了重要的再工业化战略，希望促进国内经济复苏并能继续引领全球高端制造业。在此期间，中国很多高精尖的产业及相关商品，都遭到了欧美相关部门的反外资审查，极大地限制了中国企业在欧美等国家市场的对外投资竞争力。

3.3.1 美国实施 FIRRMA 法案，加大对高科技企业的审查力度

3.3.1.1 FIRRMA 法案简介及影响

2018 年 8 月，经特朗普总统批准，美国实施《外国投资风险评估现代化法案》（*Foreign Investment Risk Review Modernization Act*，FIRRMA），该法案对外国企业对美国投资的具体产业和技术做出了更严格的限制，对于某些特定

交易实施强制申报制度，目的在于对涉及军工、通信等高新科技领域和房地产领域的交易进行审查，阻止外国投资者获得美国关键技术，以保障美国的经济、军事安全。美国政府下属的美国外国投资委员会（Committee on Foreign Investment in the United States，CFIUS）负责监管外国企业对美投资，CFIUS 审查时最关注的问题是其能否对美国国家安全构成潜在威胁，现代化法案明显体现了贸易保护主义倾向。FIRRMA 扩大了 CFIUS 审查的交易范围，其中包括某些非被动、非控制性投资，以及通过合资企业等安排进行的技术转让，在敏感军事设施附近的房地产采购以及旨在规避 CFIUS 审查的交易等。"特别关注的国家"对关键技术的收购也将受到 CFIUS 的监督。FIRRMA 授权 CFIUS 改进其程序，以确保该流程的针对性、高效性和有效性。此外，根据外国同美国的战略关系性质，FIRRMA 将可以允许 CFIUS 酌情豁免涉及某国的某些交易。同时，FIRRMA 允许美方同盟友和合作伙伴加强合作，在国家安全的目的之下分享信息。

FIRRMA 的实施将美国外国投资委员会（CFIUS）的审查权限进一步扩大，在原先范围的基础上扩展到涉及关键技术、敏感个人数据、关键基础设施和特定房地产的非控制性投资。此外，对"关键技术"的界定范围也再次扩大，将美国有优势的"新兴和基础技术"纳入了审查范围。尽管该实施细则草案进行了补充说明，但"新兴技术""例外国家"等术语的定义和范围仍未确定。当外国政府因"被涵盖交易"直接或间接获得了"重大利益"时，即当外国人在美国 TID 企业中直接或间接持有 25% 的投票权，且外国政府在该外国人处直接或间接持有 49% 或以上的投票权时，须向 CFIUS 进行申报。中国企业将面临更为严格的申报制度、更宽领域的投资审查和审查周期的延长，这些变化毫无疑问必将加大中国企业赴美投资的难度。美国出台严格的 FIRRMA 很大程度上旨在抑制"中国制造 2025"，美国高度警惕中国企业为寻求先进技术对美国企业的并购，中国很多高科技企业在发达国家的直接投资都是以技术寻求为主要目的，而 FIRRMA 的实施将会对中国技术寻求型 OFDI 带来很大阻力。

3.3.1.2　中企赴美投资受到歧视性对待，对高科技企业更严苛

自 2018 年中美发生贸易摩擦以来，美国政府利用 FIRRMA，以所谓的

"国家安全"为由，加大了对中资企业的审查力度和范围。美国商务部不仅制裁了中国高科技领先企业中兴和华为，又将三百多家中国机构和个人列入"实体清单"。2020 年 8 月，又禁止抖音海外版（TikTok）和微信在美国运营。这一系列举措，导致中国企业对美投资环境产生疑虑，赴美投资并购处于低迷状态。

美国外国投资委员会（CFIUS）一旦判定外资企业威胁到美国国家安全，就会要求外国投资者放弃投资计划或更改投资方向。近几年不少中国企业在美国并购案受阻，就是因为 CFIUS 的审查或干预造成，并购失败案例主要集中在半导体、电信网络、数字地图、电动汽车以及能源矿产等行业。随着 CFIUS 对投资审查的收紧，很多中国企业因无法通过审查而放弃收购项目。还有一些已经成功获批的投资项目，也会面临被迫撤资的风险，比如在 2019 年 4 月，美国外国投资委员会（CFIUS）因担心国家安全问题，要求深圳公司碳云智能出售其在疾病诊断和治疗的在线服务平台 Patients Like Me 中持有的股权，因为 Patients Like Me 掌握数百万个关于疾病的数据点以及大量的客户信息。2018 年 1 月 3 日，阿里巴巴集团旗下公司蚂蚁金服和美国汇款公司速汇金共同宣布，因未能获得美国监管部门的批准，相关并购事宜正式终止。为了消除 CFIUS 对"国家安全"的顾虑，蚂蚁金服先后 3 次提交资料，据理力争，但始终未获放行。蚂蚁金服向速汇金支付 3000 万美元解约金。《华尔街日报》评论说，它标志着中国企业在美国并购热潮的中止。2018 年 9 月，北京中长石基信息技术股份有限公司完成对美国信息服务公司 StayNTouch 100% 收购。在收购完成 18 个月之后，美国总统于 2020 年 3 月发出总统令，以国家安全为由禁止此项交易，并要求中长石基完全转让 StayNTouch 股份。鉴于 StayNTouch 为酒店提供的管理系统可以帮助跟踪预订情况和记录客房库存，这意味着该公司可能会处理大量敏感的个人数据以及与旅行相关的位置信息。对该交易的国家安全顾虑很可能基于对包括美国公民的身份、位置数据、行程安排、联系方式等敏感个人数据的掌握。由此可见，CFIUS 比以往更关注数据造成的安全威胁。表 3 - 21 详细记录了 2017 ~ 2019 年期间 CFIUS 审查未通过的中国企业对美投资项目情况。

表 3 – 21　　　　CFIUS 审查未通过的中国投资项目（2017～2019 年）

中国收购企业	美国被收购企业	所属行业	放弃收购时间	收购规模（百万美元）
碳云智能	Patients Like Me	医疗健康网络	2019 年 4 月	100
昆仑万维	Grindr	社交网络	2019 年 4 月	240
深圳能源	Recurrent Energy	能源光伏电站	2018 年 8 月	232
海航集团	850 Third Avenue	房地产	2018 年 8 月	未披露
中国重汽	UQM	科技 – 电动汽车	2018 年 5 月	5
海航集团	Skybridge Capital	金融	2018 年 5 月	200
浙江万安	Evatran Group	科技	2018 年 4 月	未披露
大北农集团	Waldo Farm	其他 – 农业	2018 年 3 月	未披露
蓝色光标	Cogint Inc.	科技 – IT 技术	2018 年 2 月	100
华芯投资	Xcerra	半导体	2018 年 2 月	580
国投创新	Maxwell Technoeslogi	能源	2018 年 2 月	47
蚂蚁金服	Moneygram	金融	2018 年 1 月	1200
TCL	Novatel Wireless	科技 – 无线通信	2017 年 12 月	50
东方弘泰	Applovin	科技	2017 年 11 月	1400
中国华信	Cowen	金融	2017 年 11 月	100
四维图新；腾讯	HERE	科技 – 地图导航	2017 年 9 月	330
国新科创	Lattice	半导体	2017 年 9 月	1300
忠旺美国	Aleris	铝业	2017 年 8 月	2330
海航集团	Global Eagle	媒体	2017 年 5 月	416
光电三安	GCS	半导体	2017 年 4 月	226

资料来源：必百瑞（Pillsbury）律师事务所，http：///pillsburylaw.com。

通过表 3 –21 可以看出，CFIUS 审查未通过的中国投资项目中，大部分属于高科技行业，如通信、半导体、能源光伏以及金融业。2020 年 8 月，在美国外商投资委员会（CFIUS）对中国互联网公司字节跳动在美国广受欢迎的音乐视频应用 TikTok 进行调查后，总统特朗普以国家安全为由，为了保护美国用户的个人数据免遭利用，下令字节跳动公司出售其短视频应用 TikTok 在美国的资产。因此，美方屡次以国家安全为由否决中国科技企业在美并购案，甚至强迫已经成功的交易进行撤资，已经构成了对中国企业的歧视性对待。

3.3.1.3 中企赴美投资未来可能进一步放缓

自中美贸易摩擦发生以来，美国政府利用《外国投资风险评估现代化法》，以所谓的"国家安全"为由，不仅加大对中国企业赴美投资并购审查力度，还不断扩大审查范围，客观上限制了中国企业对美投资并购规模。同时，美国以国家安全为由，对中国企业进行制裁，美国商务部产业安全局先后将三百多家中国机构和个人列入"实体清单"，2020 年又禁止抖音海外版（Tik-Tok）和微信在美国运营。这一系列举措，导致中国企业对美投资环境产生疑虑，赴美投资并购处于低迷状态。2020 年 1 月，中美两国签署了第一阶段经贸协议，这使得中美贸易摩擦得到缓解，但美方对中国企业赴美投资的审查日趋严格，制裁并未减少，中资企业在美投资未来将会面临的不确定性仍然很大。目前，美国对华投资审查范围已从半导体、电信、金融等行业扩大至农产品和食品加工业。CFIUS 对中资企业投资高科技领域的审查更是严格，对整个投资流程会提出相当严苛的条件，甚至会一票否决。受此影响，预计未来中国企业赴美投资领域将有缩减，中国对美国的投资可能进一步放缓①。

3.3.2 欧盟出台投资审查新条例，推高中企投资成本和风险

3.3.2.1 《欧盟外商投资审查框架法案》简介及影响

2018 年以来，欧盟进一步加强了对外商直接投资的审查机制。2019 年 4 月，《欧盟外商投资审查框架法案》正式生效，这是欧盟关于外资审查的首部法案。该法案扩大了欧盟委员会的审查权限，将关键技术、关键基础设施、敏感信息获取以及媒体自由和多元化等列入审查范围。新法案的主要目的就是限制外资对欧盟关键领域的投资，欧盟对外资的监管和审查也将更趋严格。

---

① 《2020 年中国对外投资合作发展报告》。

今后中国对欧盟关键基础设施建设、关键技术及敏感信息获取等战略领域的投资将面临更大阻力和更高的准入门槛，甚至有可能被直接否决。另外一些条例规定审查的重点领域如制造业、金融业和采矿业等，也将受到更严格审查。

2018 年中国 82% 的对欧投资在新法案的审查范围内①，因而欧盟出台的新投资法案将对中国投资者有较大影响。2018 年中国对欧直接投资大幅下降的主要原因在于东道国对投资审查监管愈加严格，提高了中资企业对欧投资门槛。中国在欧盟并购交易首次遭到阻碍和推迟，中国在该地区的投资模式已经受到影响。比如德国作为高端制造业强国，近些年中国企业多次并购德国高科技制造业企业，尤其在 2016 年美的集团成功收购德国 Kuka 机器人公司以后，德国政府开始逐渐收紧外资安全审查，因为德国政府担心国家安全受到威胁，也害怕自身的优势技术流失。导致近几年中国企业在德国投资屡现受阻案例，如 2018 年烟台台海集团收购德国特种机床制造商莱菲尔德（Leifeld），因产品涉及航天领域关键技术被德国政府否决。国家电网收购德国电网运营商 50Hertz 公司 20% 股份，政府以国家基础设施安全为由出手干预，国家电网被迫退出。随着欧盟的外资审查政策收紧加严，预计未来一段时间中国对欧盟投资并购不确定性将上升。

3.3.2.2 欧盟多国加大对外资的审查和监管

英国政府近些年一直担忧外国投资者并购本国企业会带来国家安全问题，因而在 2020 年开始实施《国家安全和投资法案》，此法案对外商投资进行更严格的审查，对赴英国投资的外国企业产生较大影响。2021 年 4 月 29 日，英国颁布《国家安全和投资法 2021》，基于国家安全考虑，将对外国企业或个人对英国 17 个关键领域的企业和资产的并购交易进行监管。这 17 个领域包括先进材料、先进机器人、人工智能、民用核能、通信、计算机硬件、为政府服务的关键供应商、紧急服务关键供应商、密码认证、数据基础设施、国防、能源、生物工程、军民两用、量子技术、卫星和太空技术、交通运输

---

① 《2019 年中国对外投资合作发展报告》。

等。按照该法规定，外国企业或个人如果计划或已经行动，拟直接或间接控制英国上述领域内的实体、资产或权益，或取得对有关权益的影响力和控制权，都必须提前向英国政府有关部门申报，经批准方可并购，违反者将受到民事或刑事处罚。

2020 年 6 月，德国联邦议会批准《对外经济法修正案》草案。该法律进一步加强针对外商对德直接投资的监管力度。收紧了审查标准，外商投资审查门槛降低至所有"可能影响德国公共秩序或安全"的交易，扩大了对外商直接投资进行审查的范围。2021 年 4 月，德国联邦内阁通过对《对外经济条例》的修订。[①] 经修订，该条例将完全适配 2020 年 10 月 11 日起全面施行的《欧盟外商投资审查条例》。本次修法主要是将申报义务同欧盟法规保持一致，在人工智能、自动驾驶、半导体、光电子和量子技术等高科技领域的投资、并购份额超过 20%，则触发强制性报告义务。

荷兰于 2020 年 12 月 3 日发布《外商直接投资审查条例实施法》，自 2020 年 12 月 4 日起生效。2021 年 6 月 30 日，《投资、合并和收购安全评估法案》被提交至荷兰议会，该法案草案为某些交易引入了报告义务，目的是制定规则来管理某些收购活动（如投资和合并）对国家安全造成的风险，主要针对涉及荷兰重要供应商（如热力运输、核电、航空运输、港口和银行服务）和拥有敏感技术（两用和军工产品）的公司。

意大利扩展了外资审查范围，对投资战略性领域的外资都要经过审查和监管，而且对这类投资加强警戒意识。法国连续两次修改外资审查条例，2019 年 12 月将外资持股比例的上限由原先的 33% 调低到 25%，2020 年 4 月进一步降低至 10%，对外资的投资审查门槛不断提高。2020 年初暴发的新冠疫情使得各国对本国战略性行业的外商投资更为审慎。西班牙改革了外国投资规则，对于欧盟之外的外国投资者，需要经过政府审批才能允许其投资战略性领域或公共卫生领域。德国在 2020 年多次强化投资审查机制，面对新冠疫情的冲击，加强了医疗卫生领域的审查法令，重点要防范外资并购疫苗、

---

① 商务部《对外投资合作国别指南——德国（2021 年版）》。

口罩等相关企业①，政府有权力阻止。

3.3.2.3　未来中国企业赴欧盟投资仍存在一定积极因素

由于欧盟成员国众多，彼此之间的经济发展状况差异较大，对于外国投资的态度和意识也不相同，新框架法案也很难对所有成员国都有约束力和可操作性。目前，中国对欧盟的 OFDI 还是可以看到一些积极因素。尽管 2018 年中国对欧盟投资受到新的投资审查框架法案影响出现一定下降，但 2019 年对欧盟投资流量已经出现回升，再创流量新高。短期内，该条例对外资赴欧投资影响有限，欧盟对外商投资的态度总体较为开放，而且并未像美国政府那样对中国投资者严苛对待，新框架法案并未专门针对中国做出特殊限制和规定。因而目前的形势有利于部分中国企业将原本打算对美国的投资转向对欧盟投资。从 2019 年的中欧投资数据看，中国对欧盟投资流量出现明显回升，投资转移效应已经显现。

3.3.3　中国对澳大利亚投资领域将日益拓宽，但不确定因素增多

3.3.3.1　自贸协定签署使投资领域日益多元

中国与大洋洲国家在自然资源禀赋和要素条件上存在较大差异，天然的互补性决定了双边贸易投资合作潜力较大，特别是自中新自由贸易协定、中澳自由贸易协定实施以来，红利不断释放。2020 年 11 月，中国与澳大利亚和新西兰等亚太国家签署了《区域全面经济伙伴关系协定》（RCEP），有利于今后中国与澳大利亚经贸投资合作的进一步深化。从现阶段中国企业对澳洲投资领域看，矿产、能源是主要的投资重点，同时向农业、食品加工、医药等领域拓展。近年来，中澳两国的传统投资合作领域主要集中在矿产资源开发和能源合作等行业，在其他一些领域的合作也不断出现亮点，如农业、

---

① 《2020 年中国对外投资合作发展报告》。

金融、房地产、高端制造业、信息通信、旅游教育等。新冠疫情暴发以来，中国和澳大利亚两国科研机构就疫苗研发开展了紧密合作。未来，中澳将会在生物科学、医学、光伏、农业科学等诸多领域进一步加强合作，投资领域将日益多元，投资结构将不断优化。

3.3.3.2 外资审查日趋严格，未来投资可能持续放缓

近年来，澳大利亚、新西兰等国通过加强立法，强化对外资的审查监管。2018 年 3 月，澳大利亚议会通过《关键基础设施安全法》，加强了对高风险资产所有者、运行者、收购者等的监管。2020 年 3 月，澳大利亚外国投资审查委员会（FIRB）发布新规，将强制审核的投资金额门槛降低至零，并将最长审核时间延长至 6 个月。新规的颁布使投资政策进一步趋严，给外国投资者对澳投资增加了很大阻力。6 月，澳大利亚政府再次发布新规，将审查对象的范围扩大，由国有投资者扩大到民间投资者。此外，要求对所有敏感领域的投资实施国家安全测试，比如国防、电信、能源和高新技术等领域。实际上在新规颁布之前，澳政府就曾多次否决中资企业的并购案，认为威胁到"国家安全"，近几年对敏感领域的投资审查愈加合规。2020 年，蒙牛计划收购澳大利亚一家名为 Lion Dairy & Drinks 的乳品饮料公司，但是没有通过审查，被否决的理由是"不符合澳大利亚国家利益"。

可见，澳大利亚不断扩大对外资的国家安全审查范围，收紧外资审批政策，尤其对中资企业赴澳投资加强了审查力度和监管，新项目投资屡屡受挫，近两年的投资流量也出现大幅下降。如果情况得不到改善，预计未来中国对澳大利亚的投资将持续放缓。

3.4 本章小结

本章分三个方面阐述了中国对发达国家直接投资概况，第一部分简要介绍了中国对外直接投资现状，包括投资规模、投资方式、投资行业、投资区位和投资主体五个方面。中国目前的投资流量和存量均位于世界前列，但投

资行业还存在一些问题，对外投资行业分布广泛，但集中度高、结构不均衡，大多集中在租赁和商务服务业、批发和零售业等中低技术行业，而对高技术行业投资较少。对外投资区位分布不均衡，对亚洲等发展中经济体投资比重过高，而对发达国家投资占比较少。东部地区对外投资存量占比超八成，而中西部地区占比较低。国有企业和非国有企业对外投资比重大致相当。第二部分介绍了中国对发达国家直接投资的现状，中国对发达国家投资规模逐渐扩大，占比不断提高，投资流量在2003～2019年的16年间年均增幅高达58%，远远高于总流量的增幅。中国对发达国家的直接投资分为三个阶段，2006年之前处于投资规模小，增速缓慢阶段；2007～2016年处于投资规模扩大，增速快阶段；2017～2019年处于投资放缓，增速回落阶段。中国对发达国家逆向投资区域集中，主要集中在欧盟、美国和澳大利亚三大经济体，合计占比84%。第三部分介绍了中国对发达国家直接投资面临的新态势。2018年以来欧美等发达国家以保护国家安全为由，在关键战略性资产和高新技术等领域，对外国投资审查愈加严格，使中国企业海外投资面临很大阻力和诸多不确定性。美国实施《外国投资风险评估现代化法案》，中企赴美投资频频受到歧视性对待，对高科技企业审查更加苛刻，未来中企赴美投资可能进一步放缓。欧盟出台了投资审查新条例，将推高中企赴欧投资的成本和风险，但短期内该条例影响有限，未来中国企业赴美投资可能会转向欧盟。中国对澳大利亚投资领域将日益拓宽，但外资审查日趋严格，未来对澳大利亚投资可能持续放缓。

第4章

OFDI 促进母国技术创新
机理与影响因素

目前我国学者对 OFDI 逆向技术溢出效应作用机理的研究取得了一些成果，如赵伟等（2006）、陈菲琼等（2013），在总结国内外现有文献的基础上，归纳出 OFDI 逆向技术溢出机理包括研发成果反馈机制、研发费用分摊机制、研发要素吸纳机制、外围研发剥离机制和研发人员培养机制等。尽管学者们对于相关机理的分析愈加丰富，但还未形成统一的研究结论，仍然欠缺全面性和系统性。因此，本研究在相关研究成果的基础上，将从企业微观、产业中观和国家宏观三个角度系统地分析 OFDI 促进母国技术创新机理。

4.1 中国对发达国家 OFDI 促进
母国技术创新的机理

OFDI 逆向技术溢出是一个复杂的、动态的过程，应考虑多层次的因素。本章研究中国企业对发达国家 OFDI 逆向技术溢出促进母国创新的机理，从整体性的视角出发，通过企业微观、产业中观和国家宏观三个层面的传导来进行解析。

4.1.1 企业微观层面

中国企业对发达国家直接投资，获取先进技术并提升创新效应主要通过两条路径实现：一是海外子公司通过接触东道国先进研发资源，或嵌入高新技术产业集群所获取的技术外溢；二是海外子公司将获取的先进技术传递给国内母公司。微观层面的机理具体包括研发资源利用机制、研发资源共享机制、研发成果反馈机制和人才流动效应机制等。

4.1.1.1 研发资源利用机制

中国企业通过在国外投资，在与外国企业的技术互动中可以充分利用发达国家的先进研发资源和要素，具体可分为直接利用和间接利用两种不同类型的研发资源利用机制。

直接利用机制是指中国企业通过并购发达国家已有企业或成立合资公司，可以直接获取东道国企业的研发资源，包括人员、设备、信息资源、核心技术等，通过交流学习弥补母国企业的技术不足。例如，2004 年联想收购美国 IBM 的 PC 业务，获取了全球最尖端的电脑研发技术以及千余项知识产权，显著提升了企业的技术实力和全球竞争力，一跃成为世界 PC 业务中举足轻重的企业。2010 年吉利汽车收购了瑞典沃尔沃公司的全部股权，这次收购是中国汽车行业的海外最大收购案，使吉利汽车获得了沃尔沃的先进技术、知识产权和品牌资源，技术创新能力和品牌竞争力得到了很大提升。

间接利用机制是指通过在发达国家开设子公司或设立研发机构，一段时间以后可以嵌入当地的研发集群网络，获取研发要素的溢出，也可称为技术集群吸收机制。高新技术产业集群可以带来明显的外部规模经济，集群中的企业更容易获取产业链上的相关信息，获取知识资源的溢出，提高生产率，降低交易成本。世界著名的高新技术产业集群分布在很多发达国家，如著名的美国硅谷、英国剑桥工业园、德国奥斯汀和法国格勒诺布尔科技园等高技术集群地。大量跨国公司会到这些产业集群地进行投资，最主要目的是寻求核心技术与稀缺的信息、原材料资源，借助当地优质的基础设施和高技术产业氛围，在集群中通过"干中学"吸收先进技术并提高管理水平，从而促进母公司创新能力的提高。近些年，越来越多实力强的中国企业不断嵌入国外高新技术产业集群，获取知识溢出。例如，华为公司在美国硅谷建立了研究所，利用硅谷作为全球创新中心的特有优势从事芯片研究，可以了解世界前沿的技术动态。格兰仕、TCL、创维、联想等知名企业也都在硅谷等技术集群地区设立研究中心，嵌入当地的研发网络，吸取高新技术集聚地带来的知识技术溢出，促使母公司技术水平提升。

4.1.1.2 研发资源共享机制

研发资源共享是指海外投资企业与东道国企业通过结成研发战略联盟、研发费用分摊和人力资本利用等方式，形成优势共享、取长补短、互利共赢的局面。

1. 研发战略联盟。

由于科学技术的复杂程度也在不断提高，仅凭借一家企业的力量难以实现有效创新，而多家公司合作共同组建研发战略联盟，可以共享技术、人员、设备等很多研发资源，提升整体创新力，缩短研发时间，有助于实现重大创新。研发战略联盟包括多种形式，既可以与国外企业合作，也可以选择与国外的大学或科研院所合作。例如，2011 年中兴通讯加入美国电力电子系统研究中心（Centre for Power Electronics Systems，CPES）发起的电源管理联通联盟（Power Management Consortium，PMC）。CPES 是全球电力电子技术领域顶尖的研究机构，拥有该领域大量专利。PMC 联盟吸纳了业内 100 多家领军企业以及多所著名大学加入。中兴通讯加入该联盟，可以与其他成员共享最新技术和研究成果，并有机会接触全球最前沿电子电力领域信息。

2. 研发费用分摊机制。

企业要想处于领先地位必须要不断保持自身的技术优势，这意味着要持续地进行研发投入。研发成本过高成为困扰很多发展中国家高科技企业的难题，而通过对外直接投资是解决这个问题的一条有效途径。一方面，企业通过与并购国外企业可以充分利用东道国的研发资源，节约自身的研发成本；另一方面，利用技术创新和技术变革来研发新产品，有助于扩大产品的市场份额，为企业增加经营利润，相当于又降低了单位产品的研发成本。①

3. 人力资本利用机制。

高素质的科研人员在企业创新研发活动中发挥着关键作用，发达国家高素质的人力资本充裕，OFDI 企业更容易在当地获得优秀人才。对发达国家人力资本的利用可以通过以下两种途径实现：一是直接雇用当地的高素质科研人员，不仅可以增强团队的创新能力、团队其他成员与其交流，也可以吸取先进技术和创新理念，提高研发团队整体实力和创新意识。二是通过与当地企业或者科研机构合作，可以共享优质人才资源，间接获取高端人才的知识溢出。例如，2004 年 TCL 公司通过收购法国汤姆逊公司，使公司收获了 3 万多项彩电专利和高层次的研发团队资源，加速了其研发步伐。②

4.1.1.3　研发成果反馈机制

发达国家通常对新产品的研发有着苛刻的要求，通过设立海外技术追踪机构可以掌握最新的研发动态和市场动向。海外子公司往往会将在发达国家直接投资获取的研发成果，如新产品、新技术、新工艺等反馈回母公司，可

---

① 李娟、唐珮菡、万璐等：《对外直接投资、逆向技术溢出与创新能力》，载《世界经济研究》2017 年第 4 期，第 59~71、135 页。

② 霍忻：《中国企业技术获取型对外直接投资的技术进步效应研究》，载《企业经济》2016 年第 1 期，第 36~42 页。

以有效提升母公司的创新能力。母公司利用新技术进行再研发，丰富公司的产品线，并促进生产率的提升，从而完成公司层面的逆向技术溢出。很多中国企业在发达国家设立研发机构的主要目的就是近距离接触本领域的领先技术。例如，上海轮胎橡胶集团在美国阿克隆市建立了海外研发中心，因为阿克隆是全球著名的橡胶科技之城，被誉为"世界橡胶之都"，在此领域拥有丰富的研发资源和人才储备。全球知名的轮胎制造商都在阿克隆市设有科研机构，上海轮胎橡胶集团在此设立研发中心可以跟踪、监测本领域最前沿的技术动向，所获取的技术溢出效应最大。

4.1.1.4 人才流动效应机制

人才流动效应机制指的是海外子公司与母公司之间的人员流动，一方面，可以将海外子公司雇用的发达国家本土的高素质科研人员派遣回母公司，将他们掌握的先进技术、管理经验及国际化经营方式传授给母公司员工，不仅能够提升母公司的科研实力和生产效率，还能促使母公司完善管理方式，使管理水平与国际接轨。另一方面，也可以将母公司内部的员工送到国外进行培养，通过与海外子公司员工进行交流、学习，提高员工在研发、生产和管理等各方面的能力和素质。我国很多大型企业在海外投资中都曾受益于人才资本流动效应。例如，华为的海外机构不仅仅是进行软件研发的分公司，同时也是国内华为技术人员的海外培训基地，公司定期将国内员工派送到海外进行培训以提升技能。外派的技术人员回国以后大多成为公司的技术、管理骨干，对母公司的研发实力提升和经营绩效改善起到了助推作用。

4.1.2 产业中观层面

企业通过 OFDI 获取逆向技术溢出的直接受益者是海外子公司和国内母公司，除此以外还包括其他一些间接的受益群体，如同行业企业和相关联的上下游企业等。国内母公司技术水平提升以后，还会通过竞争效应、示范效应及关联效应等促进产业层面的技术进步和创新能力提升。

4.1.2.1 竞争效应

母国企业通过向发达国家 OFDI 获得了先进技术外溢，通过研发成果反馈机制等促进了国内母公司技术进步，拥有新技术以及生产效率的提升，使母公司成为行业内的领先企业。[①] 母公司技术水平的提升会对国内同行业企业产生竞争效应，因为母公司产品的技术水平提高，会增强企业的市场竞争力和市场占有率，同行业的其他企业面临竞争，为了保住市场份额，也不得不研制新产品吸引消费者。行业内企业的共同进步最终促进整个产业技术水平的提升，也由此形成产业内技术创新的良性循环。

4.1.2.2 示范效应

OFDI 企业母公司技术水平提升以后，其他企业也会对其效仿，模仿其新技术研制新产品或者也开始寻求 OFDI 获取新技术。因此，母公司对其他企业起到了示范效应[②]。其他企业在开发新产品的过程中会使自身技术水平提升，最终实现整体产业的技术进步，而且国内其他企业也可以通过与 OFDI 企业进行合作研发的方式，来间接受益于海外技术溢出。

4.1.2.3 关联效应

母公司技术实力提高之后，在同供应链上下游相关企业合作的过程中，对上下游企业的产品品质和技术含量也会要求更高，迫使相关企业不得不增加研发来提高品质以满足其要求，才能维持产业链的稳定。因此，母公司技术的提升对上下游企业产生了关联效应。此外，上下游企业都是母公司的合作伙伴，母公司可能会提供一些技术支持和指导，上下游企业会获得知识溢出，最终推动产业链整体的技术进步。

---

① 王丽、韩玉军：《OFDI 逆向技术溢出与母国产业结构优化之间的关系研究》，载《国际商务 - 对外经济贸易大学学报》2017 年第 5 期，第 53~64 页。

② 叶建平、申俊喜、胡潇：《中国 OFDI 逆向技术溢出的区域异质性与动态门限效应》，载《世界经济研究》2014 年第 10 期，第 66~73 页。

4.1.3 国家宏观层面

不同产业间的技术外溢同样会产生关联效应，国家层面的 OFDI 逆向技术溢出传导即是产业层面传导的扩大化。跨国公司总部对海外子公司传递回的先进技术进行筛选和吸收后将其运用到研发和生产中去，使先进技术在产业内和产业间充分扩散。回顾效应、前瞻效应和旁侧效应的发生，使溢出的先进技术通过国家层面的传导机制扩散到其他产业，最终母国整体的科技水平得到优化[①]。

4.1.3.1 回顾效应

回顾效应指的是母公司所在行业受益于 OFDI 逆向技术溢出效应后，对其上游的生产资料供应行业所产生的影响。投资于发达国家的海外子公司除了可以获取技术、管理经验以外，还可以获得更多的稀缺资源，将一些高级生产要素供给母国。因而母国生产要素市场结构更加优化，生产要素市场的升级会进一步提高企业甚至整个行业的生产率，为母国其他产业的发展也提供了良好的基础。

4.1.3.2 前瞻效应

前瞻效应指的是企业 OFDI 以后，整个产业都受益于逆向技术溢出，然后该产业可能会诱导一些新兴工业和新技术的出现。母公司从发达国家市场获得的新技术会促使其开发出更多样化的产品，创造新的市场机会，提升企业的竞争力。其他企业为了占有市场份额，也会收集该公司的产品信息、战略决策等，想办法开发出新产品、新技术、新工艺等，这些成为企业持续创新的动力。

4.1.3.3 旁侧效应

旁侧效应指该产业的进步对其他产业的发展所起的推动作用。一个企业

---

① 韩玉军、邓灵昭：《OFDI 逆向技术溢出效应的实证分析——以中兴通讯为例》，载《现代管理科学》2018 年第 9 期，第 6~8 页。

不能独立于一个市场，而是与其相关的行业紧密相连。国内母公司与其他企业合作时，先进技术不仅能够外溢到产业内公司，也会外溢到周边其他产业，不同产业间联系的紧密程度也决定了技术外溢的程度。

通过宏观层面的回顾效应、前瞻效应和旁侧效应，通过 OFDI 获取的逆向技术溢出最终可以促进母国整体技术进步和创新能力提升。

图 4-1 清晰地展示了中国企业对发达国家直接投资产生的逆向技术溢出原理，通过微观、中观、宏观三个层面的表现。

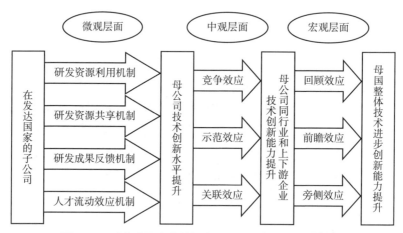

图 4-1 对发达国家直接投资促进母国技术创新的机理

为便于对比分析，对发展中国家对外投资的作用机理加以分析。由于发达国家与发展中国家在国内研发投入、技术先进水平及资本存量等方面均存在较大差异，而且大多数发展中国家的技术水平低于我国，对其投资技术创新的作用机理与发达国家大相径庭，对发展中国家 OFDI 促进技术创新的渠道包含以下两种：

第一，研发费用分摊效应。中国企业在发展中国家设立子公司，随着海外市场份额的扩大，会使企业经营利润增加，这会促使母公司将更多的资金用于研发投入，开发新产品来提升竞争力。另外一些发展中国家通过制定一些优惠政策来吸引外资，例如，2017 年马来西亚政府为了增加对外资的吸引力，决定在自贸区为海外客户的货物出口等四项服务豁免消费税。成本的降低会使母公司将更多的资金用于研发和创新，因而海外子公司可以通过分摊研发费用来促使母公司技术进步。

第二，母国劳动力结构优化。中国企业对发展中国家直接投资以市场寻求型和资源寻求型为主要动机，随着生产规模的扩大，我国企业通过在经济欠发达国家建立生产基地，可以利用当地廉价的资源和劳动力。随着更多的低技能产业转移到欠发达国家，本国的劳动力结构将会发生改变，更多就业者将会转向高技能产业，最终促进母国的技术进步，详见图 4 – 2。

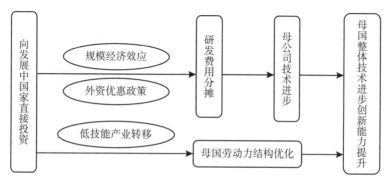

图 4 – 2　对发展中国家直接投资促进母国技术创新的机理

4.2　中国对发达国家 OFDI 促进母国技术创新的影响因素

现有文献中部分学者对 OFDI 逆向技术溢出效应的影响因素有一些研究，但还不够全面。本节将从投资国与东道国两个角度分别阐述中国对发达国家 OFDI 促进母国创新的主要影响因素。

4.2.1　基于投资国角度

对发达国家进行 OFDI 获取先进技术外溢以后，能否充分消化吸收并促进母国创新能力提升，投资国的吸收能力是至关重要的影响因素，主要包括以下几个方面。

4.2.1.1　研发强度

研发强度是指研发投入占 GDP 的比重，反映了各地区的创新意识和对创新的重视程度。研发强度越高，说明政府对创新越重视，也会激励更多企业进行研发创新，对吸收 OFDI 获取的国外先进技术都会产生巨大的促进作用。李梅（2012）、叶建平（2014）、刘宏（2019）等学者认为我国的研发水平对于 OFDI 逆向技术溢出效应的吸收能力具有重要影响。如今的科技日新月异，产品的生命周期逐渐变短，研发可以促进创新和提升学习效应。通常研发投入越多，创新能力就会加强，能更快速地对先进技术进行消化吸收，逆向技术溢出效应就越明显。OFDI 企业的研发水平越高，越能够更快地嵌入其产业链，与东道国的技术互动效果越好，掌握前沿技术的研发动态。而且母国企业必须具有足够的研发实力，才能将吸收的技术进行再创新，从而使逆向技术溢出效应得到更好的实现。因此，研发投入是影响 OFDI 促进技术创新效应的重要因素。

4.2.1.2　人力资本水平

在内生经济增长理论中，人力资本存量是技术进步的主要标志之一。蔡冬青、周经（2014）、李娟（2017）、孔群喜（2019）等学者的研究也证实了人力资本水平越高，对国外先进技术的吸收和应用能力越强。首先，我国的人力资本水平会直接影响与发达东道国的技术互动与研发资源利用。我国人力资本水平越高，则意味着投资企业员工拥有充足的知识储备和较高的专业技能，可以迅速地嵌入发达国家当地的研发网络，精准地把握前沿技术动态。在发达国家采取并购方式投资，或与当地企业组成战略联盟时，可以更便利地与当地高技能人才进行交流学习。而且投资企业员工的技能越高，越能开发出满足发达国家市场需求的高质量产品。其次，母国人力资本水平的高低决定了对发达国家先进技术的吸收和应用能力。一国的人力资本水平越高，对外部新技术知识的理解能力就越强，也更容易消化、吸收、转化、应用新技术知识。我国企业对技术密集型的发达国家进行直接投资，母国的人力资本水平越高，对从国外反馈回的先进技术和管理经验的消化吸收能力越强；而且还要结合企业发展实际，将新技术进行应用并且再创新。人力资本水平高意味着具有较强的技术转化能力，所实现的 OFDI 逆向溢出效应就越大。

4.2.1.3 经济发展水平

一般来说，一国（地区）的经济发展水平越高，意味着该国（地区）有充裕的物质保障，将会有更多的资金用于研发投入，企业也会更加有基础和动力进行对外直接投资。而且一国（地区）的经济发展水平越高，科研环境更优越，研发人员的技术实力更强，对先进技术的吸收能力也就越强，可以获取更多的逆向技术外溢。因此，投资母国的经济发展也会影响对国外技术溢出的吸收能力。

4.2.1.4 金融市场发展

这里的金融市场指的是融资市场，即资金的需求方和供给方之间进行资金融通、借贷活动的场所。金融市场在国内外经济活动中都发挥着重要作用，通常企业进入国外市场需要付出巨大的成本，而具有较强的融资能力是企业开展对外直接投资的必要条件。国内学者尹东东和张建清（2016）、梁文化（2019）、雷红（2019）等的研究也证实了此观点。我国企业向发达国家进行直接投资，进入发达国家市场之后，需要研发新的产品来获取竞争优势，达到当地较高的技术标准。同时需要雇用当地高科技人才、购置先进设备等，我国企业也要对国外先进知识技术进行获取、消化、整合并对其加以应用，整个过程都要投入大量的资金，OFDI 企业需要在金融市场筹集绝大部分资金。因此，充足的外部融资支持是企业在海外经营能否成功的重要保障，一国（地区）金融市场完善才能为企业提供良好的融资环境，使企业获得融资便利，有了对外投资的资金保障，使本地企业具备条件向发达国家从事技术寻求型投资。反之，如果一国金融市场发展水平不高，无法为企业筹集资金提供充足的保障，企业便不得不耗费大量的时间和其他成本来融资，不利于国内企业通过投资对国外先进技术知识的吸收。

4.2.2　基于东道国角度

OFDI 企业在进行对外投资的区位选择时，要综合考虑很多东道国的因素，如东道国的研发投入、经济发展水平、创新能力、制度环境、人力资本水平等都会对技术外溢的空间产生重要影响。

4.2.2.1　研发投入

一国（地区）的研发投入情况决定了其技术创新能力的高低，发展中国家研发投入少，科研实力较弱，技术更新的耗时长，因而向发达国家开展技术寻求型 OFDI 是提高自身技术水平的快捷且有效方式，比依靠自主研发可以节约大量成本。一般来说，东道国的研发投入越高，研发资源越丰富，技术实力和创新能力越强，则通过 OFDI 促进技术创新的效应越明显。

4.2.2.2　经济发展水平和经济市场环境

向发达国家进行 OFDI 所获取的技术外溢也会受到东道国经济发展水平和经济环境的影响。东道国的经济发展水平越高，意味着拥有更充裕的科研经费，更强大的科研实力，更优越的科研环境和更完善的基础设施，则对其进行 OFDI 获取的技术溢出会越多。科格特和张（Kogut & Chang，1991）、布兰施泰特（Branstetter，2006）等的研究也证明了同样的观点。东道国的经济市场环境也会影响企业对先进技术的获取，包括政府制定的投资优惠政策、财政货币政策、贸易政策等。东道国的经济市场环境是外资决定是否对其投资的重要因素，投资优惠政策和其他经济政策会直接影响海外企业对其直接投资的规模和绩效，优惠的投资政策和相对宽松的财政经济政策会促使企业扩大投资规模，并提高投资绩效。

4.2.2.3　创新能力

东道国的创新能力可以用专利申请数量或研发资本存量等指标来衡量，

OFDI 企业只有向创新能力强、研发资源丰富的国家投资，才有机会学到领先技术，提高自身的创新水平和竞争力。因此，企业在选择投资目标国的时候，应选择创新产出高和创新潜力大的东道国进行投资。东道国的创新能力是决定能否通过 OFDI 促进企业技术进步的至关重要因素。

4.2.2.4　人力资本水平

人力资源是技术创新的源泉，当我国企业采用新建或者并购的方式在发达国家投资，可以通过雇用当地员工或者沿用兼并企业员工获得东道国丰富的管理经验和技术水平。投资国员工在与东道国员工共同研发、交流、合作的过程中，会学习到很多新技术和新知识，存在着知识溢出效应。因此东道国人力资本水平越高，投资国员工获取的知识溢出效应也就越多。

4.2.2.5　技术差距

如果投资国与东道国在同一领域的技术水平完全相同，则不会存在技术溢出现象，因而存在技术差距是技术溢出的前提条件。刘明霞（2010）、李梅（2012）、韩玉军（2015）等学者的研究均表明两国的技术差距会对 OFDI 逆向技术溢出产生影响。但是技术差距并非越大越好，两国的技术差距对投资国能获取的逆向技术溢出的影响是不确定的，体现在两种情况：一种情况是两国技术差距较大时，投资国通过学习模仿东道国先进技术，有较大的技术进步空间，则获取的技术溢出效应越多；另一种情况是两国技术差距过大，投资国对逆向技术溢出的吸收能力反而越差。两国技术差距过大时，投资国由于研发实力差，对先进技术的学习能力也较差，自身没有能力去消化吸收发达东道国的领先技术，降低了逆向技术溢出的吸收效果。因此，只有在两国技术差距适当的情况下，才能发挥出 OFDI 逆向技术溢出的最佳效果。

4.2.2.6　制度环境

制度是对商业活动的一种规则和约束，可以降低交易费用、建立激励机制，并减少经济中的破坏行为①。OFDI 企业在进行海外投资之前，对东道国的制度环境应该有充分的了解和准备。东道国制度环境的好坏直接影响了企业在海外投资的绩效，东道国拥有良好的制度环境，则能够为外国投资企业的商业经营提供很多便利条件。冀相豹（2014）研究认为发达国家的制度因素对中国 OFDI 有正向影响，而发展中国家有反向影响。制度环境好意味着该国政治稳定、政府管理效率高、法规健全、监管透明、知识产权保护完善，有助于在东道国投资的企业绩效提升并获取技术溢出。在进行境外投资时，OFDI 企业承担着比在本国经营更大的风险和不确定性，如果在制度环境较差的国家投资，将会面临政府监管效率低下、法规不健全、寻租腐败等一系列问题，投资企业将会付出高昂的交易成本，也会降低对技术外溢的吸收效果。因此，东道国的制度环境也是影响 OFDI 企业在海外经营并获取先进技术的重要因素。

4.3 案例分析：华为公司 OFDI 促进技术创新的路径机理

4.3.1 华为公司简介

华为技术有限公司于 1987 年成立于深圳，历经 30 多年发展已经成为世界领先的信息与通信设备提供商，产品涉及各种数据通信网络及无线终端产品，华为提供的产品、技术和服务遍及世界各地。目前华为在全球 170 多个国家（地区）开展业务，员工数量达到 19.4 万，服务 30 多亿人口。2019 年，华为实现销售收入 8588 亿元人民币，净利润 627 亿元人民币。② 华为已

---

① 蔡冬青、刘厚俊：《中国 OFDI 反向技术溢出影响因素研究——基于东道国制度环境的视角》，载《财经研究》2012 年第 5 期，第 59 ~ 69 页。

② 《华为 2019 年年报》，见华为公司官网。

经加入了 400 多个标准组织、产业联盟，在 3GPP、IIC、IEEE-SA、BBF、ETSI、TMF、WFA 等 20 余个国际组织担任董事会或执行委员会成员。全球 500 强企业中有 211 家选择华为作为数字化转型的合作伙伴，华为与全球多国政府也建立了合作关系，为各国产业数字化转型提供解决方案，助力 5G、AI、云等新技术促进各国经济发展。因此，华为不仅是中国最具价值的高科技公司，也是我国企业国际化经营成功的典范。

通信设备制造业属于高技术密集型产业，技术的领先水平决定了企业发展的未来。因此，华为十分重视技术创新和研发能力的提升，每年将销售收入的 15% 左右投入到研发中，研发人员数量占员工总数的近 50%。目前在全球有 36 个联合创新中心，14 个研究所（室）。另外，华为是全球最大的专利持有企业之一，截至 2019 年底，在全球共持有有效授权专利 85000 多件，而且 90% 以上专利为发明专利。[①]

4.3.2 华为公司 OFDI 获取逆向技术溢出的方式

华为对国外直接投资采取的是"先易后难"、循序渐进的投资策略，即先投资周边的发展中国家，设立研发中心，通过研发费用分摊机制和研发成果反馈机制，使得自身的技术水平和经济实力不断提高。然后再投资欧美发达国家，通过设立研发中心以及合资、并购等方式，通过研发资源利用机制、研发资源共享机制等吸收先进技术。在国际化进程中华为主要采用以下三种投资方式获取逆向技术溢出。

4.3.2.1 建立研发中心并开设全资子公司

进入国际市场的早期阶段，以发展中国家为目标国。1997 年开始进军俄罗斯和南美地区市场，随后扩展到东南亚、中东和非洲。1999 年华为在印度投资设立了全资研发中心。2000 年以后，华为才开始逐渐转向发达国家市场，在瑞典、美国、德国、芬兰、英国、法国等地设立多个研发中心。可以

---

① 华为官网 www.huawei.com 相关报道。

看出，华为在进入国际市场的早期阶段就向发达国家开展技术寻求型 OFDI。华为充分利用每个地区的技术优势和人才优势，选择在优势地区设立研发机构。例如，印度的软件开发技术全球领先，便在印度设立了软件开发研究所；将芯片研究所设立在美国硅谷；华为渥太华中心位于加拿大渥太华的卡纳塔（Kanata）地区，卡纳塔是加拿大的高科技产业聚集地，华为目前与加拿大13 所重点大学都建立了合作关系。因此，华为在众多发达国家建立研发机构，通过研发资源利用机制、人力资本利用机制以及研发成果反馈机制等，整合全球智力资源，紧盯海外前沿技术。华为在海外设立的部分研发机构情况如表4 -1 所示。

表 4 - 1 　　　　华为在海外投资设立的部分研发机构（1999 ~ 2019 年）

年份	投资国家	投资方式	投资目的
1999	俄罗斯	设立数学研究所	吸引顶尖数学专家参与基础研发
1999	印度	在班加罗尔设立研发中心	开发优质的软件平台
2000	瑞典	在斯德哥尔摩设立研发中心	3G 技术研发
2001	美国	硅谷、达拉斯等地设立研发中心	芯片的开发与研究
2004	英国	欧洲地区总部新技术研发中心	以英国为基地开拓欧洲市场
2008	加拿大	渥太华研发中心	信息通信技术研发创新的重要海外基地，5G 研发核心机构之一
2008	印度尼西亚	成立研发中心	
2009	德国	在杜塞尔多夫设立研发机构	服务重要客户沃达丰德国公司
2009	土耳其	设立研发中心	无线技术、软件产品的研发
2010	日本	建立研发中心	通信终端和网络领域的研发
2011	意大利	在米兰建立微波研发中心	解决日趋激增的数据流量带来的带宽需求问题
2012	芬兰	在赫尔辛基建立研发中心	从事手机等移动设备技术的开发
2013	西班牙	设立研发中心	
2013	英国	设立研发中心	

续表

年份	投资国家	投资方式	投资目的
2014	法国	在巴黎建立大数据研发中心 在索菲亚科技园设立研发中心	推进数据科学研究，以及嵌入式技术和芯片设计研究
2015	波兰	成立联合创新中心	大数据、云存储、高性能计算等领域研究
2015	匈牙利	设立研发中心	
2016	沙特	在迪拜设立研究中心	
2016	法国	设立数学研究中心	与当地研究机构合作，聚焦于 5G 领域的基础算法研究
2016	美国	西雅图成立研发机构	
2017	日本	在东京开设研发中心（X-Lab）	共同研发 5G 通信技术和物联网
2019	英国	伦敦设立新的人工智能实验室	专注自动驾驶汽车技术

资料来源：华为公司官网、年报及网络搜集。

除了在众多发达国家和少数新兴国家建立研发中心，华为在 20 多年的国际化进程中也已经实现了全球布局研发网络。此外，华为已在境外投资设立了近 10 家地区总部，分布在新加坡、印度尼西亚、日本、德国、荷兰、英国、美国等国家和中国香港地区，主要从事通信产品的开发、销售及相关服务，拥有超过 100 个分支机构。

4.3.2.2 并购国外企业获取技术资源和市场

相对绿地投资，并购投资可以更快速地获取东道国企业的先进技术和人才资源，较快速地提升研发实力。2002 年开始，华为陆续收购了美国、英国、澳大利亚、荷兰、爱尔兰、以色列等众多发达国家的高科技通信公司。通过研发资源利用机制、研发资源共享机制和人才流动效应机制，华为不仅成功获取了发达国家的领先技术和人力资源，还成功打开了欧美市场的大门。华为在海外的并购情况如表 4-2 所示。

表 4 - 2   华为在海外并购情况（2002~2017 年）

年份	投资国家	投资方式	投资目的
2002	美国	收购 Opti Might 公司	提高光传输领域技术实力
2003	美国	收购 Cognigine 公司	提高交换机和路由器处理器能力
2010	比利时	并购 Option NV 旗下 M4S 公司	获得移动宽带的研发技术
2011	美国	并购 Symantec 公司	网络安全、存储和系统管理技术
2012	英国	并购 CIP Technologies 集成光电子研发中心	加强光通信技术研发能力
2013	比利时	并购 Caliopa 硅光子公司	硅光子光学仪器研发技术与团队
2013	澳大利亚	并购 Fastwire 公司	运营支持系统的研发技术
2014	英国	并购 XMOS 公司	物联网市场准入
2015	荷兰	收购 Aspiegel 公司	提升 SDN 技术能力
2015	爱尔兰	收购 SDN 的团队 Amartus	提升软件定义网络能力
2017	以色列	收购 HexaTier 和 Toga networks	提升软件芯片设计和数据库安全实力

资料来源：华为公司官网、年报及网络搜集。

4.3.2.3 与国外企业合作组成技术联盟

除了新建和并购的方式之外，华为还通过与国外众多著名企业合作组成技术联盟或建立联合创新中心，来获取先进技术并占领市场。2004 年，华为与西门子合作组成技术联盟，共同开发 TD-SCDMA 技术，并与荷兰运营商特尔福特（Telfort）签订 2500 万美元合同，成功进军欧洲市场。2006 年，华为与摩托罗拉成立联合研发中心，充分发挥双方优势合作开发 UMTS 技术。2010 年，华为与沃达丰公司在意大利米兰成立联合创新中心，双方在移动及固定宽带以及 FMC 融合等领域合作研发，这次合作为华为进军欧美高端电信市场打开了大门。此外，华为还先后与西门子、英飞凌、德州仪器、微软、英特尔、NEC、松下、朗讯、IBM、Infosys、GE 等全球知名企业开展研发合作。华为通过研发费用分摊机制、人力资本利用机制，与全球知名企业携手实现先进技术的联合开发并开拓东道国市场。

4.3.3　华为公司 OFDI 促进技术创新的路径

华为公司在对外直接投资过程中，通过在发达国家建立研发中心、开设子公司、并购国外企业和与国外企业组成技术联盟等各种不同的对外直接投资方式，成功地获取了国外先进技术外溢。在技术吸收环节，借助研发资源利用机制、研发费用分担机制、人力资本利用机制等进行技术吸收。在技术传递环节，借助研发成果反馈机制和人员流动效应机制，将在发达国家吸收获取的先进技术传递回国内，使母公司的技术水平得以提升。华为注重国内员工与海外员工的互动交流，经常分派技术人员到海外研究所进行交流培训，很多海外回国员工成为公司的软件开发和管理骨干。另外，华为在国内也设了多家研究院，以便更好地消化国外先进技术，实现海内外技术的互动。

华为产品技术水平和创新能力的提高，会增强其产品的市场竞争力和市场占有率，为同行业的其他企业带来竞争效应，通过技术扩散为通信设备行业的其他企业带来示范效应。其他企业为追赶华为，也会努力研发新技术、开发新产品，从而会促进整个产业技术水平提升。另外，华为母公司与上下游企业也会产生关联效应，上下游企业为了与华为保持合作，也要进行研发活动提高产品质量。在合作过程中华为会提供一些支持和指导，溢出有关产品的技术经验等，使上下游企业获得知识溢出，进而推动母国通信产业整体的技术进步。华为在发达国家的子公司可获取一些高端的研发资源并提供给国内，使国内的生产要素市场升级，通过回顾效应使本国其他产业也因此受益。华为从发达国家市场获得的新技术会促使其开发出更多样化的产品，提升企业竞争力，从而产生前瞻效应。掌握先进技术的华为与其他公司合作时，它的技术也随之外溢，因此，通过旁侧效应从发达市场获得的技术能带动其他产业的发展，最终促进母国整体技术进步和创新能力提升。华为公司通过对外直接投资促进技术创新的路径如图 4 - 3 所示。

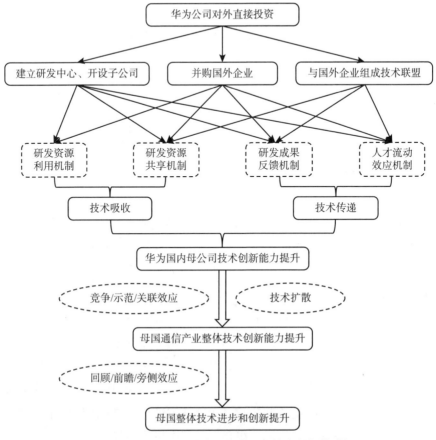

图 4 - 3　华为公司对外直接投资促进技术创新的路径

4.4　本章小结

本章阐述了 OFDI 促进母国技术创新机理与影响因素，分为三个部分：第一部分介绍了中国对发达国家直接投资对母国技术创新的机理，主要通过企业微观、产业中观和国家宏观三个层面进行传导。企业微观层面通过研发资源利用机制和共享机制、研发成果反馈机制和人才流动效应机制将技术从海外子公司传递到国内母公司。产业中观层面通过竞争效应、示范效应和关联效应使技术由母公司扩散到同行业和上下游企业。国家宏观效应通过回顾效应、前瞻效应和旁侧效应,最终实现母国整体技术进步。第二部分阐述了中国对发达国家 OFDI 促进母国创新的影响因素,从投资母国和东道国两方面来分析。从投资母国的角度,影响因素包括研发强度、人力资本、经济发展和金融市场发展等几个方面。从东道国的角度,影响因素包括研发强度、经济市场环境、人力资本、创新能力、技术差距和制度环境等几个方面。第三部分是案例分析,分析了华为公司对外直接投资促进技术创新的路径机理。首先对华为公司进行简介;然后介绍了华为公司海外投资获取技术溢出的方式,包括在海外设立研发中心、并购国外企业以及与国外企业合作组成技术联盟;最后归纳华为对外直接投资促进技术创新的路径。本章阐述的机理和影响因素为后续的实证分析起到了铺垫作用。

第 5 章

中国对发达国家 OFDI 促进技术创新的实证分析：基于宏观视角

5.1 基于母国吸收能力视角的实证分析

通过上文的机理分析可知，我国对发达国家直接投资可以促进母国技术进步，而通过 OFDI 获取的先进技术外溢受到母国消化吸收能力的影响。从发达国家获取先进技术并传导回母国以后，还要对先进技术进行消化吸收、再创新，因而母国的吸收能力越强，OFDI 促进母国技术创新效果越明显。

5.1.1　中国对发达国家 OFDI 促进技术创新的实证检验

5.1.1.1　模型设定

科和赫尔普（Coe & Helpman）在 1995 年提出了国际 R&D 溢出模型，假定一国的技术进步不仅取决于国内研发活动，也与进口贸易所产生的国际 R&D 溢出有关。利希滕贝格和波特斯伯格（Lichtenberg & Pottelsberghe，2001）在 C-H 模型基础上提出了 L-P 模型，首次将 OFDI 正式引入国际技术溢出的渠道，认为国际研发溢出可通过三种途径实现，即外商直接投资、进口贸易和对外直接投资。

本章在参考 C-H 和 L-P 模型的基础上构建如下模型：

$$\ln P_{it} = \alpha_0 + \beta_1 \ln S_{it}^{d} + \beta_2 \ln S_{it}^{im} + \beta_3 \ln S_{it}^{fdi} + \beta_4 \ln S_{it}^{ofdi} + \mu_i + \varepsilon_{it} \qquad (5-1)$$

式（5-1）中，i 代表省份，ι 代表年份，P_{it} 代表各省份的技术创新能力，传统的 L-P 模型选取的是全要素生产率即 TFP 来表示技术进步，本章的研究对象是发达国家，它们是全球技术创新的来源，因此选取各省份的发明专利授权量更能体现创新产出，国内学者陈菲琼等（2013）、刘宏等（2019）也曾使用专利授权量作为被解释变量。S_{it}^{d} 代表各省份国内研发资本存量，S_{it}^{im}、S_{it}^{fdi}、S_{it}^{ofdi} 分别代表各省份通过进口贸易、外商直接投资和对外直接投资渠道获取的国外研发资本存量，β_1、β_2、β_3、β_4 分别表示通过国内研发、进口贸易、利用外资和对外直接投资四种渠道获取的研发资本对国内创新的影响系数，μ_i 表示省份 i 的个体效应，ε_{it} 表示随机干扰项。为消除异方差的影响，对公式中各项非比率数据进行对数化处理。

5.1.1.2　变量说明及数据处理

本章选取我国 30 个省、自治区和直辖市的面板数据（西藏因数据不全剔除，不含港澳台数据）。由于省级对外直接投资统计数据于 2003 年开始公布，故本研究的样本期确定在 2003~2018 年[①]，本节的主要分析数据来自历年的《中国统计年鉴》、各省份统计年鉴、《国际统计年鉴》、世界银行 WDI 数据库、OECD 网站以及 UNCDA 网站等。

根据我国 OFDI 的主要目标国和数据的可得性，参照联合国《国际投资报告》对发达国家的划分标准，本研究选取在世界技术领先且中国对其 OFDI 数额较大的 22 个发达国家作为样本[②]，分别是澳大利亚、英国、德国、加拿大、美国、新西兰、法国、意大利、荷兰、瑞士、比利时、瑞典、爱尔兰、奥地利、西班牙、挪威、丹麦、芬兰、日本、以色列、韩国和新加坡。模型中各变量的数据来源和处理过程如下：

1. 技术创新能力（P_{it}）。

之前学者大多选择全要素生产率表示地区技术进步，本研究采用各省份发明专利授权量表示技术创新能力，因为随着中国知识产权保护制度的不断完善，发明专利反映了拥有自主知识产权的科技成果情况，更能体现一个地区的技术创新能力[③]。中国各省份的发明专利授权量数据源于《中国统计年鉴》。

2. 国内研发资本存量（S_{it}^{d}）。

除基期外，其他各年的研发资本存量数据用永续盘存法计算，计算公式为：

$$S_{it}^{d} = (1 - \delta)S_{it-1}^{d} + RD_{it} \qquad (5-2)$$

式（5-2）中，S_{it}^{d} 代表各省份 t 年的研发资本存量，δ 代表研发资本存量的折旧率，C-H 通过研发数据进行回归，估计为 5%，李平、刘伟全、李梅、柳士昌等学者也认同折旧率取 5%。S_{it-1}^{d} 代表各省份 $t-1$ 年的研发资本存量，RD_{it} 代表各省份 t 年的实际研发经费支出，各省份名义研发经费支出用消费者价格指数以 2003 年为基期折算而来。各省份名义研发经费支出数据来

---

① 因各国研发投入数据在世界银行、OECD 等网站均只更新到 2018 年，未公布 2019 年数据，所以本书研究时间选取到 2018 年，其他各项数据为保持一致都统计到 2018 年。

② 由于英属维尔京群岛、开曼群岛和卢森堡等地的直接投资主要出于避税目的，因此本书在选取样本时不予考虑。

③ 陈菲琼、钟芳芳、陈珧：《中国对外直接投资与技术创新研究》，载《浙江大学学报（人文社会科学版）》2013 年第 7 期，第 170~181 页。

自中国科技统计网。参考国外学者格里利切斯（Griliches）的方法，基期（2003 年）的研发资本存量计算公式为：

根据格里利切斯（Griliches，1980）提出的方法，基期（2003 年）的研发资本存量计算公式为：

$$S_{i2003}^{d} = RD_{i2003}^{d}/(g_i + \delta) \qquad (5-3)$$

式（5-3）中，S_{i2003}^{d} 为各省份 2003 年的研发资本存量，RD_{i2003}^{d} 为各省份 2003 年的实际研发经费支出，g_i 代表样本期内各省份实际研发支出的年均增长率，2003 年之后各年的研发资本存量数据用永续盘存法计算。

3. 通过对外直接投资渠道获得的国外研发资本溢出额（S_{it}^{ofdi}）。

本书在借鉴 L-P（2001）国际研发溢出公式的基础上，参考陈培如、冼国明（2020）的方法对公式进行了修正。由于东道国的技术保护会对获取该国的研发资本溢出额形成阻力，尤其在对发达国家直接投资时，往往会采取技术保护措施防止技术溢出，因此公式的分母中加入东道国的技术保护因素 TP_{jt}，计算通过 OFDI 获取的外国研发资本溢出公式为：

$$S_{t}^{ofdi} = \sum_{j=1}^{n} \frac{OFDI_{jt}}{Y_{jt} \times TP_{jt}} S_{jt} \qquad (5-4)$$

式（5-4）中，$OFDI_{jt}$ 代表 t 时期中国对 j 国的对外直接投资存量，Y_{jt} 代表 t 时期东道国 j 国的实际国内生产总值，S_{jt} 代表 t 时期东道国 j 国的研发资本存量。TP_{jt} 表示东道国的技术保护程度，用各国的知识产权保护水平来衡量。一国的知识产权保护程度越高，则中国通过对外直接投资获取先进技术的难度越大。东道国的 GDP 以 2003 年为基期，运用 GDP 平减指数进行折算。上述公式中，$OFDI_{jt}$ 数据来自《中国对外直接投资统计公报》，Y_{jt} 数据来自世界银行 WDI 数据库。东道国的知识产权保护 TP_{jt} 的数据选取《全球竞争力报告》中的"知识产权保护"指标。国外研发经费（R&D）支出根据各国 R&D 占 GDP 的比重计算求得，数据取自经合组织（OECD）数据库和世界银行 WDI 数据库。东道国 j 国的研发资本存量 S_{jt} 的计算公式和 S_{it}^{d} 相同，不再重复阐述。

在以上公式的基础上加入各省份的权重，以便衡量各省份通过对外直接投资获取的国外研发资本溢出，可以表示如下：

$$S_{it}^{ofdi} = S_t^{ofdi} \times \frac{OFDI_{it}}{\sum\limits_{i} OFDI_{it}} \tag{5-5}$$

式（5-5）中，$OFDI_{it}$ 表示各省份在 t 时期的对外直接投资存量，数据来自历年《对外直接投资统计公报》。

4. 通过外商直接投资获得的国外研发资本溢出额（S_{it}^{fdi}）。

同上，我国通过外商直接投资获取的国外研发资本溢出公式为：

$$S_t^{fdi} = \sum_{j=1}^{n} \frac{FDI_{jt}}{Y_{jt} \times TP_{jt}} S_{jt} \tag{5-6}$$

式（5-6）中，FDI_{jt} 表示 t 时期 j 国对我国实际投入的直接投资额，数据来自《中国统计年鉴》，其他含义同上。

各省份通过外商直接投资获取的国外研发资本溢出额可以表示如下：

$$S_{it}^{fdi} = S_t^{fdi} \times \frac{FDI_{it}}{\sum\limits_{i} FDI_{it}} \tag{5-7}$$

式（5-7）中，FDI_{it} 表示各省份 t 时期的外商直接投资额，数据来自各省份统计年鉴。

5. 通过进口贸易获得的国外研发资本溢出额（S_{it}^{im}）。

同上，我国通过进口获取的国外研发资本溢出公式为：

$$S_t^{im} = \sum_{j=1}^{n} \frac{IM_{jt}}{Y_{jt} \times TP_{jt}} S_{jt} \tag{5-8}$$

式（5-8）中，IM_{jt} 表示 t 时期我国对 j 国的进口贸易额，数据来自《中国统计年鉴》，其他含义同上。

各省份通过进口贸易获取的外国研发溢出可以表示如下：

$$S_{it}^{im} = S_t^{im} \times \frac{IM_{it}}{\sum\limits_{i} IM_{it}} \tag{5-9}$$

IM_{it} 表示 i 省份 t 时期的进口额，数据来自国家统计局网站数据库。

本节计量方程中各变量的解释说明汇总如表 5-1 所示。

5.1.1.3 实证分析与结果

本节选取中国 30 个省份 2003～2018 年的数据（不含西藏和港澳台地

区），构建省际面板模型实证检验几种技术溢出渠道对地区技术创新的影响。本节利用 Stata15 计量软件对面板数据模型进行分析，分为三个步骤：首先检验面板数据的平稳性，然后对面板数据模型进行设定检验，最后对检验结果进行分析。

表 5 – 1　　　　　　　变量含义、数据来源与处理方式

变量名称	变量含义	数据处理方式	数据来源
P_{it}	各省份技术创新能力	各省份历年发明专利授权量	《中国统计年鉴》
S_{it}^d	各省份研发资本存量	永续盘存法计算，用消费者价格指数将名义研发支出折算为实际研发支出	中国科技统计网、《中国科技统计年鉴》
S_{it}^{ofdi}	各省份通过对外直接投资渠道获得的外国研发资本溢出额	$S_t^{ofdi} = \sum_{j=1}^{n} \dfrac{OFDI_{jt}}{Y_{jt} \times TP_{jt}} S_{jt}$ $S_{it}^{ofdi} = S_t^{ofdi} \times \dfrac{OFDI_{it}}{\sum_i OFDI_{it}}$	$OFDI_{jt}$、$OFDI_{it}$ 数据来自《中国对外直接投资统计公报》
S_{it}^{fdi}	各省份通过吸引外资渠道获得的外国研发资本溢出额	$S_t^{fdi} = \sum_{j=1}^{n} \dfrac{FDI_{jt}}{Y_{jt} \times TP_{jt}} S_{jt}$ $S_{it}^{fdi} = S_t^{fdi} \times \dfrac{FDI_{it}}{\sum_i FDI_{it}}$	FDI_{jt} 数据来自《中国统计年鉴》；FDI_{it} 数据来自各省份统计年鉴
S_{it}^{im}	各省份通过进口贸易渠道获得的外国研发资本溢出额	$S_t^{im} = \sum_{j=1}^{n} \dfrac{IM_{jt}}{Y_{jt} \times TP_{jt}} S_{jt}$ $S_{it}^{im} = S_t^{im} \times \dfrac{IM_{it}}{\sum_i IM_{it}}$	IM_{jt} 数据来自《中国统计年鉴》；IM_{it} 数据来自国家统计局网站数据库
Y_{jt}	东道国 t 年的 GDP	以 2003 年为基期，运用 GDP 平减指数进行折算	世界银行 WDI 数据库
S_{jt}	各国研发资本存量	永续盘存法计算	经合组织（OECD）数据库、世界银行 WDI 数据库

为了获得对样本数据的初步了解，对各变量进行描述性统计如表 5 – 2 所示。

表 5 – 2 各变量的描述性统计

变量	均值	标准差	最小值	最大值	样本量
$\ln P_{it}$	7.0891	1.6948	2.8332	10.8829	480
$\ln S_{it}^{ofdi}$	7.1938	2.5777	-2.1203	12.4953	480
$\ln S_{it}^{im}$	9.6178	1.9338	4.1379	13.987	480
$\ln S_{it}^{fdi}$	4.2312	1.6695	-2.1203	6.9566	480
$\ln S_{it}^{d}$	13.439	1.5983	8.5785	16.6294	480

图 5 – 1 为通过 Stata15 软件做出的我国各省份 2003～2018 年专利授权数量与对发达国家 OFDI 逆向技术溢出的散点图,并进行线性拟合。可以看出,二者之间呈现正相关关系。

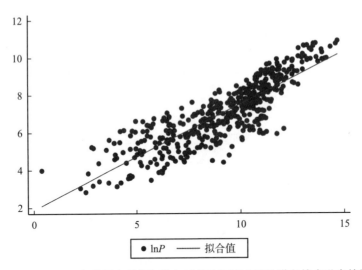

图 5 – 1　2003～2018 年我国专利授权数与对发达国家 OFDI 逆向技术溢出的散点图

1. 单位根检验。

在计量经济学中,只有极少数时间变量是平稳的,如果对非平稳变量做回归检验,可能出现伪回归现象。因此,本研究使用 LLC、IPS 和 ADF 三种方法对面板数据进行单位根检验,检验结果如表 5 – 3 所示。

表 5 - 3   面板数据单位根检验结果

变量	ADF	LLC	IPS	平稳性
$\ln P_{it}$	9.5471 (0.0000)	-5.0500 (0.0000)	-2.7200 (0.0000)	平稳
$\ln S_{it}^{d}$	10.6195 (0.0000)	-6.6804 (0.0000)	-0.8258 (1.0000)	不平稳
$\ln S_{it}^{im}$	-1.4460 (0.9259)	-5.7076 (0.0000)	-1.4696 (0.5675)	不平稳
$\ln S_{it}^{fdi}$	0.1934 (0.4233)	0.1102 (0.5439)	-1.1037 (0.9977)	不平稳
$\ln S_{it}^{ofdi}$	6.4903 (0.0000)	-4.5468 (0.0000)	-3.7969 (0.0001)	平稳

注：每组数据中上方为统计量，下方括号中是 P 值，下同。

表 5 - 3 为各变量原始数据的单位根检验结果，只有变量 $\ln P_{it}$ 和 $\ln S_{it}^{ofdi}$ 两种单位根检验结果均拒绝原假设，通过了 5% 显著性检验，而其他三种变量均没能通过。因此，在表 5 - 4 中对所有变量均做一阶差分处理后再次检验，结果显示全部变量均通过了 5% 显著性水平下的三种检验，说明所有变量序列均为一阶单整，接下来可以进行实证分析。

表 5 - 4   一阶差分后检验结果

变量	ADF	LLC	IPS	平稳性
$D\ln P_{it}$	19.8906 (0.0000)	-5.6997 (0.0000)	-4.6589 (0.0000)	平稳
$D\ln S_{it}^{d}$	8.4231 (0.0000)	-6.9120 (0.0000)	-2.3967 (0.0000)	平稳
$D\ln S_{it}^{im}$	19.0732 (0.0000)	-7.7144 (0.0000)	-3.5618 (0.0000)	平稳
$D\ln S_{it}^{fdi}$	13.1564 (0.0000)	-4.7760 (0.0000)	-3.9891 (0.0000)	平稳
$D\ln S_{it}^{ofdi}$	22.3090 (0.0000)	-5.8894 (0.0000)	-5.5696 (0.0000)	平稳

2. 面板模型设定检验。

进行 F 检验和 Hausman 检验就可以确定选择何种面板模型。F 检验原假设为混合回归可接受，检验结果显示 P 值为 0，说明强烈拒绝原假设，应选固定效应模型。Hausman 检验原假设为随机效应可接受，检验结果 P 值为 0.0021，说明在 1% 的显著性水平下高度拒绝原假设，所以经过检验最终应选择固定效应模型。检验结果如表 5 - 5 所示。

表 5 - 5　　　　　　　　　　　面板模型设定检验结果

检验类型	统计量值	相伴概率
F 检验	12.76	0.0000
Hausman 检验	18.76	0.0021

3. 实证结果分析。

本研究使用 Stata15 软件对计量模型进行回归检验。企业通过对外直接投资，通过研发资源共享和研发成果反馈等机制，提升自身的技术创新能力；反过来，企业技术水平提高以后，能够进一步激发企业到国外投资的动力。因此，对外直接投资和创新产出之间存在着双向因果关系，可能会导致模型估计中存在内生性问题，可以使用工具变量法加以解决，本研究使用广义矩估计（GMM）法对模型进行估计。

表 5 - 6 显示了在 OLS 和 GMM 两种不同方法下的估计结果，以便于比较。首先进行 Hausman-Wu 检验来判断模型是否存在内生性，检验的原假设是解释变量与干扰项不相关，即无内生性，但结果显示 P 值为 0，即高度拒绝原假设，证明模型存在内生性。因此本研究采用工具变量法解决此问题，将 $\ln S_{it}^{ofdi}$ 的一期和二期滞后项（$\ln S_{it-1}^{ofdi}$、$\ln S_{it-2}^{ofdi}$）作为工具变量，然后通过 Hansen 检验来判断工具变量选择是否合理。原假设是工具变量合理，与内生变量相关，与干扰项不相关，检验结果 P 值为 0.217，表明接受原假设，说明工具变量的选择是合理的。

表 5 – 6　　　　中国向发达国家 OFDI 促进技术创新的 OLS 和 GMM 估计结果

变量	OLS 估计	GMM 估计
$\ln S^d$	1.0422 *** (17.47)	1.005 *** (11.34)
$\ln S^{im}$	0.1422 *** (2.92)	0.0612 (1.14)
$\ln S^{fdi}$	− 0.0052 (− 0.17)	0.0207 (0.62)
$\ln S^{ofdi}$	0.0227 (0.88)	0.0921 ** (2.43)
C	− 8.5343 *** (− 13.47)	− 7.8522 *** (− 9.56)
R^2	0.9251	0.9295
N（观察值）	480	420
Hausman-Wu 检验 （P 值）	—	116.31 (0.0000)
Hansen 检验 （P 值）	—	1.524 (0.217)

注：括号内为 t 值或 z 值，*** 、** 和 * 分别表示在 1%、5% 和 10% 的水平上显著。

　　从表 5 – 6 中的回归结果可以看出，与 OLS 估计法的结果相比，GMM 估计结果更符合理论预期，更加说明工具变量的选取是有效的。从 GMM 的估计结果来看，国内研发资本存量在 1% 的水平上显著为正，研发资本存量每增加 1%，会使创新产出增加 1.005%，在促进国内技术创新的作用是最强的，相关性最高。而对外直接投资获得的研发溢出排在第二位，向发达国家的对外直接投资研发溢出每增加 1%，会使国内创新产出增加 0.0921%，且在 5% 的水平上显著。其他两种渠道包括从发达国家的进口贸易和利用外商投资，其与国内创新产出也都呈现正相关关系，但是不显著。我国通过对发达国家对外直接投资获取的创新产出显著高于通过进口贸易和引进外资这两种渠道，这说明了中国企业向研发资源丰裕的发达国家投资，能够高效地获取逆向技术溢出,如华为、联想等代表性高科技企业的海外投资正是如此。而通过进口贸易和引进外资这两种渠道反而并没有明显地获取到国外的先进技术,可能是因为发达国家不愿意通过贸易和投资的形式使先进技术溢出到东道国,这样才能保证其技术领先优势。

4. 与对发展中国家 OFDI 促进技术创新效应的比较分析。

为了更全面地验证中国 OFDI 促进母国技术创新的效果,本研究又选取部分有代表性的发展中国家为样本,将两种类型的国家群体进行对比分析。选取的发展中国家包括俄罗斯、印度、印度尼西亚、阿联酋、南非、泰国、马来西亚、哈萨克斯坦、越南、柬埔寨、巴西、阿根廷、墨西哥,共 13 个国家,中国对这些国家 OFDI 存量规模较大,而且经济交往密切。变量选取和数据来源等同上,这里不再赘述,实证检验结果如表 5-7 所示。

表 5-7 中国向发展中国家和发达国家 OFDI 促进技术创新的回归结果比较

变量	GMM 估计 (发达国家)	GMM 估计 (发展中国家)
$\ln S^d$	1.005 *** (11.34)	1.0235 *** (12.43)
$\ln S^{im}$	0.0612 (1.14)	0.1720 *** (3.15)
$\ln S^{fdi}$	0.0207 (0.62)	0.0442 (1.25)
$\ln S^{ofdi}$	0.0921 ** (2.43)	0.0346 (0.84)
C	-7.8522 *** (-9.56)	-8.4387 *** (-12.41)
R^2	0.9295	0.9315
N(观察值)	420	420
Hausman-Wu 检验 (P 值)	116.31 (0.0000)	-2077.8
Hansen 检验 (P 值)	1.524 (0.217)	0.427 (0.5135)

注:括号内为 t 值或 z 值, ***、** 和 * 分别表示在 1%、5% 和 10% 的水平上显著。

从表 5–7 的实证回归结果可以看出，Hausman-Wu 检验结果为负，证明拒绝原假设，模型存在内生性。同样选取 $\ln S_{it}^{ofdi}$ 的一期和二期滞后项（$\ln S_{it-1}^{ofdi}$、$\ln S_{it-2}^{ofdi}$）作为工具变量，然后通过 Hansen 检验，结果 P 值为 0.5135，表明接受原假设，说明工具变量的选择是合理的。从回归结果可以看出，国内研发资本同样是最主要的促进企业技术创新的来源，其次从发展中国家的进口对国内创新产出也呈现显著的正影响，而从发展中国家吸引外资和对外直接投资对创新产出的影响为正，但都不显著。与发达国家的回归结果进行对比，可以看出中国对发展中国家 OFDI 的技术创新效应远低于发达国家，只有加大对发达国家的投资力度才能促进企业技术创新。

5. 稳健性检验。

为保证实证分析结果的稳健性，对被解释变量 P_{it} 进行替换，采用各省份发明专利申请数替代发明专利授权数。重新进行检验，检验过程同上，不再赘述。检验结果如表 5–8 所示，发达国家直接投资获取的研发溢出影响技术创新的系数是 0.1511，且在 1% 水平上显著。而对发展中国家直接投资获取的研发溢出影响技术创新的系数是 0.0638 且不显著，说明中国对发达国家直接投资对创新能力具有积极的促进作用，影响程度远大于发展中国家，这与表 5–7 的分析结论基本相符。此外，其他三种渠道对创新的影响程度与上文的分析结论也都基本一致。因此，前文的分析结果是稳健的。

表 5–8　　　　　　　　　　　稳健性检验回归结果

变量	GMM 估计 （发达国家）	GMM 估计 （发展中国家）
$\ln S^d$	0.8471 *** （8.91）	0.9369 *** （10.61）
$\ln S^{im}$	0.0681 （1.10）	0.1842 *** （3.05）
$\ln S^{fdi}$	0.0632 （1.59）	0.0549 （1.34）

变量	GMM 估计 （发达国家）	GMM 估计 （发展中国家）
$\ln S^{ofdi}$	0.1511 *** (3.29)	0.0638 (1.31)
C	− 5.1633 *** (− 1.54)	− 6.1845 *** (− 7.57)
R^2	0.9001	0.9017
N（观察值）	420	420
Hausman-Wu 检验（P 值）	− 81.13	− 16.46
Hansen 检验 （P 值）	3.341 (0.1676)	0.491 (0.4837)

注：括号内为 t 值或 z 值，***、** 和 * 分别表示在 1%、5% 和 10% 的水平上显著。

5.1.2 吸收能力与 OFDI 促进技术创新的门槛检验

由于我国各省份之间在经济基础、资源禀赋和政策支持等方面存在较大差异，各个地区的人力资本水平、研发强度、经济发展水平以及金融发展水平等也都参差不齐，因此各地区对从发达国家获取先进技术的吸收能力是不一样的。企业通过向发达国家 OFDI 获取到先进技术，通过消化吸收使自身技术进步，进而通过行业和企业间的扩散机制最终使母国技术水平提高。经济基础好、研发强度高、人力资本雄厚、对外开放程度高以及金融体系完善的地区，可称之为"越过门槛"地区，其吸收能力越强，对国外先进技术的消化吸收效果越好。而另一些基础薄弱的地区，即"未越过门槛"地区，由于不具备较好的吸收能力，无法充分消化吸收国外先进技术，由于投资消耗大量资金，OFDI 促进技术创新可能效果微弱甚至产生负效应。

本研究选取人力资本水平、研发强度、经济发展水平和金融发展水平四个指标来衡量地区对 OFDI 促进创新效应的吸收能力。利用 2003 ~ 2018 年间 30 个省区市（研究不含西藏和港澳台地区）的面板数据，选取在世界技术领先且中国对其 OFDI 数额较大的 22 个发达国家作为样本（同上文）。通过构造面板门槛回归模型，深入分析各吸收能力因素对 OFDI 促进技术创新效应的影响程度，考察各吸收能力因素是否存在门槛效应并测算门槛值。

5.1.2.1　面板门槛模型设定

借鉴 Hansen 门槛模型，本研究的单一门槛回归模型和双重门槛回归模型设定为：

$$\ln P_{it} = C_i + \beta_1 \ln S_{it}^{ofdi} \times I(q_{it} \leqslant \gamma) + \beta_2 \ln S_{it}^{ofdi} \times I(q_{it} > \gamma)$$
$$+ \alpha_1 \ln S_{it}^{d} + \alpha_2 \ln S_{it}^{im} + \alpha_3 \ln S_{it}^{fdi} + \varepsilon_{it} \qquad (5-10)$$

$$\ln P_{it} = C_i + \beta_1 \ln S_{it}^{ofdi} \times I(q_{it} \leqslant \gamma_1) + \beta_2 \ln S_{it}^{ofdi} \times I(\gamma_1 < q_{it} \leqslant \gamma_2) + \beta_3 \ln S_{it}^{ofdi}$$
$$\times I(q_{it} > \gamma_2) + \alpha_1 \ln S_{it}^{d} + \alpha_2 \ln S_{it}^{im} + \alpha_3 \ln S_{it}^{fdi} + \varepsilon_{it} \qquad (5-11)$$

其中，变量 P_{it}、S_{it}^{ofdi}、S_{it}^{im}、$\ln S_{it}^{fdi}$ 及 S_{it}^{d} 的含义同上文，不再赘述。q_{it} 代表衡量吸收能力的门槛变量，即人力资本水平、研发强度、经济发展水平和金融发展水平。γ 为待估计的门限值，β_1、β_2、β_3 分别表示门槛变量在不同范围时对外直接投资获取的国际研发溢出对技术创新的影响系数，C_i 表示常数项，ε_{it} 表示随机干扰项。为消除异方差的影响，对公式中各项非比率数据进行对数化处理。

5.1.2.2　变量选取与数据来源

1. 人力资本水平（H_{it}）。

人力资本水平是影响对先进技术吸收能力的重要因素之一。一国或地区拥有大量的高素质劳动力，将能够加快该地区对国外先进技术的吸收和消化。而人力资本薄弱的地区对国外技术溢出的消化吸收速度会大大降低。国内学者李梅、柳士昌（2012）和陈菲琼（2013）等都证实了人力资本水平对逆向技术溢出的重要影响。本研究使用学术界普遍认可的劳动者平均受教育年限来衡量国内人力资本水平，将劳动者的受教育水平分为小学、初中、高中和大专以上四类，受教育时间确定为 6 年、9 年、12 年和 16 年，计算公式如下：

$$H_t = 6 \times H_t^1 + 9 \times H_t^2 + 12 \times H_t^3 + 16 \times H_t^4$$

其中，H_t 代表人力资本存量，H_t^1、H_t^2、H_t^3、H_t^4 分别为拥有小学、初中、高中、大专以上学历的就业人员受教育程度比重，数据来自《中国劳动统计年鉴》。

2. 研发强度（RDS_{it}）。

一国或地区的研发强度决定了其科技水平和创新能力的高低，也是对先进技术吸收能力的至关重要因素之一。通常一个地区投入的研发强度越大，则意味着该地区拥有更高的科技水平和更强的创新能力，因此对国外先进技术的吸收能力也会更强。叶建平（2014）等学者的研究表明研发强度对逆向技术溢出存在显著影响，本研究使用各省份研发经费支出与 GDP 的比值来表示研发强度，数据源自历年《全国科技经费投入统计公报》。

3. 经济发展水平（$PGDP_{it}$）。

一个地区的经济发展水平越高，意味着可以将更多的资金用于研发投入，也会拥有更多的高素质科研人员，那么该地区对先进技术有较强的吸收能力。而经济发展落后的地区可能面临研发资金不足、市场规模小、高素质科研人员紧缺等不利情况，导致对先进技术的吸收能力不足。本研究用人均 GDP 来衡量经济发展水平，各省份名义人均 GDP 及人均 GDP 指数数据来自国家统计局网站数据库，并将名义人均 GDP 用人均 GDP 指数换算成以 2003 年为基期的实际人均 GDP。

4. 金融发展水平（FD_{it}）。

通常来说，金融发展能降低企业的融资成本，因而一国或地区金融发展水平越高，企业越能够以较低的成本和较高的效率获得融资，越能促进对外直接投资的发展。金融体系为技术的高效率创新提供了保障。本研究用金融规模指标 FD_{it} 来反映各地区的金融发展水平[①]，FD_{it} 用各省份金融机构年底贷款余额与 GDP 的比值来表示，数据来自历年各省份统计年鉴。

各个变量的样本描述性统计见表 5 - 9。

---

① 尹东东、张建清：《我国对外直接投资逆向技术溢出效应研究》，载《国际贸易问题》2016 年第 1 期，第 109～120 页。

表 5 - 9   样本描述性统计

变量	均值	标准差	最小值	最大值
$\ln P$	7.089	1.694	2.833	10.882
$\ln S^{ofdi}$	7.1938	2.5777	-2.1203	12.4953
$\ln S^{im}$	9.6178	1.9338	4.1379	13.987
$\ln S^{fdi}$	4.2312	1.6695	-2.1203	6.9566
$\ln S^{d}$	13.439	1.598	8.578	16.629
H	9.371	1.275	6.18	13.57
RDS	1.397	1.067	0.17	6.17
$PGDP$	31055.5	25704.25	3701	149862.8
FD	1.183	0.423	0.533	2.585

5.1.2.3 门槛检验回归分析与结果

1. 门槛效应的确定。

我们首先对是否存在门槛效应进行检验，然后确定门槛个数。采用汉森（Hansen，1999）在门槛回归中使用的"格栅搜索法"，设置 200 个网格搜寻点，采用 Bootstrap（自抽样法）反复抽样 500 次估计出 P 值，得到的各门槛变量的 F 统计值和 P 值如表 5 - 10 所示。

表 5 - 10   门槛效应检验结果

门槛变量	类型	F 值	P 值	10% 临界值	5% 临界值	1% 临界值
H	单一门槛检验	74.51	0.0040	39.1616	45.7997	58.4245
	双重门槛检验	28.40	0.2160	35.2852	43.6002	52.3212
	三重门槛检验	26.64	0.8020	61.3297	69.0926	86.3525
RDS	单一门槛检验	59.50	0.0120	33.0994	38.3625	60.6852
	双重门槛检验	25.78	0.0980	25.4990	30.3018	42.8964
	三重门槛检验	15.67	0.4940	32.5908	40.5358	51.2135

门槛变量	类型	F 值	P 值	10% 临界值	5% 临界值	1% 临界值
PGDP	单一门槛检验	35. 74	0. 0940	34. 8254	40. 2370	57. 5445
	双重门槛检验	21. 06	0. 1880	26. 0602	29. 6884	39. 2798
	三重门槛检验	22. 91	0. 7060	64. 3267	75. 9401	89. 3026
FD	单一门槛检验	84. 67	0. 0000	34. 1616	40. 0512	49. 8005
	双重门槛检验	23. 39	0. 1260	25. 8669	31. 3484	44. 5160
	三重门槛检验	15. 13	0. 7420	39. 9634	45. 1182	61. 2272

门槛效应检验的结果显示，*H*、*PGDP* 和 *FD* 通过了单一门槛检验。其中，*H* 和 *FD* 在 1% 水平上显著，*PGDP* 在 10% 水平上显著。*RDS* 通过了双重门槛检验，分别在 5% 和 10% 水平上显著。

2. 门槛值的估计结果及检验。

表 5 - 11 表明了门槛值的估计结果，人力资本水平 *H* 的门槛值是 8. 96，研发投入的门槛值是 0. 0157 和 0. 0168，实际人均收入 *PGDP* 的门槛值是 27312. 94，金融发展 *FD* 的门槛值是 1. 034。

表 5 - 11 门槛值估计结果

门槛变量	门槛数	门槛值	95% 置信区间
H	单一门槛	$\gamma = 8.96$	[8.9, 8.97]
RDS	双重门槛	$\gamma_1 = 0.0157$	[0.0148, 0.0159]
		$\gamma_2 = 0.0168$	[0.0154, 0.0169]
PGDP	单一门槛	$\gamma = 27312.94$	[24815.83, 27493.65]
FD	单一门槛	$\gamma = 1.034$	[0.9865, 1.0350]

然后对门槛值的真实性进行检验，参考汉森（Hansen, 1996）检验门槛值的方法，即使用极大似然估计量，提供了公式并计算出其拒绝域，在 5% 显著性水平下，*LR* 统计量的临界值为 7. 35[①]。图 5 - 2 ~ 图 5 - 5 显示了四种

---

① 李梅、柳士昌：《对外直接投资逆向技术溢出的地区差异和门槛效应》，载《管理世界》2012 年第 1 期，第 28 页。

吸收能力指标门槛估计值的似然比函数图，横坐标为门槛参数，纵坐标为 *LR* 值（似然比值），虚线为 *LR* 临界值 7.35。可以看出，四种变量的门槛估计值对应的 *LR* 值都小于临界值 7.35，因此，本研究得出的门槛估计结果是真实有效的。

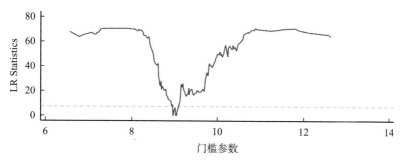

图 5 - 2　人力资本（*H*）的门槛估计值的似然比函数图

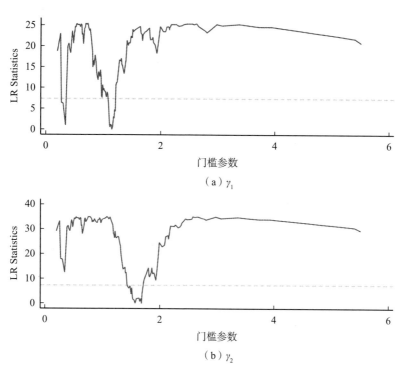

（a）γ_1

（b）γ_2

图 5 - 3　研发强度（*RDS*）的门槛估计值的似然比函数图

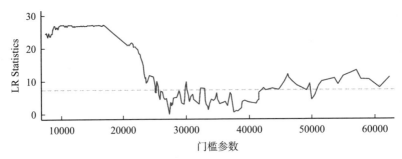

图 5 - 4　经济发展（*PGDP*）的门槛估计值的似然比函数图

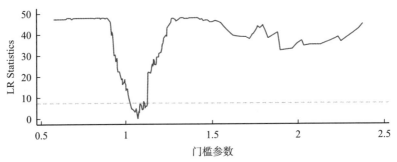

图 5 - 5　金融发展指标（*FD*）的门槛估计值的似然比函数图

3. 门槛模型的回归结果分析。

对面板门槛的回归结果如表 5 - 12 所示，下面分别从人力资本水平、研发强度、经济发展和金融发展这四个衡量地区吸收能力指标的回归结果和各省份的吸收能力做详细阐述。

表 5 - 12　　　　　　　**OFDI 影响创新能力的门槛回归结果**

项目	人力资本 H	研发强度 RDS	经济发展 PGDP	金融发展 FD
门槛值	8.96	0.0157，0.0168	27312.94	1.034
$\ln S_{it}^{ofdi} \times I(q_{it} \leq \gamma_1)$	0.0235 (0.99)	0.0399 * (1.69)	0.0413 * (1.66)	0.0118 (0.50)
$\ln S_{it}^{ofdi} \times I(\gamma_1 < q_{it} \leq \gamma_2)$	0.0781 *** (3.16)	0.0723 *** (2.94)	0.0735 *** (2.80)	0.0588 ** (2.46)

续表

项目	人力资本 H	研发强度 RDS	经济发展 PGDP	金融发展 FD
$\ln S_{it}^{ofdi} \times I(q_{it} > \gamma_2)$		0.1072 *** (4.23)		
$\ln S_{it}^{d}$	0.8619 *** (14.51)	0.8619 *** (14.78)	0.888 *** (14.03)	0.9143 *** (16.12)
$\ln S_{it}^{im}$	0.1113 (2.45)	0.1589 *** (3.54)	0.1529 *** (3.25)	0.1852 *** (4.11)
$\ln S_{it}^{fdi}$	0.0106 (0.38)	0.0017 (0.06)	0.0043 (0.15)	-0.0085 (-0.31)
C	-6.2095 *** (-9.55)	-6.6863 *** (-10.82)	-6.9154 *** (-10.31)	-7.3693 *** (-12.33)
Adj-R^2	0.9355	0.9369	0.9304	0.9366

注：括号内为 t 值或 z 值，*** 、** 和 * 分别表示在 1% 、5% 和 10% 的水平上显著。

（1）人力资本。表 5 - 12 显示，当人力资本水平未达到门槛值 8.96 之前，OFDI 促进技术创新的影响系数为 0.0235，且不显著；而当人力资本超越门槛值时，影响系数为 0.0781，且在 1% 的水平上显著。这说明人力资本在越过门槛值后吸收能力显著增强。高素质的人力资本能够加快对国外先进技术的消化吸收。2018 年，全国 30 个省份中（研究不含西藏和港澳台地区），除贵州、云南外，其余省份都超过门槛值。可见随着我国人力资本水平稳步提高，目前除个别省份外，绝大部分地区的人力资本情况能满足对 OFDI 逆向技术溢出吸收能力的要求。

为了详细分析 30 个省份门槛变量特征的动态变化，本章选取 2003 年、2010 年和 2018 年三个时间点来分析，如表 5 - 13 所示。在 2003 年，全国仅有 8 个省份超过门槛值 8.96，2010 年增加到 18 个，到 2018 年增加到 28 个，除贵州、云南外，其余省份都超过门槛值。从三个不同时间点的动态变化可以看出，我国的人力资本水平稳步提高，目前除个别省份外，全国各省份的人力资本情况基本能满足对 OFDI 逆向技术溢出吸收能力的要求。

表 5 - 13　　　　　　　各省份吸收能力指标的门槛值超越情况

指标	2003 年	2010 年	2018 年
人力资本	北京、天津、山西、辽宁、吉林、上海、江西、新疆，共有 8 个省份越过门槛值	北京、天津、河北、山西、内蒙古、辽宁、吉林、黑龙江、上海、江苏、浙江、福建、山东、湖北、湖南、广东、海南、新疆，共有 18 个省份越过门槛值	除贵州、云南外，其余 28 个省份均越过门槛值
研发强度	北京、上海，共有 2 个省份越过门槛值	北京、天津、江苏、浙江、山东、广东、陕西，共有 7 个省份越过门槛值	北京、天津、辽宁、上海、江苏、浙江、安徽、福建、山东、湖北、湖南、广东、重庆、四川、陕西，共有 15 个省份越过门槛值
经济发展	北京、上海，共有 2 个省份越过门槛值	北京、天津、内蒙古、辽宁、上海、江苏、浙江、福建、山东、广东，共有 10 个省份越过门槛值	除贵州、云南、甘肃外，其余 27 个省份均越过门槛值
金融发展	北京、天津、山西、辽宁、吉林、上海、浙江、广东、海南、重庆、四川、贵州、云南、陕西、甘肃、青海、宁夏、新疆，共有 18 个省份越过门槛值	北京、天津、上海、浙江、广东、海南、重庆、四川、贵州、云南、甘肃、青海、宁夏，共有 13 个省份越过门槛值	除山东、河南、湖南外，其余 27 个省份均越过门槛值

（2）研发强度。表 5 - 12 显示，当研发强度低于第一门槛估计值 0.0157 时，OFDI 的逆向技术溢出促进技术创新的影响系数为 0.0399，在 10% 水平上显著；当研发强度超越第一门槛值时，影响系数提高到 0.0723，且在 1% 水平上显著；而当研发强度进一步超越第二门槛值 0.0168 时，影响系数进一步提高到 0.1072，且在 1% 水平上显著。这说明研发强度在越过门槛值之后的吸收能力显著增强。一个地区的研发投入越多，其科技水平越高，则对国外先进技术的吸收能力也越强。

表 5 - 13 所示，在 2003 年全国只有 2 个省份超越门槛值，2010 年增加到 7 个，到 2018 年共有 15 个省份超越门槛值，有 7 个省份研发强度仍然低于

1%。由此可见，虽然我国各省份的研发投入在逐年增加，但是目前仍有一半地区没有达到研发强度门槛值的要求，没能很好地发挥 OFDI 逆向技术溢出的吸收效果。

（3）经济发展。表 5 - 12 显示，当实际人均 GDP 低于门槛值 27312.94 时，OFDI 获取的国外技术溢出促进技术创新的影响系数为 0.0413，在 10% 水平上显著；当实际人均 GDP 跨越门槛值时，影响系数提高到 0.0735，且在 1% 水平上显著。因此，经济发展存在明显的门槛特征，在越过门槛值后吸收能力显著增强。表 5 - 13 所示，在 2003 年只有 2 个省份越过门槛值，2010 年增加到 10 个，到 2018 年除贵州、云南、甘肃外，其余 27 个省份均超过门槛值。这说明随着我国经济发展水平的逐年提高，目前各地区的经济发展水平能够满足对吸收能力的要求。

（4）金融发展。表 5 - 12 显示，当金融发展指标低于门槛值 1.034 时，OFDI 逆向技术溢出促进技术创新的影响系数为 0.0118，且不显著；而当越过门槛值时，影响系数提高到 0.0588，且在 5% 水平上显著。这说明金融发展在越过门槛值后吸收能力明显增强。金融体系可以为企业技术创新提供重要的融资保障。表 5 - 13 所示，在 2003 年我国共有 18 个省份超过了门槛值，2010 年为 13 个省份，到 2018 年除山东、河南、湖南外，共有 27 个省份越过门槛值。这说明近些年随着我国各地区金融发展水平和资金利用效率的不断提高，绝大部分省份能够达到 OFDI 逆向技术溢出吸收能力的要求。

5.2　基于东道国特征视角的实证分析

在一国 OFDI 促进母国技术创新效应的影响因素中，除了母国自身的吸收能力以外，东道国的一些特征也会对企业 OFDI 的创新效应产生影响，如东道国的经济发展水平、研发投入、创新水平、人力资本状况、制度环境等因素均会影响中国企业 OFDI 促进技术创新的效果。

5.2.1 变量选择与计量模型构建

5.2.1.1 变量选择及数据来源

与第一节选取的目标国相同，本节仍选取中国对外投资存量较大的 22 个发达国家为研究样本，考察时间段仍是 2003 ~ 2018 年[①]。影响我国对外直接投资逆向技术溢出的东道国因素主要体现为以下几个方面：

1. 东道国的经济发展水平（*PGDP*）。

通常经济发展水平越高的国家越有可能进行成本高昂的技术创新与研发活动，投资于经济发展水平更高的发达国家获取的逆向技术溢出效应将更为显著。因此，东道国的经济发展水平将会对 OFDI 促进母国技术创新效应产生重要影响。本研究选取人均国内生产总值作为经济发展水平的衡量指标。数据源自世界银行数据库，并以 2003 年为基期用消费者物价指数进行平减。

2. 东道国人力资本（*HR*）。

人力资本是决定一国科研实力和创新能力的至关重要因素，通常一国的人力资本水平越高，越能够进行高水平的研发活动，对国外投资产生的技术溢出效应越显著。本研究选取东道国劳动力中接受过高等教育的比例来衡量一国的人力资本，数据源自世界银行 WDI 数据库和国家统计局官网数据库。

3. 东道国的研发投入（*RD*）。

研发经费是进行科研创新的重要物质保障，一国政府投入的研发经费越多，越能促进本国技术创新水平提升，更能吸引"技术寻求型"的外国直接投资。本研究选取研发强度指标作为研发投入的衡量标准，东道国研发支出占国内生产总值比重的数据源自世界银行 WDI 数据库和 OECD 数据库，用此

---

① 因各国研发投入数据和人力资本数据在世界银行、OECD 等网站均只更新到 2018 年，未公布 2019 年数据，所以本研究时间选取到 2018 年，其他各项数据为保持一致都统计到 2018 年。

比重数据乘以各国实际 GDP 数据（以 2003 年为基期，用 GDP 指数折算），即得到东道国的研发支出数据。图 5 - 6 显示了 2018 年主要发达国家的研发支出占国内生产总值的比重，研发支出占比最高的为以色列 4.94%，其次是韩国 4.53%；高于 3% 的国家依次为瑞士、瑞典、日本、奥地利、德国、丹麦。研发支出占比在 2% ~3% 之间的国家为美国、比利时、芬兰、法国、荷兰、新加坡、挪威、澳大利亚；占比在 1% ~2% 的国家包括英国、加拿大、意大利、新西兰、西班牙、爱尔兰。2018 年中国研发支出占国内生产总值的比重为 2.19%，与主要发达国家相比处于中游区间，说明我国的研发投入占比是基本合理的。

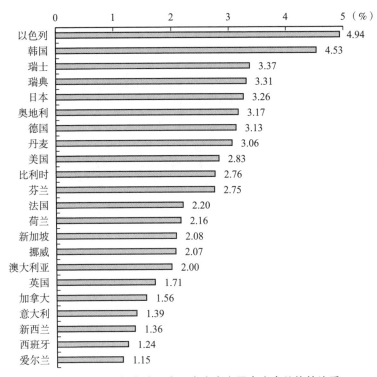

图 5 - 6 2018 年发达国家研发支出占国内生产总值的比重

资料来源：世界银行 WDI 数据库和经合组织（OECD）数据库。

图 5-7 显示了 2018 年主要发达国家的研发投入金额，美国研发金额高达 4337 亿美元，遥遥领先于其他国家；第二位是日本，为 1725 亿美元；第三位是德国，为 1024 亿美元。其余研发金额在 100 亿美元以上的国家依次为韩国、法国、英国、意大利、瑞士、加拿大、澳大利亚、瑞典、荷兰、西班牙、以色列、奥地利和比利时。

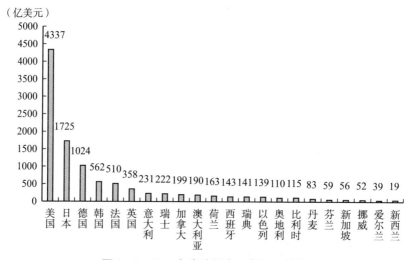

图 5-7 2018 年发达国家研发投入金额

资料来源：世界银行 WDI 数据库和经合组织（OECD）数据库，并经笔者计算整理。

4. 东道国的技术创新水平（*TI*）。

企业通过对技术领先国家进行直接投资，可以充分获取其先进技术的外溢。东道国的技术创新水平越高，OFDI 企业获取的先进技术越多，对母国技术创新的促进效应越大。本研究用东道国的技术专利授权数量来表示该国的创新水平，数据源于世界知识产权组织（WIPO）数据库。图 5-8 展示了 2018 年发达国家的技术专利授权数量，第一位是美国，约 30.8 万件；第二位是日本，约 19.1 万件；第三位是韩国，约 11.8 万件。可以看出，前三个国家的技术专利授权数量远多于其他国家。

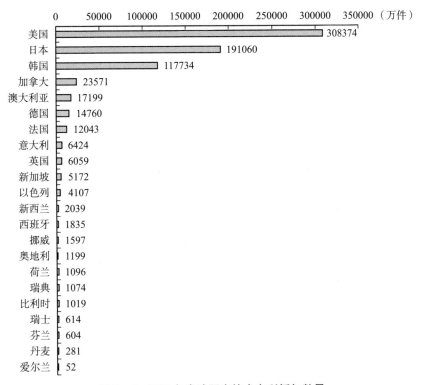

图 5-8 2018 年发达国家技术专利授权数量

资料来源：世界知识产权组织（WIPO）数据库。

5. 中国与东道国的技术差距（*TG*）。

目前中国与发达国家仍存在明显的技术差距，这对 OFDI 促进母国技术创新效应将会产生影响。韩玉军、王丽（2015）通过对 2003～2013 年中国对 13 个主要国家对外投资进行研究，结论显示技术差距对一国 OFDI 逆向技术溢出效应存在积极影响。霍忻、刘宏（2016）用资本密集度之比来衡量国内外技术差异，结果显示技术差距对国内全要素生产率具有正向显著影响。本研究借鉴韩玉军、王丽（2015）和蔡冬青、周经（2014）的方法，用中国与东道国的劳动生产率之比来衡量两国的技术差距，劳均 GDP 比人均 GDP 更能体现各国的生产技术水平。计算公式为：

$$TG_t = \frac{GDP_t^d / L_t^d}{GDP_t^f / L_t^f} \qquad (5-12)$$

式（5－12）中，TG_t 表示中国与东道国的技术差距，GDP_t^d 表示 t 年中国的国内生产总值，L_t^d 表示 t 年中国的劳动力就业人数。GDP_t^f 表示 t 年东道国的国内生产总值，L_t^f 表示 t 年东道国的劳动力就业人数。各国 GDP、劳动力人数 L 数据均源自世界银行 WDI 数据库，各国名义 GDP 用 GDP 平减指数转换成以 2003 年为基期的实际 GDP。如果 $TG_t < 1$，说明中国的技术水平落后于发达东道国。TG_t 取值在 0～1 区间时，TG_t 的值越大，说明中国与东道国的技术差距越小；TG_t 的值越小，说明中国与东道国的技术差距越大。

母国与发达东道国之间的技术差距最好适中，差距过大或过小都不利于吸收先进技术。如果差距过大，虽然有机会近距离接触全球领先技术，但由于企业自身技术水平较低，无法充分消化吸收新技术并进行再创新，因而对技术创新的促进效应较小。如果两国技术差距过小，则没有动力获取东道国的先进技术外溢，对投资国技术进步的促进作用很小。因而只有在技术差距适中的情况下，才有利于企业充分吸收利用国外先进技术并转化为自身优势，促进母国创新水平提升。

表 5－14 列出了 2011～2018 年中国及东道国的劳动生产率数据。可以看出，发达国家中劳动生产率较高的国家为瑞士和爱尔兰，数值在 10～15 之间；其次为美国、挪威、丹麦、荷兰、新加坡、比利时、德国、芬兰、瑞典、日本、法国、奥地利、澳大利亚，劳动生产率基本在 7～10 之间；再次为以色列、意大利、加拿大、英国、新西兰，这些国家劳动生产率保持 5～8 之间；发达国家中劳动生产率较低的国家为西班牙和韩国，数值大约在 4～5 之间。中国的劳动生产率比 22 个发达国家要低很多，数值一直在 1 之下，2011 年为 0.63，之后逐年提高，2014 年为 0.82，2018 年上升到 0.98。尽管与发达国家相比还有较大差距，但从趋势上看，数值是逐年提高的。

表 5－15 表明了 2011～2018 年中国与 22 个发达国家的劳动生产率比值，即技术差距 TG。TG 的数值越小，表示技术差距越大。因此，发达国家与中国技术差距较大的国家为瑞士和爱尔兰，TG 值在 0.04～0.07 之间；其次为美国、挪威、丹麦、瑞典、新加坡、日本、荷兰、比利时、芬兰、法国、德国、奥地利、澳大利亚和以色列，TG 值基本在 0.05～0.14 之间；然后是意

大利、英国、加拿大、新西兰、西班牙和韩国，*TG* 值大约在 0.1 ~ 0.22 之间。从表 5 – 15 中各年份的变动趋势看，2011 ~ 2018 年技术差距数值基本都呈现了逐年提高趋势，这意味着中国与发达国家的技术差距在逐渐缩小。

表 5 – 14　　　　2011 ~ 2018 年发达国家的劳动生产率数据　　单位：万美元/人

国家	2011 年	2012 年	2013 年	2014 年	2015 年	2016 年	2017 年	2018 年
瑞士	14.15	13.37	13.60	13.84	13.15	12.85	12.99	13.34
爱尔兰	10.74	9.99	10.38	11.28	11.72	12.08	13.08	14.53
美国	8.33	8.45	8.57	8.74	8.93	8.96	9.07	9.29
挪威	12.43	12.10	11.98	11.29	8.87	8.59	8.92	9.14
丹麦	9.83	9.19	9.62	9.74	8.25	8.18	8.64	9.12
荷兰	9.12	8.24	8.48	8.61	7.28	7.41	7.71	8.25
新加坡	7.85	7.96	8.18	8.17	7.56	7.65	7.94	8.37
比利时	9.33	8.58	8.79	8.85	7.50	7.58	7.81	8.28
德国	8.32	7.71	7.93	8.05	6.79	6.85	7.10	7.54
芬兰	8.93	8.12	8.37	8.30	6.95	7.14	7.41	7.95
瑞典	9.84	9.33	9.71	9.37	7.90	7.89	7.94	7.90
日本	10.20	10.42	8.64	7.97	7.04	7.82	7.68	7.89
法国	8.46	7.78	8.05	8.14	6.86	6.90	7.20	7.67
奥地利	8.64	7.95	8.14	8.15	6.82	6.83	7.10	7.62
澳大利亚	8.44	9.05	9.10	8.26	7.52	6.68	6.95	7.25
以色列	6.35	5.86	6.39	6.54	6.06	6.25	6.78	6.89
意大利	8.04	7.07	7.15	7.05	5.96	5.96	6.14	6.51
加拿大	7.70	7.69	7.54	7.20	6.23	6.01	6.24	6.30
英国	6.82	6.75	6.75	7.25	6.84	6.10	5.88	6.15
新西兰	5.67	5.92	6.07	6.18	5.28	5.26	5.36	5.26
西班牙	5.29	4.75	4.87	4.98	4.33	4.46	4.70	5.06
韩国	3.94	3.91	4.09	4.27	4.03	4.00	4.19	4.38

资料来源：各国 GDP 和劳动力数据均源自世界银行 WDI 数据库，并经笔者计算整理。

表 5 – 15 2011～2018 年中国与发达国家的技术差距数值

国家	2011 年	2012 年	2013 年	2014 年	2015 年	2016 年	2017 年	2018 年
瑞士	0.04	0.05	0.06	0.06	0.07	0.07	0.07	0.07
爱尔兰	0.06	0.07	0.07	0.07	0.07	0.07	0.07	0.07
美国	0.08	0.08	0.09	0.09	0.10	0.10	0.10	0.11
挪威	0.05	0.06	0.06	0.07	0.10	0.10	0.10	0.11
丹麦	0.06	0.07	0.08	0.08	0.10	0.11	0.10	0.11
瑞典	0.06	0.07	0.08	0.09	0.11	0.11	0.11	0.12
新加坡	0.08	0.09	0.09	0.10	0.11	0.11	0.11	0.12
日本	0.06	0.07	0.08	0.10	0.12	0.11	0.12	0.12
荷兰	0.07	0.08	0.09	0.09	0.12	0.12	0.12	0.12
比利时	0.07	0.08	0.09	0.09	0.11	0.11	0.12	0.12
芬兰	0.07	0.09	0.09	0.10	0.12	0.12	0.12	0.12
法国	0.07	0.09	0.09	0.10	0.13	0.12	0.13	0.13
德国	0.08	0.09	0.10	0.10	0.13	0.13	0.13	0.13
奥地利	0.07	0.09	0.09	0.10	0.13	0.13	0.13	0.13
澳大利亚	0.07	0.08	0.08	0.10	0.11	0.13	0.13	0.14
以色列	0.10	0.12	0.12	0.13	0.14	0.14	0.13	0.14
意大利	0.08	0.10	0.11	0.12	0.14	0.14	0.15	0.15
英国	0.09	0.10	0.11	0.11	0.13	0.14	0.15	0.16
加拿大	0.08	0.09	0.10	0.11	0.14	0.14	0.14	0.16
新西兰	0.11	0.12	0.12	0.13	0.16	0.16	0.17	0.19
西班牙	0.12	0.15	0.16	0.16	0.20	0.19	0.19	0.19
韩国	0.16	0.18	0.19	0.19	0.21	0.21	0.22	0.22

资料来源：笔者根据公式计算整理。

6. 东道国的制度环境（GE）。

一个国家的制度环境是否良好是国外企业来投资要考虑的首要因素，东道国拥有良好的制度环境意味着拥有较完善的基础设施和政治稳定性，能减少如寻租、腐败等资源配置的扭曲，降低投资成本，保证生产经营活动的顺利进行，同时有利于企业将先进的技术信息传递回母国，获得良好的技术溢出。本研究选取东道国政府治理指数（WGI）[①] 来衡量制度环境，WGI 是最权威的衡量一国政府公共治理成效的指标体系，具有较高的综合性和代表性，包含表达与问责、政治稳定与不存在暴力、政府效能、监管质量、法治和腐败控制共 6 项指标。这 6 项指标经过标准化处理，数值越大意味着制度环境越优越。数据源自"2019 年全球治理指数"（WGI）。本研究将 6 项指标的评估指数加总求和，作为衡量 22 个发达国家制度环境的指标，具体数值如图 5－9 所示。全球治理指数排在前五位的国家依次为新西兰、瑞士、挪威、芬兰、瑞典，说明这些国家的制度环境较为优越，适宜投资。

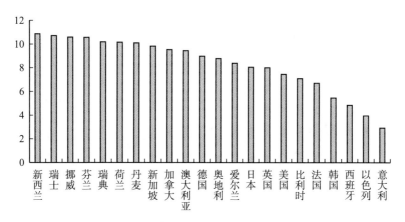

图 5－9　2018 年发达国家的全球治理指数评估

资料来源："2019 年全球治理指数"（WGI）并经笔者计算整理。

5.2.1.2　模型设定

根据上述关于影响逆向技术溢出效应的东道国因素的分析，构建计量模型如下，为了避免异方差问题，所有变量均采用对数形式。

$$\ln S_{jt}^{ofdi} = \beta_0 + \gamma_1 \ln PGDP_{jt} + \gamma_2 \ln HR_{jt} + \gamma_3 \ln RD_{jt} + \gamma_4 \ln TI_{jt}$$

---

① Worldwide Governance Indicators，http：//info. worldbank. org/governance/wgi/.

$$+ \gamma_5 \ln TG_{jt} + \gamma_6 GE_{jt} + \mu_j + \varepsilon_{jt} \qquad (5-13)$$

式（5-13）中，j 代表东道国，t 代表各个年度。被解释变量 S_{jt}^{ofdi} 表示 t 年中国对东道国 j 对外直接投资获取的逆向技术溢出效应，即国外研发资本溢出额。解释变量 $PGDP_{jt}$ 代表东道国的经济发展水平；HR_{jt} 代表东道国的人力资本；RD_{jt} 代表东道国的研发投入；TI_{jt} 代表东道国的技术创新水平；TG_{jt} 代表中国与东道国的技术差距；GE_{jt} 为东道国的制度环境，作为控制变量。β_0 为常数项，μ_j 表示东道国 j 个体效应的虚拟变量，ε_{jt} 为随机干扰项。

被解释变量 S_{jt}^{ofdi} 的计算公式如下：

$$S_{jt}^{ofdi} = \sum_{j=1}^{n} \frac{OFDI_{jt}}{Y_{jt} \cdot TP_{jt}} S_{jt} \qquad (5-14)$$

式（5-14）中，各个变量的含义和数据来源同上节，不再赘述。

各变量的含义与数据来源如表 5-16 所示。

表 5-16　　　　　　　　变量含义与数据来源汇总

变量名称	含义	表示方式	数据来源
S_{jt}^{ofdi}	国外研发资本溢出额	$S_{jt}^{ofdi} = \sum_{j=1}^{n} \frac{OFDI_{jt}}{Y_{jt} \times TP_{jt}} S_{jt}$	《中国对外直接投资统计公报》、经合组织（OECD）数据库、世界银行 WDI 数据库
$PGDP_{jt}$	东道国的经济发展水平	人均 GDP	世界银行 WDI 数据库
HR_{jt}	东道国的人力资本	劳动力中接受过高等教育的比例	世界银行 WDI 数据库、国家统计局官网数据库
RD_{jt}	东道国的研发投入	东道国研发支出占国内生产总值比重的数据乘以各国实际 GDP 数据	世界银行 WDI 数据库、OECD 数据库
TI_{jt}	东道国的技术创新水平	技术专利授权数量表示	世界知识产权组织（WIPO）数据库
TG_{jt}	中国与东道国的技术差距	中国与东道国的劳动生产率之比	世界银行 WDI 数据库
GE_{jt}	东道国的制度环境	东道国政府治理指数	世界银行 WGI 数据库

各变量的描述性统计如表 5 – 17 所示。

表 5 – 17　　　　　　　　　　变量的描述性统计

变量	均值	标准差	最小值	最大值	观测值
$\ln S_{jt}^{ofdi}$	8.577069	3.046338	− 0.8439701	14.86035	352
$\ln PGDP_{jt}$	10.37842	0.5072636	8.647059	11.39583	352
$\ln HR_{jt}$	4.231678	0.1751183	3.611188	4.802873	352
$\ln RD_{jt}$	4.818646	1.442196	2.060513	8.375122	352
$\ln TI_{jt}$	8.126414	1.861211	3.871201	12.67381	352
$\ln TG_{jt}$	− 2.50585	0.6469438	− 3.759302	− 0.717235	352
$\ln GE_{jt}$	6.247707	0.1163099	5.968554	6.394493	352

5.2.2　实证检验及结果分析

5.2.2.1　单位根检验

为了避免"伪回归"现象，本研究使用 ADF、LLC 和 IPS 三种检验方法对面板数据进行单位根检验，显著性水平设置在 5%。检验结果如表 5 – 18 所示，所有变量都通过了单位根检验。其中，$\ln S_{jt}^{ofdi}$、$\ln TI_{jt}$、$\ln RD_{jt}$、$\ln TG_{jt}$、$\ln GE_{jt}$ 通过了显著性水平为 1% 的检验，$\ln PGDP_{jt}$、$\ln HR_{jt}$ 通过了显著性水平为 5% 的检验。

表 5 – 18　　　　　　　　　面板数据单位根检验结果

变量	ADF 检验	LLC 检验	IPS 检验	平稳性
$\ln S_{jt}^{ofdi}$	2.7149 (0.0003)	− 5.5948 (0.0000)	− 1.9971 (0.0088)	平稳
$\ln PGDP_{jt}$	7.5790 (0.0000)	− 3.2607 (0.0006)	− 1.8992 (0.0415)	平稳

变量	ADF 检验	LLC 检验	IPS 检验	平稳性
$\ln HR_{jt}$	7.7612 (0.0000)	−3.1332 (0.0009)	−2.2868 (0.0233)	平稳
$\ln RD_{jt}$	8.0004 (0.0000)	−6.4492 (0.0000)	−2.4611 (0.0001)	平稳
$\ln TI_{jt}$	3.7674 (0.0001)	−5.3371 (0.0000)	−2.0119 (0.0059)	平稳
$\ln TG_{jt}$	8.2507 (0.0000)	−2.7266 (0.0032)	−2.1091 (0.0034)	平稳
$\ln GE_{jt}$	8.5209 (0.0000)	−2.9347 (0.0017)	−2.1635 (0.0021)	平稳

注：每组数据中上方为统计量，下方括号中是 P 值。

5.2.2.2　面板模型设定检验

运用 Stata15 软件进行面板模型设定检验，对面板数据进行 F 检验和 Hausman 检验，确定选择的面板数据模型。检验结果如表 5-19 所示，F 检验结果显示 P 值为 0，说明拒绝原假设，即混合回归不可接受，固定效应优于混合回归。Hausman 检验结果 P 值为 0.0058，说明在 1% 的显著性水平下高度拒绝原假设，因而应选择固定效应模型。

表 5-19　　　　　　　　　　面板模型设定检验

检验类型	统计量值	相伴概率
F 检验	20.27	0.0000
Hausman 检验	19.90	0.0058

由于面板数据可能存在异方差和自相关等问题，所以先对此进行检验。首先使用格林（Greene，2000）提供的对组间异方差的沃尔德检验，原假设为"不同个体的扰动项方差均相等，即 $H_0: \sigma_i^2 = \sigma^2$"。检验结果为：chi2（22）=

2195.11，Prob > chi2 = 0.0000，强烈拒绝同方差的原假设，说明模型存在组间异方差。然后使用伍德里奇（Wooldridge，2002）提供的对组内自相关的沃尔德检验，原假设为"不存在一阶组内自相关"。检验结果为：$F(1, 21)$ = 84.453，Prob > F = 0.0000，强烈拒绝原假设，说明模型存在一阶组内自相关。最后对组间同期相关进行检验，包括弗里德曼（Friedman，1937）检验、弗雷斯（Frees，1995，2004）检验和佩萨兰（Pesaran，2004）检验三种方法。原假设为"不存在组间同期相关"。检验结果分别为：Pr = 0.5329，Pr = 0.1612，Pr = 0.2542，结果接受原假设，因此模型不存在组间同期相关，即不存在截面相关。因此，模型采用可行广义最小二乘法（FGLS）来解决组间异方差和组内自相关的问题。

5.2.2.3 实证结果分析

模型的回归检验结果如表 5 - 20 所示，将可行广义最小二乘法（FGLS）与固定效应模型的结果相比较，显然 FGLS 的回归结果更加合理、更符合预期。

表 5 - 20　　　　　　　　东道国影响因素检验的模型回归结果

变量	固定效应	FGLS
$\ln PGDP_{jt}$	2.3893 *** (3.11)	1.8149 *** (5.95)
$\ln HR_{jt}$	1.1319 (1.64)	0.1505 (0.34)
$\ln RD_{jt}$	0.23 (0.39)	0.7842 *** (5.87)
$\ln TI_{jt}$	- 0.6122 *** (- 3.47)	0.3709 *** (4.67)
$\ln TG_{jt}$	4.2455 *** (24.87)	3.8026 *** (25.83)
$\ln GE_{jt}$	4.1101 *** (4.38)	1.1452 *** (3.49)

续表

变量	固定效应	FGLS
C	−14.3435 *** (−4.13)	−10.1188 ** (−3.04)
R^2	0.8264	
N	352	352

注：括号内为 t 值或 z 值，***、** 和 * 分别表示在 1%、5% 和 10% 的水平上显著。

从表 5 - 20 的实证检验结果可以看出，东道国的几个影响因素与中国对发达国家 OFDI 逆向技术溢出都呈现正向相关关系。除了东道国人力资本外，其余几项都呈显著正相关。中国与东道国的技术差距、东道国的制度环境和经济发展水平，对逆向技术溢出的影响较大。技术差距数值每增加 1%，获取的逆向技术溢出会增加 3.8026%。由于技术差距的数值越大，则两国的技术差距越小，检验结果说明随着中国的技术不断进步，与东道国的技术差距逐渐缩小，将会使中国企业更好地消化、吸收及利用发达国家的先进技术，获取更多的国外研发资本溢出额。其次，东道国的经济发展水平提高 1%，会使获取的技术外溢增加 1.8149%；东道国的制度环境提高 1%，技术外溢增加 1.1452%，这说明东道国优越的制度环境，可以为国外企业的生产经营提供良好的保障，有利于国外企业学习汲取先进技术，获得更多的研发资本溢出。另外，东道国的研发支出和技术创新能力也是逆向技术溢出的重要影响因素。东道国的研发支出增加 1%，则获取的技术外溢增加 0.7842%。东道国的技术创新能力提高 1%，技术外溢增加 0.3709%。东道国的人力资本相对影响较小，而且不显著。

5.3 本章小结

本章从宏观视角对中国向发达国家 OFDI 促进技术创新的实证分析，包含两部分内容。第一部分从母国吸收能力视角进行分析，选取我国 30 个省区市的面板数据，投资对象国选取 22 个发达国家，样本期确定在 2003 ~ 2018年。实证检验结果表明中国对发达国家直接投资对国内技术创新的作用显著为正，向发达国家的对外直接投资存量每增加 1%，会使国内创新产出增加0.0921%。在促进国内创新产出提高的四种渠道中，国内研发资本存量排在第一位，对外直接投资位列第二，而进口贸易和利用外商投资与国内创新产出也都呈现正相关关系，但是不显著。同时选取一部分有代表性的发展中国家数据进行对比分析，结果显示对发达国家 OFDI 对国内技术创新的促进作用远高于对发展中国家 OFDI。另外，OFDI 促进创新效应的吸收能力存在门槛效应，选取人力资本水平、研发强度、经济发展水平和金融发展水平四个指标来衡量。其中，人力资本存在单一门槛值 8.96，研发强度存在双重门槛值 0.0157 和 0.0168，经济发展存在单一门槛值 27312.94，金融发展存在单一门槛值 1.034。目前全国仍有一半地区没有达到研发强度门槛值的要求，大部分省份已经跨越其他三个指标的门槛值。本章第二部分从东道国特征视角进行实证分析，检验结果表明东道国的几个影响因素与中国对发达国家OFDI 逆向技术溢出效应都呈现正向相关关系。东道国的技术差距、经济发展水平和制度环境，对逆向技术溢出的影响较大。技术差距数值增加 1%，逆向技术溢出会增加 3.8026%；东道国的经济发展水平提高 1%，会使逆向技术溢出增加 1.8149%；东道国的制度环境提高 1%，逆向技术溢出提高1.1452%。另外，东道国的研发支出和技术创新能力也是重要影响因素，而东道国的人力资本相对影响较小。

第 6 章

中国对发达国家 OFDI 促进技术创新的实证分析：基于微观视角

6.1 中国企业对发达国家 OFDI 特征及企业异质性分析

现有对中国对外直接投资的实证研究大多使用国家层面的宏观数据进行实证分析，然而，由于对外投资企业存在异质性，检验不同投资动机、不同行业和不同进入模式的企业通过 OFDI 促进技术创新的效应，得出的结果都可能存在很大的差异。因此，使用企业层面的微观数据进行研究更具有说服力。本章选择 A 股制造业上市公司为研究对象，将沪深两地制造业上市公司名称与商务部公布的《境外投资企业（机构）名录》进行匹配，从而得出本研究的对外直接投资企业的微观数据。

6.1.1　中国企业对发达国家 OFDI 的特征

6.1.1.1　对外投资企业行业分布

参考证监会的行业分类标准，本研究将制造业上市公司共分为六大类，其中轻工业包含食品饮料、纺织服装、木材家具和造纸印刷四个子行业。每种行业的上市公司数量和对外投资企业数量的具体情况如表 6 - 1 所示。

表 6 - 1　　　沪深两地 A 股制造业上市公司 OFDI 企业数量统计

行业类别	上市公司数量（家）	OFDI 企业数（家）	对外投资占比（%）	对发达国家OFDI 企业数（家）	对发达国家投资占比（%）
轻工业	282	114	40	54	47
石油化工、塑胶塑料	310	104	34	63	61
电子、通信、计算机	266	122	46	79	65
金属、非金属	266	79	30	41	52
机械设备	651	276	42	184	67
医药、生物制品	172	72	42	48	67
总计	1947	767	40	469	61

资料来源：A 股上市公司名录匹配《境外投资企业（机构）名录》，并经笔者计算整理。

因为我国上市公司中大多是优秀且有代表性的公司，有实力向海外投资。如表 6 - 1 所示，在沪深两地股市全部 1947 家制造业上市公司中，对外直接投资企业共 767 家，对外投资企业占比为 40%；其中向发达国家 OFDI 企业 469 家[①]，在 OFDI 企业中占比 61%。可见我国制造业上市公司向海外投资的

---

　　① 若企业在发达国家建立过子公司，则定义其为投资于发达国家（地区）的 OFDI 企业，若企业从未在发达国家（地区）建立子公司，将其定义为仅投资于发展中国家（地区）的 OFDI 企业。

意向还是较高的，而多数的企业选择向发达国家投资。分行业来看，对外投资比重较高的行业有电子通信、机械设备及医药生物等。这些行业都属于技术密集型和资本密集型的，对发达国家投资的比例也都是较高的，均在60% ~ 70%之间。因此可以推测我国制造业上市公司中，很多技术密集型企业向海外投资的主要动机是战略资产（技术）寻求型的。

6.1.1.2　对外投资企业性质

对发达国家投资的上市公司数量是469家，其中国有企业95家，占比20%；民营企业321家，占比68%；合资企业及其他53家，合计占比12%。可见民营企业是对外直接投资的主力军，如图6-1所示。

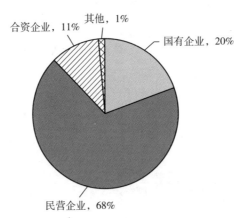

图6-1　对发达国家 OFDI 的企业性质

资料来源：国泰安数据库，并经笔者整理。

6.1.1.3　对外投资企业来源地

图6-2展示了对发达国家直接投资的制造业上市公司数量排在前十位的省份，浙江和广东的企业数量遥遥领先，约80家。而与之相比，排在第十位的湖南只有10家，其余省份的投资企业数量更少，均不足10家，尤其是西部的甘肃、宁夏、青海、西藏、贵州只有1~2家。因此，我国各省份对外投资企业数量分布差异巨大，东部沿海省份投资企业数量远远领先于其他地区，

而西部省份对发达国家的投资数量极少。

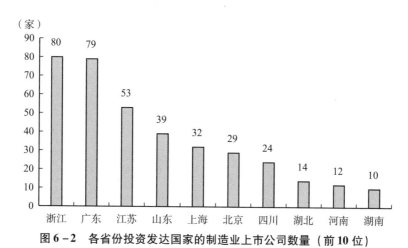

图 6 - 2　各省份投资发达国家的制造业上市公司数量（前 10 位）

资料来源：国泰安数据库，并经笔者计算整理。

6.1.1.4　对外投资国家分布

中国 A 股制造业上市公司对发达国家投资数量最多的国家是美国 259 家，其次是德国 107 家，然后是日本和新加坡均为 66 家，澳大利亚 54 家。具体的对主要发达国家投资的上市公司数量如图 6 - 3 所示。美国是大多数企业对外投资的首选，在投资发达国家的企业中，近 60% 的上市公司选择美国作为投资目的国。由于美国在石油化工、机械设备、电子通信和医药生物等行业均具有世界领先技术，因此美国在各个行业几乎都是中国企业投资数量最多的国家。制造业强国德国在机械设备和电子领域具有强大的竞争力，因此在机械和电子行业吸引了大量中国企业投资。另外，一部分企业选择了亚洲近邻日本、韩国和新加坡。一方面是由于地缘优势，另一方面日本、韩国在电子等领域也有较强的竞争优势。澳大利亚在食品制造业和石油化工行业，吸引企业投资数量较多。意大利在纺织服装行业和机械设备行业也吸引了较多中国企业投资。另外一些发达国家如加拿大、英国、荷兰、法国、以色列和西班牙等吸引了部分中国企业投资，但投资行业比较分散，没有明显的优势领域。其余发达国家吸引中国上市公司的投资数量却很少，如瑞士、比利时、丹麦、新西兰、瑞典、芬兰、奥地利、爱尔兰和挪威，均不足 10 家。因此，中国企业在发达国家的投资分布是极其不均衡的，投资美国的占比过重，投资部分欧洲国家的占比过少。

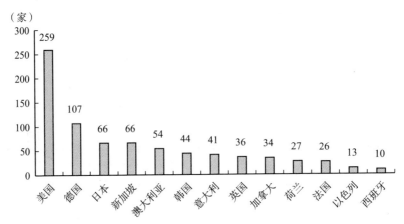

图 6 - 3　对发达国家 OFDI 的制造业上市公司数量

资料来源：国泰安数据库，并经笔者计算整理。

6.1.2　对发达国家 OFDI 企业异质性对比分析

本研究使用国泰安数据库（CSMAR）中的 A 股制造业上市公司财务数据与商务部公布的《境外投资企业（机构）名录》进行匹配。在沪深两地股市全部 1947 家制造业上市公司中，匹配成功地进行对外直接投资的制造业上市企业共 767 家，其中向发达国家（地区）OFDI 企业 469 家，向发展中国家（地区）OFDI 企业 298 家。另外，在国泰安数据库中查询到非 OFDI 企业 1180 家上市公司的财务数据。为排除世界金融危机对企业 OFDI 的影响，时间范围选取为 2011～2019 年。本章分别从研发投入、盈利能力和创新能力三个方面对发达国家 OFDI 企业、发展中国家 OFDI 企业以及非 OFDI 企业的财务数据作对比分析。

6.1.2.1 研发投入

研发投入是企业研发支出与营业收入的比值，是提升企业自主创新能力的关键。在企业经营中，技术进步与产品创新主要来源于科技研发的投入。表 6-2 展示了三类上市企业在 2011~2019 年间研发投入的均值。通过比较可以看出，对发达国家 OFDI 的企业在轻工业、电子通信、机械设备和医药生物这四大行业的研发投入都要高于对发展中国家 OFDI 的企业和未进行 OFDI 的企业。而对发展中国家 OFDI 的企业在石油化工和金属非金属两大行业的研发投入高于其他两类企业。未进行 OFDI 的企业在各行业的研发投入基本都低于 OFDI 企业。因此，对发达国家进行 OFDI 的上市公司在研发投入上相比其他两类企业更有优势，尤其在技术密集型行业的研发投入更高，这说明向发达国家投资的企业具有更强的自主创新能力和潜力。

表 6-2　　　　　**2011~2019 年间不同类型企业研发投入均值的对比**　　　　单位：%

行业分类	对发达国家 OFDI 企业	对发展中国家 OFDI 企业	未进行 OFDI 企业
轻工业	2.37	2.04	2.23
石油化工	3.33	3.48	2.64
电子通信	7.77	7.19	6.77
金属非金属	2.99	3.63	2.82
机械设备	5.17	4.76	4.93
医药生物	5.68	5.06	4.72

资料来源：原始数据来自国泰安数据库，经笔者计算整理。

表 6-3 以 2019 年为例，将发达国家 OFDI 企业的研发投入异质性进行对比，分别列举了每个行业中研发投入最高值和最低值公司。从数据可以看出，首先，在同一行业内不同企业的研发投入差异巨大，比如在轻工业、石油化工两个行业中，最高值公司与最低值公司的研发投入之比大于 100 倍，在其他几个行业此比率也都大于几十倍。其次，不同行业之间的研发投入之比差异也很大，这是由行业性质决定的。电子通信和医药生物类属于高技术密集

型产业，研发投入最高，如国民技术 40.06%、翰宇药业 42.51%。机械设备业属于资本技术密集型行业，研发投入比也较高，如海特高新 26.22%。石油化工和金属非金属类属于资源密集型行业，研发投入低于前几大行业，如万润股份 8.76%、正海磁材 7.77%。而轻工业的技术含量最低，研发投入也是最低的，如安妮股份 5.11%，最低值公司维维股份只有 0.04%。

表 6 – 3　　　　2019 年对发达国家 OFDI 企业研发投入的异质性对比　　　单位：%

行业分类	最高值公司	研发投入	最低值公司	研发投入
轻工业	安妮股份	5.11	维维股份	0.04
石油化工	万润股份	8.76	华西股份	0.08
电子通信	国民技术	40.06	协鑫集成	0.95
金属非金属	正海磁材	7.77	锡业股份	0.71
机械设备	海特高新	26.22	恒力石化	0.95
医药生物	翰宇药业	42.51	太安堂	0.6

资料来源：原始数据来自国泰安数据库，经笔者整理得出。

6.1.2.2　盈利能力

本章采用总资产净利润率（ROA）来衡量企业的盈利能力，其计算方法为企业的净利润与总资产平均余额的比率。总资产净利润率也称总资产收益率，即企业运用所支配的资产赚取利润的能力。表 6 – 4 展示了三类上市企业在 2011 ~ 2019 年间总资产收益率的均值。对发达国家进行 OFDI 企业的盈利能力具有明显优势，在轻工业、石油化工、电子通信、机械设备和医药生物这五大行业的 ROA 均值都高于对发展中国家进行 OFDI 企业和未进行 OFDI 企业。对发展中国家进行 OFDI 企业的 ROA 均值基本都高于未进行 OFDI 企业。因此，通过数据对比可以得出结论，对发达国家进行 OFDI 企业的盈利能力最强，对发展中国家进行 OFDI 企业次之，未进行 OFDI 企业的盈利能力最差。

表 6 – 4　　　　　　　2011 ~ 2019 年间不同类型企业 ROA 均值的对比

行业分类	对发达国家进行 OFDI 企业	对发展中国家进行 OFDI 企业	未进行 OFDI 企业
轻工业	0.066	0.047	0.046
石油化工	0.055	0.045	0.029
电子通信	0.050	0.035	0.035
金属非金属	0.043	0.043	0.026
机械设备	0.054	0.045	0.031
医药生物	0.081	0.077	0.059

资料来源：原始数据来自国泰安数据库，经笔者计算整理。

表 6 – 5 以 2019 年为例，将对发达国家 OFDI 企业盈利能力的异质性进行对比，分别列出了每个行业中总资产净利润率最高的公司和最低的公司。从数据可以看出，同一行业内不同企业的盈利能力差异很大，每个行业的最低值公司 ROA 都是负值，即净利润为负，处于亏损状态。不同行业间 ROA 最高值公司有一定差距，数值基本在 0.1 ~ 0.3 之间。

表 6 – 5　　　　　2019 年对发达国家 OFDI 企业盈利能力的异质性对比

行业分类	最高值		最低值	
	公司	ROA	公司	ROA
轻工业	泸州老窖	0.18	嘉麟杰	− 0.015
石油化工	金禾实业	0.14	天齐锂业	− 0.12
电子通信	远望谷	0.31	东方网力	− 0.52
金属非金属	苏泊尔	0.17	豫刚金石	− 0.61
机械设备	东方精工	0.24	科大智能	− 0.37
医药生物	恒瑞医药	0.21	亚太药业	− 0.74

资料来源：原始数据来自国泰安数据库，经笔者整理得出。

6.1.2.3　创新能力

关于创新能力的测度方法主要有两种，一种方法是用创新投入测度，另一种方法是用创新产出测度。二者相比，创新投入的测度结果往往具有随机性和不确定性，而创新产出能够用客观真实的确定性指标来反映创新能力。创新产出的常用指标包括专利数和新产品产值两类，由于不同类型企业的新产品没有统一的划分标准，以新产品产值来衡量创新产出在实践中有较大缺欠。本章选择专利数量作为衡量企业创新能力的标准。专利分为发明专利、实用新型和外观设计三种类型，其中发明专利有较高的技术含量，更能代表企业创新的质量；而实用新型和外观设计的科技含量较低。因此，本研究采用上市公司发明专利的申请量和授权量来表示企业的创新能力。

表 6-6 展示了 2011~2019 年间不同类型企业发明专利数量均值的对比，可以看出对发达国家进行 OFDI 的企业在年均发明专利授权量和申请量方面均显著领先于其他两类企业，其中电子通信行业的领先优势最大，只是机械设备行业稍微落后于对发展中国家 OFDI 企业。而对发展中国家进行 OFDI 的企业相比未进行 OFDI 企业更有优势，只在电子通信行业稍显逊色。因此，通过数据对比可以得出结论，对发达国家进行 OFDI 企业的创新能力最强，对发展中国家进行 OFDI 企业次之，未进行 OFDI 企业的创新能力最弱。

表 6-6　　2011~2019 年间不同类型企业发明专利数量年均值的对比　　单位：件

行业分类	对发达国家 OFDI 企业发明专利数量		对发展中国家 OFDI 企业发明专利数量		未进行 OFDI 企业发明专利数量	
	授权量	申请量	授权量	申请量	授权量	申请量
轻工业	6	10	2	6	1	3
石油化工	7	16	4	9	2	7
电子通信	55	137	5	10	6	14
金属非金属	12	26	7	18	3	9
机械设备	26	65	27	77	7	17
医药生物	5	13	3	6	2	6

资料来源：中国专利信息中心网站和佰腾专利网站检索得到，并经笔者整理。

表 6-7 以 2019 年为例，将对发达国家进行 OFDI 企业的创新能力异质性进行了对比，在各种类型行业中专利数最多的公司和专利数最少的公司之间

的差别巨大。2019 年发明专利授权量为 0 的公司占有不小的比重，共 291 家，占比 62%。而一些行业龙头企业如京东方、中国船舶等发明专利授权量达数百项。从发明专利申请量来看，申请量为 0 的企业较少，共 50 家，占比 11%，远远小于授权量为 0 的公司比例。其中一些龙头企业的申请数量惊人，如京东方 4575 项，海尔智家 2813 项。从以上数据可以看出，对发达国家进行 OFDI 企业的创新能力差异很大。发明专利申请量反映了企业的创新意愿，发明专利授权量反映了企业的创新成果。数据说明绝大多数企业有意愿和动力进行创新，但是一多半企业的创新产出成果不尽如人意，大多数企业的创新能力有待提升。

表 6 – 7   **2019 年对发达国家 OFDI 企业创新能力的异质性对比**

行业分类	发明专利授权量		发明专利申请量	
	最多公司（项）	最少公司（项）	最多公司（项）	最少公司（项）
轻工业	汤臣倍健（5）	36 家公司（0）	光明乳业（104）	12 家公司（0）
石油化工	时代新材（21）	41 家公司（0）	万华化学（361）	13 家公司（0）
电子通信	京东方（296）	42 家公司（0）	京东方（4575）	4 家公司（0）
金属非金属	福耀玻璃（20）	26 家公司（0）	宝钢股份（275）	4 家公司（0）
机械设备	中国船舶（169）	107 家公司（0）	海尔智家（2813）	12 家公司（0）
医药生物	昆药集团（3）	39 家公司（0）	恒瑞医药（98）	5 家公司（0）

资料来源：中国专利信息中心网站和佰腾专利网站检索得到，并经笔者整理。

6.2 实证检验与结果分析

6.2.1 模型设定和变量说明

6.2.1.1 模型设定

在评价 OFDI 在多大程度上影响企业技术创新能力时，由于 OFDI 企业在生产率和技术创新等方面的优势才选择对外投资，即存在自选择问题。还会出现一些不可观测的其他因素，从而出现内生性问题。如果使用传统的 OLS 回归估计，可能存在选择性偏差或遗漏变量造成的内生性问题。本研究采用基于倾向得分匹配的双重差分法（PSM-DID）来解决这一问题。双重差分法的假设前提是 OFDI 企业与非 OFDI 企业具有相同的技术提升趋势，即不存在自选择偏差。倾向得分匹配法可以解决样本的自选择性问题，从而满足双重差分法的相同趋势假设，进一步使用双重差分法解决内生性问题。借鉴蒋冠宏、蒋殿春（2014）的方法，将企业的对外直接投资看作是一次自然实验，将 OFDI 企业作为实验组，在未进行 OFDI 的企业中，采用倾向得分匹配法（PSM）找出与 OFDI 企业在投资前特征相似的样本作为对照组。然后根据双重差分法（DID）比较两组企业在对外直接投资前后结果变量的变化，来检验企业对外投资与创新之间的关系。

在制造业企业样本中，有 767 家企业进行了对外投资。将这些 OFDI 企业作为实验组，采用二元虚拟变量来表示企业是否进行对外直接投资。Du_i 为分组变量，表示企业 i 在样本时期内是否进行过对外直接投资，$Du_i = 1$ 为 OFDI 企业，$Du_i = 0$ 为非 OFDI 企业。D_t 为时间虚拟变量，$D_t = 0$ 为企业 OFDI 前年份，$D_t = 1$ 为企业 OFDI 后年份。文本以企业首次对外投资的年份为准。Y_{it} 是企业创新能力的衡量指标，表示企业 i 在时期 t 从事对外投资的创新产出，ΔY_i 表示企业在 $D_t = 1$ 和 $D_t = 0$ 两个时期的创新产出的变化状况，其中 ΔY_i^1 表示 OFDI 企业在投资前后的创新变化情况，ΔY_i^0 表示非 OFDI 企业在两个时期前后的创新变化。因此，实验组企业的平均处理效应（ATT），即对外直接投资对企业创新效应表示如下：

$$ATT = E(\Delta Y_i^1 \mid Du_i = 1) - E(\Delta Y_i^0 \mid Du_i = 1) \qquad (6-1)$$

式（6-1）中，$E(\Delta Y_i^1 \mid Du_i = 1)$ 为对外投资企业在 OFDI 后的创新变化，而 $E(\Delta Y_i^0 \mid Du_i = 1)$ 为对外投资企业在未进行对外投资情况下的创新变化，但这在现实中是观测不到的，即这是一种不可观测的"反事实"状态。因此，本研究使用倾向得分匹配法（PSM）从非对外直接投资企业样本中找到与对外投资企业特征相似的样本，作为替代观测其变化结果，即假定 $E(\Delta Y_i^0 \mid Du_i = 1) = E(\Delta Y_i^0 \mid Du_i = 0)$，则式（6-1）可以转化为：

$$ATT = E(\Delta Y_i^1 \mid Du_i = 1) - E(\Delta Y_i^0 \mid Du_i = 0) \qquad (6-2)$$

双重差分法（DID）在 OFDI 行为对企业影响的评价方面，可以有效地将时间上的前后差异和投资行为的有无差异相结合，控制那些不随时间变化的其他因素对企业创新的影响。如果实验组进行 OFDI 后结果变量的增加显著高于对照组，则说明企业 OFDI 促进了企业创新。构建的 DID 模型如下：

$$Y_{it} = \alpha_0 + \alpha_1 Du_i + \alpha_2 D_t + \gamma Du_i \times D_t + \delta X_{it} + \varepsilon_{it} \qquad (6-3)$$

式（6-3）中，下标 i 表示企业，t 表示年份，Y_{it} 表示企业的创新水平，可以用企业的发明专利授权量和申请量来衡量。Du_i 前的系数 α_1 代表不同组企业对创新的影响程度，D_t 前的系数 α_2 表示时间变动对企业创新的影响程度。交叉项 $Du_i \times D_t$ 为核心解释变量，其估计系数 γ 表示 OFDI 行为对企业创新的影响程度。X_{it} 表示控制变量的集合，即使用得分倾向匹配法时要选取的匹配变量。

由于被解释变量发明专利授权量是非负整数，故模型（6-3）为非线性的 DID 模型，如果直接经自然对数变换后线性估计，则有可能导致结果产生偏误。因此，本研究采用泊松极大似然法对模型进行估计。

6.2.1.2 变量说明

1. 被解释变量。

在专利的三种类型中，发明专利比外观设计和实用新型具有更高的价值和技术含量，更能体现企业创新的质量，因此本研究采用发明专利授权量作为衡量企业创新能力的指标。

2. 解释变量。

本研究使用的是双重差分法的模型设定，解释变量是体现企业对外直接投资状态的三个虚拟变量，包括分组变量 Du_i、时间变量 D_t 和 $Du_i \times D_t$。Du_i 的系数反映了不同组企业对创新的影响程度，D_t 的系数反映了时间变动对企业创新的影响程度，$Du_i \times D_t$ 作为核心解释变量，反映了对外直接投资行为对企业创新的影响程度。

3. 控制变量。

运用 PSM 和 DID 模型的关键环节是怎样选取合适的匹配变量 X_{it}，X_{it} 既能够影响项目参与过程又能够影响结果，即匹配变量能够同时影响企业的投资行为和创新产出。本研究选取的控制变量包含以下几项：

(1) 企业规模（$SIZE$），用企业总资产取对数来表示；

(2) 研发投入（RD），用企业研发支出与营业收入的比值来表示。

(3) 资本密集度（$KLRATIO$），用固定资本除以员工总人数取对数来表示；

(4) 企业年龄（AGE），用样本当年与成立年份之差来表示；

(5) 利润率（$PROFIT$），用营业利润与营业收入的比值来衡量；

(6) 盈利能力（ROA），用总资产净利润率来衡量；

(7) 资产负债率（LEV），用总负债与总资产的比值来表示；

(8) 所有制性质（$STATE$），国有企业赋值为1，其他非国有企业赋值为0。

6.2.2 数据说明

此前国内学者从微观视角研究中国对外直接投资问题时，大多采用《中国工业企业数据库》中的数据，这是最全面的微观企业数据库，被之前很多研究企业异质性问题的学者采用，如田巍、于淼杰（2012），蒋冠宏、蒋殿春（2013），葛顺奇、罗伟（2013），毛其淋、许家云（2014），叶娇、赵云鹏（2016）等。也有一部分学者利用沪深两地上市公司的数据进行研究，如肖慧敏、刘辉煌（2014），赵宸宇、李雪松（2017），宋林、张丹、谢伟（2019），王桂军、张辉（2020）等。鉴于《中国工业企业数据库》并未对外公开，不易获取，企业的研发支出仅在2005～2007年进行了统计，其他数据只更新到2013年，数据已经比较陈旧，对当前的研究借鉴意义不大。因而本研究不采用《中国工业企业数据库》中的数据，而是采用中国A股上市公司的数据进行研究。

我国上市公司是相对较为优秀且有一定实力、有代表性的企业，其中很大一部分为对外直接投资企业，数据较易获得。沪深两地上市公司年报的数据新且详细，时间获取范围是1992～2019年。目前A股共有四千多家上市公司，涵盖各行各业，国泰安数据库和巨潮资讯网等对上市公司财务数据有详细的统计。本研究将沪深A股制造业上市公司名称与商务部公布的《境外投资企业（机构）名录》进行匹配，匹配成功的公司为 OFDI 企业，未匹配成功的为非 OFDI 企业。在沪深两地 A 股 1947 家制造业上市公司中，匹配成功的 OFDI 企业共 767 家，其中向发达国家直接投资企业 469 家，向发展中国家直接投资企业 298 家。另外，获取非 OFDI 企业数据共 1180 家。上市公司的财务数据来源于国泰安数据库（CSMAR）。本书研究样本选取中国沪深股市 2011～2019 年间在海外投资的 A 股制造业上市公司，样本时间段为 2011～2019 年，因为我国对发达国家直接投资在国际金融危机之后开始大幅度增长，也可避免 2009 年金融危机对研究结果产生的影响偏误。

为保证研究结果的准确性，对匹配得到的样本进行如下处理：（1）删除 ST 类型的企业；（2）删除海外投资时间少于 3 年的企业；（3）删除财务指标数据严重缺失的企业；（4）对连续型财务指标变量进行 1% 的双端缩尾处理。实验组包含 2011～2019 年 A 股 689 家制造业上市公司的对外投资事件，包括对发达国家投资企业 427 家，对发展中国家投资企业 262 家，控制组包括了 1130 家未进行过海外投资的企业。

6.2.3 实证结果及分析

6.2.3.1 倾向得分匹配（PSM）处理

由于企业对外投资可能会存在"自选择"问题，因而使用倾向得分匹配法，为实验组企业匹配对照组企业。步骤如下：首先，选择匹配变量，也是控制变量中包含的企业规模、企业年龄、企业性质、研发投入、资本密集度和盈利能力等各项因素。其次，采用 Logit 回归估计得到控制匹配变量后企业发生对外直接投资概率的倾向得分，并引入行业、年份的固定效应。最后，依据处理组和对照组企业倾向得分相近程度进行匹配。采用最近邻匹配原则，逐年为每一个处理组企业找到在投资概率上最相近的对照组企业。按照企业对外直接投资行为发生前一年的企业特征变量进行逐年匹配。匹配后处理组为 2011～2019 年间首次进行 OFDI 的企业，对照组为 2010～2019 年间未进行 OFDI 的企业。

企业对外直接投资的概率可以表示如下：

$$P = P\{OFDI_{it} = 1\} = F(X_{it-1}) \tag{6-4}$$

式（6-4）中，$F(X_{it-1})$ 为匹配变量。为了控制"自选择"问题所带来的内生性，同时控制了被解释变量的一阶滞后项。

表6-8列出了匹配样本的平衡性检验结果。匹配之前，实验组和对照组的大多数匹配变量间存在着显著的差异；但在匹配之后，这种差异基本都不存在了。

表6-8 匹配样本的平衡性检验结果

变量	匹配前			匹配后		
	实验组	对照组	t 统计量	实验组	对照组	t 统计量
企业规模	23.4	22.57	6.29***	23.4	23.25	0.52
研发投入	5.02	4.14	1.03***	5.02	4.73	0.57
资本密集度	14.56	14.51	0.41	14.56	14.53	0.13
企业年龄	15.43	16.12	-2.79***	15.43	15.28	0.22
利润率	0.078	0.053	0.77***	0.078	0.071	0.08
盈利能力	0.053	0.034	0.62**	0.053	0.046	0.11
资产负债率	0.401	0.403	-0.02	0.401	0.400	0.01
所有制性质	0.212	0.224	-0.08	0.212	0.217	-0.05

注：***、** 和 * 分别表示在1%、5%和10%的水平上显著。

6.2.3.2 初始检验结果分析

表6-9表明了对外直接投资与企业技术创新的初步检验结果，重点关注交互项 $D_u \times D_t$ 的系数，对发达国家 OFDI 此系数为0.267且在1%水平上显著，对发展中国家 OFDI 此系数为0.178且在5%水平上显著。检验结果说明中国企业对发达国家和发展中国家 OFDI 对企业创新均具有促进作用，对发达国家 OFDI 促进企业技术创新的提升效果更明显。从几项控制变量的结果来看，企业规模（SIZE）、资本密集度（KLRATIO）、利润率（PROFIT）、盈利能力（ROA）、资产负债率（LEV）对两类国家均具有显著的正向作用。研

发投入（*RD*）对两类国家的影响也均为正且在 1% 水平上显著，但对发达国家的影响系数远高于对发展中国家，由于对发达国家 OFDI 的企业中技术寻求型占比远高于对发展中国家 OFDI 的企业，因此研发投入对发达国家 OFDI 企业更为重要。企业年龄（*AGE*）对发达国家影响为负，对发展中国家影响为正，这说明在对发达国家 OFDI 企业中，年轻企业比年长企业对技术创新具有更显著的促进作用。所有制性质（*STATE*）对两类国家的影响均为负，由于在 OFDI 的企业中民营企业占比更高，而且民营企业经营更有灵活性和创新性，因此相对国有企业对技术创新的影响更重要。

表 6 – 9 初始检验结果

变量	对发达国家 OFDI PSM-DID	对发展中国家 OFDI PSM-DID
$D_u \times D_t$	0.267 *** (3.45)	0.178 ** (2.34)
D_u	0.008 (1.67)	0.006 (1.53)
D_t	−0.192 *** (−2.53)	−0.151 ** (−2.12)
SIZE	0.575 *** (19.81)	0.423 *** (15.64)
RD	0.486 *** (7.55)	0.078 *** (6.71)
KLRATIO	0.234 *** (3.26)	0.361 *** (4.53)
AGE	−0.023 *** (−2.75)	0.014 ** (3.19)
PROFIT	0.168 *** (3.24)	0.214 *** (3.73)
ROA	4.273 ** (6.84)	3.450 ** (6.33)

变量	对发达国家 OFDI PSM-DID	对发展中国家 OFDI PSM-DID
LEV	0.417 ** (3.21)	0.583 * (2.55)
STATE	−0.014 (−0.71)	−0.008 * (−0.43)
常数项	−8.476 *** (−17.55)	−6.734 *** (−11.21)
行业效应	是	是
年份效应	是	是
N	2818	1624
调整后 R^2	0.347	0.311

注：***、** 和 * 分别表示在 1%、5% 和 10% 的水平上显著，括号内为 t 值。

6.2.3.3 动态效应检验

对外直接投资对企业创新的影响通常是一个长期的过程，创新效应未必能立即显现。因为企业到国外投资需要适应新的经营环境，调整内部的组织管理和经营方式，招募和培训国外的新雇员，在人员、物资、经营和文化等各方面都需要一定的时间进行磨合。因此，创新效应的体现往往具有滞后性，有必要对动态效应进行检验。

表 6-10 展示了企业 OFDI 与创新的动态效应检验结果，$D_u \times D_t - 0y$、$D_u \times D_t - 1y$、$D_u \times D_t - 2y$ 分别表示企业对外直接投资当年、投资后第一年、投资后第二年，本研究考察到投资后第六年。从对发达国家 OFDI 的动态影响效应系数来看，对外投资后六年内都呈显著正相关，说明 OFDI 对企业创新持续地发挥促进作用。从系数的变动趋势来看，对外投资后第一年稍有回落，第二年开始上升，第四年上升到最高点，然后开始回落。这一趋势说明企业对发达国家 OFDI 以后，第一年需要适应国外的经营环境，创新效应提升不明显。第二年以后随着海外子公司与当地融合程度逐渐加深，海外投资的学习效应和逆向技术溢出效应开始逐渐显现，OFDI 对于企业创新的促进作

用也逐步增强，第四年的促进效应最强。第五年之后促进作用减弱，因为海外子公司经营成熟以后，其能够获取的先进技术和管理经验都呈现边际递减效应，逆向技术溢出效应也减弱。因此，中国企业对发达国家 OFDI 对企业创新的影响呈现先上升后下降的倒"U"型趋势。与之相比，观察对发展中国家 OFDI 的系数变动，对外投资后第一年便开始逐渐上升，第二年达到最高点，第三年开始逐渐下降，到第五年和第六年系数为正但不再显著。发展中国家的变动趋势也呈现先上升后下降的态势，和发达国家的区别在于 OFDI 对企业创新的促进作用在第二年就达到顶点，早于发达国家。主要原因可能在于中国企业在发展中国家 OFDI 更多以市场寻求型为主，对海外经营环境的适应过程也更快，通过扩大海外市场份额获取规模收益，利润增加便会提高研发投入。如前文理论分析所述，中国企业对发展中国家 OFDI 通过研发费用分摊机制促进技术创新。

表 6 - 10　　　　　　　　　　动态效应检验结果

变量	对发达国家 OFDI PSM-DID	对发展中国家 OFDI PSM-DID
D_u	0.005 (1.37)	0.004 (1.12)
$D_u \times D_t - 0y$	0.238 *** (2.71)	0.119 *** (1.32)
$D_u \times D_t - 1y$	0.213 *** (2.55)	0.121 *** (1.41)
$D_u \times D_t - 2y$	0.269 ** (2.86)	0.261 ** (2.83)
$D_u \times D_t - 3y$	0.315 ** (3.27)	0.235 ** (2.70)
$D_u \times D_t - 4y$	0.381 *** (3.91)	0.214 * (2.55)
$D_u \times D_t - 5y$	0.323 ** (3.54)	0.17 (2.13)

续表

变量	对发达国家 OFDI PSM-DID	对发展中国家 OFDI PSM-DID
$D_u \times D_t - 6y$	0.267 * (2.91)	0.18 (2.14)
常数项	− 9.756 *** (− 18.17)	− 7.459 *** (− 12.02)
控制变量	是	是
行业效应	是	是
年份效应	是	是
N	2818	1624
调整后 R^2	0.312	0.245

注：*** 、** 和 * 分别表示在1%、5%和10%的水平上显著，括号内为 t 值。

图 6 - 4 将不同类型国家 OFDI 促进企业创新动态效应进行了对比，可见发达国家的趋势线明显高于发展中国家，说明对发达国家 OFDI 企业获得的创新效应提升要远高于对发展中国家 OFDI 企业。另外，两类国家的变动趋势

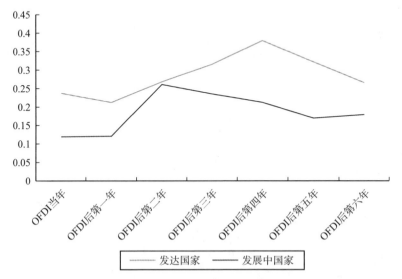

图 6 - 4 对不同类型国家 OFDI 促进企业创新动态效应的对比

相同，都是先上升后下降，但发展中国家在投资后第二年就达到最高点，而发达国家在第四年达到最高点，这说明企业对发展中国家 OFDI 对创新的促进效应更早，而对发达国家 OFDI 企业需要更长的时间进行磨合、吸收才能使对创新的促进作用达到最大。

6.2.3.4　异质性投资动机检验

企业对外直接投资的动机可以分为商贸服务型、生产综合型和技术寻求型三种类型。本书的研究对象中含 427 家财务数据完整地向发达国家进行 OFDI 的 A 股制造业上市公司，其中，商贸服务型 64 家，生产综合型 162 家，技术寻求型 201 家。表 6 - 11 检验不同投资动机的企业通过向发达国家 OFDI 获取创新效应的区别。技术寻求型企业通过 OFDI 对企业创新的促进效应是最高的，$D_u \times D_t$ 的系数为 0.269 且在 1% 水平上显著；生产综合型企业其次，系数为 0.258 且在 1% 水平上显著；商贸服务型企业获取的创新效应最低，系数为 0.067 且在 10% 水平上显著。

表 6 - 11　　　　　　　　　　　异质性投资动机检验结果

变量	商贸服务型	生产综合型	技术寻求型
$D_u \times D_t$	0.067 * (0.75)	0.258 *** (2.26)	0.269 *** (2.37)
D_u	0.042 *** (0.39)	- 0.205 ** (- 1.73)	0.022 *** (0.23)
D_t	0.192 ** (1.81)	- 0.151 *** (- 1.32)	0.157 ** (1.43)
常数项	- 7.416 *** (- 15.23)	- 5.719 *** (- 11.27)	- 8.952 *** (- 17.33)
控制变量	是	是	是
行业效应	是	是	是
年份效应	是	是	是
N	382	1031	1405
调整后 R^2	0.412	0.451	0.359

注：***、** 和 * 分别表示在 1%、5% 和 10% 的水平上显著，括号内为 t 值。

从表6－11的结果可以看出，检验结果基本符合预期，技术寻求型企业以获取国外先进技术为主要目的，通过嵌入发达国家的高新技术聚集区获取逆向技术溢出，因此对企业创新的促进效应最强。生产综合型企业以在当地生产和获取资源为主要目的，在生产过程中可以学习到发达国家的新工艺、新技术以及先进的管理方式，对企业创新也会产生促进作用。商贸服务类企业以开拓海外市场、增加销售额为主要目的，很少涉及研发和生产，因此促进企业创新的效应较弱，远低于前两类企业。但值得我们注意的是技术寻求型和生产综合型企业通过OFDI获取的创新效应很接近，无显著差别。理论上讲技术寻求型企业以获取发达国家的领先技术为目的，其获取的创新效应应该远高于生产综合型企业。实证检验结果说明技术寻求型企业获取到的发达国家先进技术很有限，部分原因可能是由于发达国家对领先技术的封锁和控制策略，因此多数中国企业并未获取到世界领先的前沿技术。

6.2.3.5 异质性投资进入模式检验

对外直接投资的进入模式主要分为绿地投资和并购两类，选择不同的进入模式也会给企业创新带来不同的影响。绿地投资指在发达国家新建子公司，可以通过雇用东道国的高素质员工，嵌入东道国产业链，并与上下游企业交流合作等方式获取先进技术的外溢；跨国并购通过收购东道国企业，可以更便捷地获取被并购企业的专利、技术人员和各种研发资源，使自身的技术水平得到较快提升。对本书收集的微观企业数据进行整理，发现在对发达国家进行OFDI的A股制造业上市公司中，选择绿地投资方式的比重更高，大约占65%；选择并购方式的大约占35%。可以看出，绿地投资是中国企业对发达国家进行OFDI的主要方式。本书对两类不同进入模式的子样本分别进行回归，结果如表6－12所示。

从表6－12的估计结果来看，采用绿地投资模式的企业获取的技术进步要明显高于采用并购投资的企业。这说明中国企业通过绿地方式在发达国家进行OFDI，在融入当地产业链过程中，与东道国相关企业和研发人员进行交流合作，较好地获取了技术外溢效应，使自身技术水平得到明显提升。而并购投资虽然能更直接地获取东道国的资产、专利等先进资源，但海外子公司与被收购企业可能并未实现技术上的真正互补，也可能面临一些管理方式和企业文化的冲突，因此中国企业在发达国家进行 OFDI，并购投资对企业创新的促进作用反而小于绿地投资。

表 6 – 12　　　　　　　　　　异质性进入模式检验结果

变量	绿地投资	并购投资
$D_u \times D_t$	0. 271 *** (2. 48)	0. 158 ** (1. 45)
D_u	− 0. 142 *** (− 1. 39)	0. 195 ** (1. 79)
D_t	0. 433 ** (3. 81)	0. 538 *** (4. 32)
常数项	− 6. 434 *** (− 13. 68)	− 4. 529 *** (− 10. 07)
控制变量	是	是
行业效应	是	是
年份效应	是	是
N	1889	929
调整后 R^2	0. 326	0. 347

注：***、**和*分别表示在1%、5%和10%的水平上显著，括号内为 t 值。

6.2.3.6　稳健性检验

本研究通过替换变量的办法对基准回归结果进行稳健性检验。在上文中选取企业发明专利授权量作为被解释变量，在稳健性检验中选取发明专利申请量进行替换，作为新的被解释变量。替换后的回归结果如表 6 – 13 所示，可见主要结论并没有发生改变，企业对发达国家 OFDI 获取的创新效应仍然明显高于对发展中国家 OFDI，上文的检验结果是科学合理的。

表 6 – 13 稳健性检验结果

变量	对发达国家 OFDI PSM-DID	对发展中国家 OFDI PSM-DID
$D_u \times D_t$	0.323 *** (2.79)	0.234 *** (2.12)
D_u	0.007 (1.54)	0.008 (1.63)
D_t	– 0.178 *** (– 2.61)	– 0.142 *** (– 1.88)
常数项	– 9.053 *** (– 18.32)	– 7.162 *** (– 11.89)
控制变量	是	是
行业效应	是	是
年份效应	是	是
N	2818	1624
调整后 R^2	0.297	0.315

注：***、**和*分别表示在1%、5%和10%的水平上显著，括号内为t值。

6.3 本章小结

本章从微观视角对中国向发达国家 OFDI 促进技术创新进行实证分析，共分为两个部分。第一部分阐述了中国企业对发达国家 OFDI 的特征，并对企业异质性进行了对比分析。选取沪深两地 A 股制造业上市公司作为研究对象，对外投资企业占比为40%，其中向发达国家 OFDI 企业占61%，投资比重较高的行业有电子通信、机械设备及医药生物等技术和资本密集型行业。民营企业是对外直接投资的主力军，占比68%。对发达国家 OFDI 企业来源地最多的几个省份为浙江、广东、江苏、山东、上海、北京。对外投资目的国最多的几个国家依次为美国、德国、日本、新加坡、澳大利亚、韩国、意大利、英国。从研发投入、盈利能力和创新能力三个方面将 OFDI 企业与非 OFDI 企业的财务数据作对比分析，结果表明向发达国家 OFDI 企业的三项指标均强于向发展中国家 OFDI 企业，更强于非 OFDI 企业。本章第二部分对中国企业向发达国家 OFDI 对技术创新的促进作用进行实证检验，采用基于倾向得分匹配的双重差分法（PSM-DID）来设定模型。对外直接投资与企业技术创新的初步检验结果表明，对发达国家 OFDI 后促进企业创新的系数为 0.267 且在 1% 水平上显著，说明中国企业对发达国家 OFDI 对企业创新具有促进作用。从动态检验效应来看，对外投资后促进创新系数逐渐上升，第四年上升到最高点，然后开始回落，说明中国企业对发达国家 OFDI 对企业创新的影响呈现先上升后下降的倒 "U" 型趋势。异质性投资动机检验结果表明，技术寻求型企业通过 OFDI 对企业创新的促进效应最大，生产综合型其次，商贸综合型最低。但是技术寻求型和生产综合型企业的系数值很接近，无显著差别，结果说明技术寻求型企业获取到的发达国家先进技术很有限，可能是由于发达国家对领先技术的封锁所致。异质性投资进入模式检验结果表明，采用绿地投资模式的企业获取的技术进步要明显高于采用并购投资的企业。

第7章

结论与建议

7.1 研究结论

　　本书针对中国对发达国家直接投资对技术创新的促进效应这一问题进行了详细深入的研究，按照理论分析、现状分析、机理分析、实证分析的研究脉络，从宏观和微观多个视角分析了中国对发达国家直接投资的技术创新效应和影响因素。概括而言，本书的主要研究结论包括以下五个方面：

　　第一，中国对外直接投资虽然总量发展迅速，但在行业结构和投资区位结构等方面仍然存在一些问题。目前中国对外直接投资流量和存量都位居世界前列，对外投资行业分布广泛，但集中度高、结构不均衡，大多集中在租赁和商务服务业、批发和零售业等中低技术行业，而对高技术行业投资较少。对外投资区位分布不均衡，对亚洲等发展中经济体投资比重过高，而对发达国家投资比重较低但投资流量的增速很快，远远高于总流量的增幅。对发达国家逆向投资区域主要集中在欧盟、美国和澳大利亚三大经济体。2018 年以来，欧美等发达国家以国家安全保护为由，加大对关键战略资产、高新技术等领域的外国投资监管审查力度，给中国"走出去"企业带来更多阻力和不确定性。

第二，中国对发达国家直接投资对母国技术创新的机理，先进技术的传导过程主要是通过企业微观、产业中观和国家宏观三个层面进行的。企业微观层面通过研发资源利用机制、研发资源共享机制、研发成果反馈机制和人才流动效应机制，使海外子公司从发达国家获取技术溢出，并传导回国内母公司。产业中观层面通过竞争效应、示范效应和关联效应使技术由母公司扩散到同行业和上下游企业。国家宏观效应通过回顾效应、前瞻效应和旁侧效应，最终促进母国整体技术进步。

第三，从宏观视角进行实证分析，检验结果表明对发达国家 OFDI 对国内技术创新的作用显著为正，在国际技术溢出的三种渠道中排在首位。进口贸易和利用外商投资与国内创新产出也都呈现正相关关系，但是不显著。而且对发达国家 OFDI 对国内技术创新的促进作用远高于对发展中国家 OFDI。经过门槛检验表明 OFDI 促进创新效应的吸收能力存在门槛效应，其中，人力资本、经济发展和金融发展存在单一门槛值，而研发强度存在双重门槛值。目前全国仍有一半地区没有达到研发强度门槛值的要求，大部分省份已经跨越其他三个指标的门槛值。此外，东道国的几个影响因素与中国对发达国家 OFDI 逆向技术溢出效应都呈现正向相关关系。东道国的技术差距、经济发展水平和制度环境，这三项因素对逆向技术溢出的影响较大。其中，技术差距的影响最大，检验结果说明中国与东道国的技术差距越小，中国企业能更好地消化、吸收及利用发达国家的先进技术，获取更多的国外研发资本溢出额。东道国的研发支出和技术创新能力也是逆向技术溢出的重要影响因素，东道国的人力资本相对影响较小。

第四，中国企业对发达国家 OFDI 的微观特征，以沪深两地 A 股制造业上市公司为例，对外投资企业占比为 40%，其中向发达国家 OFDI 企业占

61%，投资比重较高的行业有电子通信、机械设备及医药生物等技术和资本密集型行业。民营企业是对外直接投资的主力军，占比 68%。从研发投入、盈利能力和创新能力三个方面对 OFDI 企业与非 OFDI 企业的财务数据作对比分析，结果表明向发达国家 OFDI 企业的三项指标均强于向发展中国家 OFDI 企业，更强于非 OFDI 企业。

第五，从微观视角进行实证分析，采用 PSM-DID 法设定模型，结果表明企业向发达国家 OFDI 对技术创新具有显著的促进作用，但是技术寻求型企业通过 OFDI 对创新的促进效应只是稍高于生产综合型企业，数值很接近无显著差别，这说明技术寻求型企业获取到的发达国家先进技术很有限，投资目的并未能充分实现。此外，从动态检验效应来看，对外投资后促进创新系数逐渐上升，第四年上升到最高点，然后开始回落，说明中国企业对发达国家 OFDI 对企业创新的影响呈现先上升后下降的"倒 U 型"趋势。异质性投资进入模式检验结果表明，采用绿地投资模式的企业获取的技术进步要明显高于采用并购投资的企业。

7.2 政 策 建 议

7.2.1 加大对发达国家的投资力度，鼓励技术寻求型投资

由本书第 3 章的现状分析可知，目前中国 OFDI 的地区分布不均衡，2019年末，在发达经济体的投资存量占比仅为 11.4%；而在发展中经济体的投资存量占比为 87.3%。因此，我国对发达经济体的投资比例很低，远远低于对发展中经济体的投资份额。我国当前对外直接投资的区位分布不利于国内技术进步和长期的经济增长，必须扩大对发达国家的直接投资份额。其次，我国 OFDI 的行业结构也不甚合理，2019 年末，我国 OFDI 存量行业分布前几名为租赁和商务服务业（占 34.1%）、批发和零售业（占 13.5%）、金融业（占 11.6%）等行业。从行业要素密集度来分析，投资行业占比高的大多是

劳动密集型和资金密集型行业，合计占比近80%；而对技术密集型行业的投资仍然较少，如科学研究和技术服务业仅占2.1%。因此，我国对外直接投资行业结构有待优化，应该增加技术密集型行业的投资比重。

本书第5章通过实证分析得出结论，中国向发达国家OFDI对技术创新的促进效应显著高于发展中国家，而技术寻求型OFDI可以利用发达国家丰裕的研发资源，近距离接触世界前沿技术，有机会获取先进技术外溢，使自身的技术水平和创新能力显著提升。因此，加强对发达国家的技术寻求型投资是提升我国技术创新能力的重要途径。目前在国内企业对外直接投资中，技术寻求型投资所占比例还较小，这将减弱通过OFDI逆向技术溢出效应促进我国技术创新的作用。政府应加强政策引导，促进我国实力强大的跨国企业继续扩大对发达国家的投资力度，引导企业注重投资的长期收益，开展技术寻求型投资，优化OFDI结构，通过多样灵活的投资方式利用国外丰富的研发资源。对于已经跨越门槛值的地区，如东部人才储备丰富、研发投入高的省份，支持企业进行技术寻求型OFDI。在产业布局上，大力推动人工智能、5G、大数据、跨境电商、健康医疗、数字经济等新兴高科技产业的对外投资，鼓励中国企业向全球价值链中高端攀升，鼓励更多中国企业嵌入研发资源较为密集的发达国家和地区，充分获取其先进技术溢出并传导回母国。

7.2.2 加强政府研发支持力度，营造良好的科技创新环境

7.2.2.1 加强研发资金利用效率监管，重点给予中西部地区研发支持

研发资本是企业提升创新能力的核心要素，本书第5章实证检验结果也表明国内研发资本存量是最主要的促进企业技术创新的来源。在门槛效应检验中，显示全国仍然有一半地区的研发强度还没有超过门槛值，这样限制了OFDI逆向技术溢出效应的发挥。因此，政府应继续加大研发投入支持力度，提高对先进技术的吸收能力，同时应加强对研发资金的流向和效率的监管，提高研发资金的利用效率，不断完善国内的激励和监督体系。

尤其对于尚未跨越门槛值的部分中西部省份，应全力支持科研机构的建立和发展，并给予财政和税收的优惠政策，如提供税费减免、降低贷款利率来帮助企业降低研发融资成本。对于高科技类、创新价值高的企业研发给予科技奖励，提供国际、国内的免费科技交流培训机会等。只有使研发强度提高到门槛值以上，高素质人才比例上升，才能使对外直接投资促进技术创新效应得到有效的发挥。

7.2.2.2 健全研发制度保障，建设国家科技创新体系

通常科技含量较高的产品研发周期较长，企业需要付出大量的成本，还要面临可能试错的风险，因而很多企业由于无法承担高昂的研发成本而无法实现自主创新。中国企业对科研不够重视的原因，很大程度上是由于研发制度保障不健全以及缺乏知识产权保护。在一些尖端技术领域，90%以上的专利被美国、欧盟、日本等发达国家垄断，我国与发达国家之间仍存在较大的技术差距。因此，势必加快建设国家创新体系，加强自主创新能力，对提升OFDI逆向技术溢出效应的吸收能力具有重要意义。改善我国的科研环境，建议从以下几个方面采取措施：一是健全研发制度保障，加大知识产权保护力度。知识作为公共产品具有"搭便车"特点，必须为高科技企业宝贵的研发成果构建完善的保护制度，保障其产权利益，才会增加科技企业进行研发投入的信心，激发其开展科技创新的积极性。二是对不同类型的企业给予公平的创新支持，在本书第6章的微观分析中，证实民营企业已经成为对发达国家投资的主体，而且更具活力和创新精神。今后应重点支持民营企业的研发创新活动，为其建立更高效的科技激励机制，为民营高科技企业提供更多的融资保障和更优惠的税费减免政策，助力其实现更多技术突破和创新。三是政府需要为高技术企业提供研发补贴，根据新发明和新技术的社会价值对它们进行奖励性拨款，调动全社会研发创造的积极性，营造出支持创新和鼓励创新的科研环境，争取培育更多具有技术优势的跨国公司，为技术创新国际化的融合创造条件。企业在自主创新过程中积累了知识，提高了吸收能力，可以更好地获取OFDI逆向技术溢出效应，从而进一步实现技术创新，形成良性循环。

7.2.3　强化高端人才培养力度，优化国内人力资本

人力资本是知识和技术的重要载体，通过本书第 5 章实证分析可知，人力资本也是影响 OFDI 促进技术创新效应吸收能力的重要因素，拥有充足的高素质科技人员，才能将先进技术进行有效的消化、吸收和转化。尽管在第 5 章吸收能力的门槛检验中，我国大部分省份达到了人力资本门槛值要求，但是我国目前的人力资本水平和发达国家相比仍有一定差距。我国政府应继续加大教育事业投入，强化高端人才的培养力度，为 R&D 活动积累更多人力资本。注重高等教育的国际化，鼓励更多中国大学与国外高水平大学建立合作关系，争取共同开发高技术类的科研项目。同时输送更多的国内大学师生到国外友好院校交流访问、合作项目，有利于培养人才的国际化视野。各地政府应支持创新型高科技人才的引进工作，尤其是西部地区高学历人才占比较低，更应重视高端人才的培养和引入，提高待遇，改善科研环境，通过提供优越的科研发展平台，努力吸引高层次创新型人才，促使人力资本水平进一步提升。

7.2.4　健全 OFDI 服务体系，提供金融支持和信息服务

企业进行境外投资比境内投资需要更多的资金投入，海外投资风险大、周期长，很多中国企业进行海外投资面临着资金短缺的困扰，这会限制企业在海外的投资规模和投资方式，甚至影响到经营成败，资金问题成为对 OFDI 企业的最大束缚。因此，为了保障我国企业在海外投资的顺利发展，应提供必要的金融和保险支持。需要建立健全 OFDI 服务体系，给相关企业提供丰富的信息服务支持和优惠的金融服务支持。

7.2.4.1　提供信贷支持和风险补偿，拓宽融资渠道

在金融和保险支持政策方面，重点做好以下三个方面：第一，提供信贷支持并加强对企业的融资担保。引导各类金融和保险机构积极为 OFDI 企业

开发与境外投资相适应的金融产品，为其提供融资及担保服务。金融机构通过境外投资专项贷款，给予重点项目信贷优惠利率，简化信贷支持的审核程序。金融机构可以通过履约保函、融资保函等多种方式为企业提供信用保障。第二，拓宽企业融资渠道。发展供应链融资、离岸人民币债券、风险投资基金，引导民间资本参与对境外投资的金融支持，以及设立境外投资基金等多元化的融资渠道。第三，对向发达国家进行 OFDI 的企业，加强保险体系建设。尤其对风险较高的技术寻求型 OFDI，可制定政府担保条款为其提供风险补偿，降低投资风险，解决高科技企业到发达国家投资的后顾之忧。目前，我国海外投资的承保机构主要是中国出口信用保险公司，应争取引入民间资本设立海外投资保险基金，促进海外投资保险市场的发展完善。

此外，在财税政策方面，对于在发达国家高科技行业直接投资取得的收益给予税收优惠、专项基金扶持、财政补贴等，减轻企业的财务负担。采用多种方式激励企业对发达国家进行技术寻求型直接投资的积极性。

7.2.4.2 为境外投资企业提供高质量的信息服务

境外投资企业由于受到自身条件的制约，往往难以及时、准确地获取东道国市场的投资信息，这就造成企业在进行 OFDI 之前缺乏预判能力，加大了投资风险。对发达国家进行技术导向型直接投资往往难度更大、风险更高，需要政府为其提供更完善的信息服务和咨询帮助，努力成为中国企业在海外投资的坚强后盾。目前我国商务部以及投资促进局等网站会发布国别地区投资指南、对外投资项目信息库、境外安全风险防范等信息，这些内容为中国企业了解海外市场投资信息提供了一定的参考。但是对于众多中小企业投资海外市场，这些分布零散的投资信息是不完善的。建议政府主要从以下三个方面为 OFDI 企业提供服务：第一，为企业提供投资咨询服务，建立与企业投资相互配合的 OFDI 信息资源库。搭建我国企业的全球投资网络，建立投资东道国项目库和企业信息库，为我国企业寻求投资合作伙伴提供诸如信息服务、项目对接等服务。第二，通过设立对外直接投资促进机构，及时向本国企业和部门发布信息。海外投资委员会帮助企业了解投资东道国的投资政策、产业领域、投资环境等。发挥国际商会的协调作用，通过投资组团、会议、实地考察等方式了解海外合作伙伴，帮助企业做好跨国投资决策前的可行性分析，为其投资规划提供参考依据。第三，做好境外投资信息监测，建立对外投资安全风险评估和预警机制。政府应充分调动中国驻外使馆及相关机构，做好对发达东道国投资信息的监测，建立相关预警机制。定期向企业提供投资风险报告，发布安全预警。同时要掌握企业面临的生产经营中断、债务违约等风险。协助企业进行分析并做出合理的投资决策，帮助企业最大限度规避风险，提高 OFDI 逆向技术溢出的效果。

7.2.5　加强企业境外技术嵌入能力，谨慎选择目标国和投资模式

7.2.5.1　加强企业在境外的技术嵌入能力，尽快融入创新网络

由本书第 6 章的微观实证分析可知，目前向发达国家进行技术寻求型 OFDI 的中国企业获取的技术创新效果并不是很高，因此今后应采取措施加强企业在发达国家的技术嵌入能力。鼓励实力强的企业在美国、欧盟、日本等发达国家和地区设立研发中心或并购东道国企业，嵌入发达国家科技创新的集群网络，通过研发资源利用机制获取前沿研发要素的溢出。人才是获取技术的主体，应充分利用当地人才资源，多雇用发达国家当地的高素质人才，尤其是当地高科技人才和高层管理人员，以增强投资企业的研发能力和管理能力。加强与高素质的科研人员和管理人才直接交流接触，能够吸收更为先进的技术和管理经验。境外子公司会将在发达国家直接投资获取的研发成果，如新产品、新技术、新工艺等反馈回母公司，母公司可以利用这些最新的技术信息进行再研发，有效提升母公司的创新能力。高新技术产业集群可以带来明显的外部规模经济，资金技术受限的中小企业如不适宜在发达国家大规模建立研发机构，可以选择到先进产业集聚区投资，如美国硅谷、德国慕尼黑高科技工业园、法国索菲亚科技园区等，吸取高新技术集聚地带来的知识技术溢出，促使母公司技术水平提升。企业还应积极融入东道国产业链条中，加强与东道国前后向关联企业之间的沟通协作，从而增强其嵌入东道国产业

创新网络的能力，以最大限度地获取先进技术的外溢效应。

7.2.5.2 谨慎选择目标国和投资模式

企业对投资目标国的选取应谨慎考虑许多因素，本书在第5章第2节关于东道国影响因素的实证分析中得到结论，东道国的技术差距、经济发展水平、制度环境、研发支出和技术创新能力等都是影响逆向技术溢出的重要因素，与母国获取的逆向技术溢出都呈现显著正相关。如果选择的东道国与自身技术差距过大，会不利于逆向技术溢出的吸收效果；一国的制度环境对企业的经营也是至关重要，如东道国的政治稳定性、政府效能、法制和腐败控制等，这些因素决定了企业能否在东道国持续经营和发展。在第5章分析的全球治理指数领先的几个国家，如新西兰、瑞士、挪威、芬兰、瑞典等，在这些国家投资会给企业提供更优越的制度保障。因而对投资目标国的选择不一定只选技术创新能力最强和研发投入最高的国家，还要综合考虑很多其他因素。

企业对外投资模式的选择也要慎重，不同类型的企业应该选择适合自身的投资模式。海外投资主要分为绿地投资、跨国并购、建立海外研发机构和缔结战略联盟四种。前两种对企业的要求较高，要承担海外经营的各种不确定性和风险，不适宜中小企业采用。而资金实力雄厚、研发实力强的大企业，可以采用四种投资模式中的任何一种。国际战略联盟是指组成同盟的企业共同在研发、生产、销售等环节进行合作，秉承利益共享、风险共同分担的原则。此种投资模式比较适宜中小型民营企业，因为不需要付出大量的投资成本，相对风险小。企业无论选择何种方式进入国际市场，应从企业发展的战略高度出发，具备国际化的眼光，加大对世界技术先进、研发资源密集的国家和地区的投资力度，遵循长期投资利益最大化的原则，选择最节约投资资源并能有效提升企业创新能力的投资模式。

7.2.6 推动与发达国家双边投资谈判，扩大国际投资领域的话语权

随着中国企业对外直接投资的迅速发展，在东道国不可避免地会出现一

些摩擦和不确定因素阻碍投资进程，双边投资协定（BIT）为对外投资企业和东道国提供了制度性的保障。两国通过签订双边投资协定，互相开放投资领域，降低了企业在东道国市场的进入壁垒，并设定争端解决机制减少企业在海外市场的风险。目前中国已与一百多个国家和地区签订了双边投资协定，对我国企业对发达国家 OFDI 影响最大的就是中欧和中美双边投资协定。

7.2.6.1 中欧 BIT 谈判的达成为中国企业在欧投资提供了保障

中欧双边投资协定（BIT）谈判的历史开启于 2013 年 11 月，双方经过 35 轮谈判，历时 7 年中欧投资协定于 2020 年 12 月 30 日正式完成。中欧 BIT 主要包括四个方面的内容，即投资保护、投资自由化、争端解决和可持续发展等，协定的达成对我国企业对欧投资意义重大。2018 年以来，欧盟出台《外资审查法律框架法案》，德国、英国、意大利等成员国开始加大对外资审查的力度，中国企业赴欧盟投资陷入不利局面，不得不面临一些外资审查中的隐性壁垒，包括外资政策不透明、审查使用标准存在歧视等。而 2020 年中欧投资协定的达成，将为中资企业在欧投资提供更加公平、透明和法治化的环境。中欧 BIT 谈判的顺利完成，也为激活中美投资协定谈判提供了契机。

7.2.6.2 继续推进中美 BIT 谈判进程，要求美方提高外资审查透明度

中美双方于 2008 年 6 月正式启动双边投资协定（BIT）谈判，到 2015 年进行了 34 轮的谈判，特朗普上台后，中美 BIT 谈判搁置。目前为止就某些问题仍未达成一致。对关键基础设施、关键技术和国家安全等敏感领域的投资，美国政府规定有权在投资的任何阶段中止项目，这给中国企业在美投资增加了很大风险和不确定性，因而中美 BIT 谈判阻力重重。美国《外国投资风险评估现代化法案》（FIRRMA）的颁布，加大了对中资企业赴美投资的审查力度，尤其限制中国高科技企业的对美投资。在双边投资协定落实之前，政府应建立对中国企业投资受阻的应对机制，加强与美方的沟通协调，呼吁美国政府提高外国投资委员会（CFIUS）在外资审查中的透明度，明确界定"国家安全"的范畴，防范 CFIUS 随意扩大审查范围或延长审查时限，或以"国家安全"为由故意限制中国技术寻求型企业的投资。随着拜登政府上台，中

美投资协定谈判具备了重启的可能。中美两国于 2020 年 1 月 15 日签署第一阶段贸易协议,美方分阶段取消对华产品加征关税,这意味着中美的经贸关系出现了明显改善,贸易摩擦显著缓和,这有利于保护中方企业在对美经贸活动中的合法权益。今后应继续加快推进中美双边投资协定的谈判进程,早日落实中国对美投资企业的国民待遇和最惠国待遇,保障中国投资者的权益,尽力寻求双边投资的公平待遇及争端解决机制,创造良好的投资环境,促进对美投资的顺利进行。中美 BIT 谈判一旦达成,将极大地增强两国投资者的信心,意味着中国企业进入美国市场减少了很多阻碍,也将提高中国在国际投资领域的地位和话语权。

7.2.6.3 完善国际投资规则,谨防对中资企业投资歧视性限制

今后应完善国际投资规则,尽快与未签订 BIT 的国家开展谈判,在谈判中以保护我国境外投资企业的切身利益为出发点。面对发达国家目前普遍对外资审查趋严的现状,应加强双边磋商与沟通,避免外国审查机构以国家安全为由对中国投资企业实施歧视性限制政策。同时,特别关注发达国家针对中国海外投资企业的制裁措施,从官方层面加以干预,与相关国家积极交涉,坚决维护我国海外投资企业的资产权益,杜绝任何国家对中资企业海外投资采取歧视性措施。针对一些发达国家重点限制的高科技新兴产业,如人工智能、电子商务、网络安全、数据存储和传输等新领域,应加快推进数字经济新领域的投资规则制定,并积极开展投资条款谈判,保障我国相关行业投资企业的合法公平待遇。

附　　录

附表 1 　　　　　　　中国对外直接投资流量和存量历年统计结果

年份	流量			存量	
	金额（亿美元）	全球位次	比上年增长（%）	金额（亿美元）	全球位次
2002	27	26	—	299	25
2003	28.5	21	5.6	332	25
2004	55	20	93	448	27
2005	122.6	17	122.9	572	24
2006	211.6	13	43.8	906.3	23
2007	265.1	17	25.3	1179.1	22
2008	559.1	12	110.9	1839.7	18
2009	565.3	5	1.1	2457.5	16
2010	688.1	5	21.7	3172.1	17
2011	746.5	6	8.5	4247.8	13
2012	878	3	17.6	5319.4	13
2013	1078.4	3	22.8	6604.8	11
2014	1231.2	3	14.2	8826.4	8
2015	1456.7	2	18.3	10978.6	8
2016	1961.5	2	34.7	13573.9	6
2017	1582.9	3	−19.3	18090.4	2
2018	1430.4	2	−9.6	19822.7	3
2019	1369.1	2	−4.3	21988.8	3

资料来源：《2019 年中国对外直接投资统计公报》。

附表2　　　2019年末全球对外直接投资存量上万亿美元的国家（地区）

位次	国家（地区）	存量金额（亿美元）	占全球比重（%）
1	美国	77217	22.3
2	荷兰	25653	7.4
3	中国	21989	6.4
4	英国	19494	5.6
5	日本	18181	5.3
6	中国香港	17940	5.2
7	德国	17194	5.0
8	加拿大	16525	4.8
9	法国	15328	4.4
10	瑞士	15262	4.4
11	新加坡	11062	3.2
合计		255845	74.0

资料来源：《2019年中国对外直接投资统计公报》。

附表3　　　　　　　2019年中国对外直接投资流量行业分布情况

行业	流量金额（亿美元）	比上年增长（%）	比重（%）
租赁和商务服务业	418.8	-17.6	30.6
制造业	202.4	6.0	14.8
金融业	199.5	-8.1	14.6
批发和零售业	194.7	59.1	14.2
信息传输/软件和信息技术服务业	54.8	-2.7	4.0
采矿业	51.3	10.8	3.7
交通运输/仓储和邮政业	38.8	-24.8	2.8
电力/热力/燃气及水的生产和供应业	38.7	-17.7	2.8
建筑业	37.8	4.5	2.8
科学研究和技术服务业	34.3	-9.7	2.5
房地产业	34.2	11.5	2.5
农/林/牧/渔业	24.4	-4.8	1.8

行业	流量金额（亿美元）	比上年增长（%）	比重（%）
居民服务/修理和其他服务业	16.7	-27.8	1.2
教育	6.5	13.2	0.5
住宿和餐饮业	6.0	-55.4	0.4
文化/体育和娱乐业	5.2	-55.1	0.4
水利/环境和公共设施管理业	2.7	51.1	0.2
卫生和社会工作	2.3	-56.7	0.2

资料来源：《2019 年中国对外直接投资统计公报》。

附表 4　　　　　　**2019 年中国对外直接投资存量行业分布情况**

行业	存量金额（亿美元）	比重（%）
租赁和商务服务业	7340.8	33.4
批发和零售业	2955.4	13.5
金融业	2545.3	11.6
信息传输/软件和信息技术服务业	2022.1	9.2
制造业	2001.4	9.1
采矿业	1754.0	8
房地产业	776.1	3.5
交通运输/仓储和邮政业	765.3	3.5
科学研究和技术服务业	460.1	2.1
建筑业	422.3	1.9
电力/热力/燃气及水的生产和供应业	330.6	1.5
农/林/牧/渔业	196.7	0.9
居民服务/修理和其他服务业	136.0	0.6
文化/体育和娱乐业	126.3	0.6
住宿和餐饮业	49.2	0.2
教育	42.9	0.2
水利/环境和公共设施管理业	33	0.1
卫生和社会工作	31.3	0.1

资料来源：《2019 年中国对外直接投资统计公报》。

附表 5

中国各地区历年发明专利授权量

单位：件

地区	2003年	2004年	2005年	2006年	2007年	2008年	2009年	2010年	2011年	2012年	2013年	2014年	2015年	2016年	2017年	2018年
北京	2261	3216	3476	3864	4824	6478	9157	11209	15880	20140	20695	23237	35308	40602	46091	46978
天津	241	432	763	967	1164	1610	1889	1930	2528	3326	3141	3279	4624	5185	5844	5626
河北	275	357	371	407	462	549	691	954	1469	1933	2008	2286	3840	4247	4927	5126
山西	276	295	280	314	307	420	603	739	1114	1297	1332	1559	2432	2411	2382	2284
内蒙古	80	108	98	108	120	140	178	262	364	569	549	458	797	871	848	864
辽宁	644	911	942	1063	1220	1516	1993	2357	3164	3973	3830	3975	6569	6731	7708	7176
吉林	233	451	391	449	454	574	719	785	1202	1583	1496	1434	2240	2428	3057	2868
黑龙江	229	326	407	565	668	740	1142	1512	1953	2418	2238	2454	4024	4345	4947	4309
上海	880	1687	1997	2644	3259	4258	5997	6867	9160	11379	10644	11614	17601	20086	20681	21331
江苏	626	1026	1241	1631	2220	3508	5322	7210	11043	16242	16790	19671	36015	40952	41518	42019
浙江	429	785	1110	1424	2213	3269	4818	6410	9135	11571	11139	13372	23345	26576	28742	32550
安徽	139	150	238	272	317	489	795	1111	2026	3066	4241	5184	11180	15292	12440	14846
福建	137	160	242	310	336	530	824	1224	1945	2977	2941	3426	5730	7170	8718	9858
江西	97	105	142	157	176	218	386	411	679	892	923	1033	1639	1914	2238	2524
山东	580	788	903	1092	1435	1845	2865	4106	5856	7453	8913	10538	16881	19404	19090	20338
河南	256	306	356	450	563	668	1129	1498	2462	3182	3173	3493	5384	6811	7914	8339
湖北	420	744	733	855	886	1152	1478	2025	3160	4050	4052	4855	7766	8517	10880	11393

续表

地区	2003 年	2004 年	2005 年	2006 年	2007 年	2008 年	2009 年	2010 年	2011 年	2012 年	2013 年	2014 年	2015 年	2016 年	2017 年	2018 年
湖南	346	436	533	581	735	1196	1752	1920	2606	3353	3613	4160	6776	6967	7909	8261
广东	953	1941	1876	2441	3714	7604	11355	13691	18242	22153	20084	22276	33477	38626	45740	53259
广西	83	127	140	183	188	204	326	426	634	902	1295	1933	4017	5159	4553	4330
海南	28	36	36	39	51	47	84	190	272	396	449	380	417	383	373	489
重庆	125	147	178	246	354	532	834	1143	1865	2426	2360	2321	3964	5044	6138	6570
四川	342	583	613	676	825	1086	1596	2204	3270	4460	4566	5682	9105	10350	11367	11697
贵州	79	179	162	188	233	270	322	441	596	635	776	1047	1501	2036	1875	2081
云南	173	235	306	355	368	383	476	652	1006	1301	1312	1423	2079	2125	2259	2297
陕西	169	459	445	602	755	962	1342	1887	3139	4018	4133	4885	6812	7503	8774	8884
甘肃	83	127	116	145	180	211	227	349	552	704	785	812	1238	1308	1340	1280
青海	17	21	24	30	28	23	35	41	70	101	91	110	207	271	240	298
宁夏	54	46	40	64	32	48	52	61	103	140	184	243	442	560	657	744
新疆	75	75	88	107	90	82	120	189	302	456	540	605	950	910	950	923

注：统计不含西藏和港澳台地区，下同。
资料来源：历年《中国统计年鉴》。

附表 6　　中国各地区历年研发投入

单位：亿元

地区	2003 年	2004 年	2005 年	2006 年	2007 年	2008 年	2009 年	2010 年	2011 年	2012 年	2013 年	2014 年	2015 年	2016 年	2017 年	2018 年
北京	256.3	317.3	382.1	433.0	505.4	550.3	668.6	821.8	936.6	1063.4	1185.0	1268.8	1384.0	1484.6	1579.7	1870.8
天津	40.4	53.8	72.6	95.2	114.7	155.7	178.5	229.6	297.8	360.5	428.1	464.7	510.2	537.3	458.7	492.4
河北	38.1	43.8	58.9	76.7	90.0	109.1	134.8	155.4	201.3	245.8	281.9	313.1	350.9	383.4	452.0	499.7
山西	15.8	23.4	26.3	36.3	49.3	62.6	80.9	89.9	113.4	132.3	155.0	152.2	132.5	132.6	148.2	175.8
内蒙古	6.4	7.8	11.7	16.5	24.2	33.9	52.1	63.7	85.2	101.4	117.2	122.1	136.1	147.5	132.3	129.2
辽宁	83.0	106.9	124.7	135.8	165.4	190.1	232.4	287.5	363.8	390.9	445.9	435.2	363.4	372.7	429.9	460.1
吉林	27.8	35.5	39.3	40.9	50.9	52.8	81.4	75.8	89.1	109.8	119.7	130.7	141.4	139.7	128.0	115.0
黑龙江	32.7	35.4	48.9	57.0	66.0	86.7	109.2	123.0	128.8	146.0	164.8	161.3	157.7	152.5	146.6	135.0
上海	128.9	171.1	208.4	258.8	307.5	355.4	423.4	481.7	597.7	679.5	776.8	862.0	936.1	1049.3	1205.4	1359.2
江苏	150.5	214.0	269.8	346.1	430.2	580.9	702.0	857.9	1065.5	1287.9	1487.4	1652.8	1801.2	2026.9	2260.1	2504.4
浙江	75.2	115.5	163.3	224.0	281.6	344.6	398.8	494.2	598.1	722.6	817.3	907.9	1011.2	1130.6	1266.3	1445.7
安徽	32.4	37.9	45.9	59.3	71.8	98.1	136.0	163.7	214.6	281.8	352.1	393.6	431.8	475.1	564.9	649.0
福建	37.5	45.9	53.6	67.4	82.2	101.9	135.4	170.9	221.5	271.0	314.1	355.0	392.9	454.3	543.1	642.8
江西	17.0	21.5	28.5	37.8	48.8	63.1	75.9	87.2	96.8	113.7	135.5	153.1	173.2	207.3	255.8	310.7
山东	103.8	142.1	195.1	234.1	312.1	433.7	519.6	672.0	844.4	1020.3	1175.8	1304.1	1427.2	1566.1	1753.0	1643.3
河南	34.2	42.4	55.6	79.8	101.1	122.3	174.8	211.2	264.5	310.8	355.3	400.0	435.0	494.2	582.1	671.5
湖北	54.8	56.6	75.0	94.4	111.3	149.0	213.5	264.1	323.0	384.5	446.2	510.9	561.7	600.0	700.6	822.1

续表

地区	2003 年	2004 年	2005 年	2006 年	2007 年	2008 年	2009 年	2010 年	2011 年	2012 年	2013 年	2014 年	2015 年	2016 年	2017 年	2018 年
湖南	30.1	37.0	44.5	53.6	73.6	112.7	153.5	186.6	233.2	287.7	327.0	367.9	412.7	468.8	568.5	658.3
广东	179.8	211.2	243.8	313.0	404.3	502.6	653.0	808.7	1045.5	1236.2	1443.5	1605.4	1798.2	2035.1	2343.6	2704.7
广西	11.2	11.9	14.6	18.2	22.0	32.8	47.2	62.9	81.0	97.2	107.7	111.9	105.9	117.7	142.2	144.9
海南	1.2	2.1	1.6	2.1	2.6	3.3	5.8	7.0	10.4	13.7	14.8	16.9	17.0	21.7	23.1	26.9
重庆	17.4	23.7	32.0	36.9	47.0	60.2	79.5	100.3	128.4	159.8	176.5	201.9	247.0	302.2	364.6	410.2
四川	79.4	78.0	96.6	107.8	139.1	160.3	214.5	264.3	294.1	350.9	400.0	449.3	502.9	561.4	637.8	737.1
贵州	7.9	8.7	11.0	14.5	13.7	18.9	26.4	30.0	36.3	41.7	47.2	55.5	62.3	73.4	95.9	121.6
云南	11.0	12.5	21.3	20.9	25.9	31.0	37.2	44.2	56.1	68.8	79.8	85.9	109.4	132.8	157.8	187.3
陕西	68.0	83.5	92.4	101.4	121.7	143.3	189.5	217.5	249.4	287.2	342.7	366.8	393.2	419.6	460.9	532.4
甘肃	12.8	14.4	19.6	24.0	25.7	31.8	37.3	41.9	48.5	60.5	66.9	76.9	82.7	87.0	88.4	97.1
青海	2.4	3.0	3.0	3.3	3.8	3.9	7.6	9.9	12.6	13.1	13.8	14.3	11.6	14.0	17.9	17.3
宁夏	2.4	3.1	3.2	5.0	7.5	7.5	10.4	11.5	15.3	18.2	20.9	23.9	25.5	29.9	38.9	45.6
新疆	3.8	6.0	6.4	8.5	10.0	16.0	21.8	26.7	33.0	39.7	45.5	49.2	52.0	56.6	57.0	64.3

资料来源：中国科技统计网，https：//www.sts.org.cn。

附表 7 中国各地区历年 OFDI 存量

单位：亿美元

地区	2003年	2004年	2005年	2006年	2007年	2008年	2009年	2010年	2011年	2012年	2013年	2014年	2015年	2016年	2017年	2018年
北京	4.48	7.01	9.29	9.19	15.92	25.10	37.59	48.09	60.34	75.78	127.65	284.89	387.99	543.81	648.44	699.51
天津	0.05	0.21	0.61	1.59	2.52	3.22	5.81	9.67	13.87	21.15	35.93	92.34	109.42	262.25	235.39	246.50
河北	0.03	1.72	2.62	3.28	3.82	5.24	8.87	13.77	19.55	23.87	34.90	45.31	57.25	86.27	111.05	112.86
山西	0.54	0.53	0.89	1.87	2.72	1.82	5.33	6.37	8.30	10.60	15.39	17.06	21.11	31.62	25.62	30.78
内蒙古	0.07	0.14	0.41	0.89	1.40	2.04	4.01	4.71	5.65	12.23	16.79	23.91	31.32	49.63	54.06	63.95
辽宁	0.27	0.77	0.82	2.80	4.44	6.06	14.92	34.07	43.57	69.53	77.31	92.56	113.19	132.19	132.51	129.59
吉林	0.37	0.67	0.79	1.08	2.16	3.79	7.08	9.00	11.15	14.54	21.39	24.31	31.34	33.87	39.87	38.93
黑龙江	0.57	1.31	3.27	6.02	7.11	9.94	10.62	12.80	17.28	25.30	33.50	40.22	42.14	57.41	40.71	45.96
上海	9.28	14.50	18.41	26.13	30.25	21.86	35.89	60.94	63.75	139.51	178.44	254.85	583.62	840.54	1120.04	1180.69
江苏	0.61	2.74	3.91	5.89	11.65	17.27	24.99	38.88	57.02	78.32	111.63	156.10	226.14	349.47	403.17	461.45
浙江	0.67	1.95	4.07	7.03	11.63	15.47	29.59	58.45	71.89	85.49	109.88	153.74	223.65	326.82	983.95	573.64
安徽	0.14	0.22	0.42	1.01	1.54	2.04	2.76	11.08	16.54	23.71	37.96	42.69	62.67	58.19	90.50	112.36
福建	1.26	1.92	2.09	5.24	9.16	11.32	15.88	19.68	24.48	32.37	39.68	48.73	82.03	111.34	126.66	175.67
江西	0.04	0.06	0.09	0.20	0.55	0.91	1.29	2.21	3.98	7.89	11.92	20.14	25.95	35.70	40.90	42.01
山东	3.06	4.88	6.77	11.03	16.14	20.80	26.23	49.58	86.26	119.70	160.47	197.01	273.05	411.93	477.88	549.13
河南	0.15	0.56	1.76	0.87	2.17	3.30	5.77	7.07	9.75	14.42	19.54	24.94	39.95	86.93	97.76	134.39
湖北	0.11	0.15	0.23	0.40	0.50	0.56	1.00	1.78	8.84	13.76	17.33	22.83	28.61	41.83	56.25	64.55

续表

地区	2003 年	2004 年	2005 年	2006 年	2007 年	2008 年	2009 年	2010 年	2011 年	2012 年	2013 年	2014 年	2015 年	2016 年	2017 年	2018 年
湖南	0.09	0.07	0.35	1.03	2.93	6.74	20.48	27.16	32.96	41.33	45.47	55.15	81.04	101.74	104.46	108.78
广东	14.14	22.49	31.80	41.73	72.43	86.85	95.45	116.30	179.81	251.76	342.34	494.79	686.55	1250.43	1897.14	2005.49
广西	0.24	0.16	0.53	0.44	0.96	1.38	3.01	5.25	6.87	8.67	10.62	14.78	18.46	34.33	37.65	49.47
海南	0.06	0.12	0.12	0.14	0.43	0.44	1.13	3.36	16.53	33.28	34.34	37.56	48.94	50.09	111.55	151.80
重庆	0.04	1.20	0.63	0.74	1.61	2.77	3.03	6.56	11.06	17.10	19.40	26.57	39.08	63.66	104.66	120.28
四川	0.20	0.29	0.87	1.43	4.43	3.98	5.35	12.54	19.25	22.46	26.56	35.24	46.59	58.47	76.10	90.93
贵州	0.02	0.02	0.04	0.02	0.04	0.19	0.22	0.20	0.50	0.87	3.27	3.42	4.29	4.80	4.99	6.12
云南	0.12	0.17	0.53	1.03	2.61	5.70	9.48	15.55	18.29	29.58	38.66	51.42	60.26	68.15	75.58	83.56
陕西	0.09	0.09	0.14	0.29	0.57	1.93	4.15	6.98	11.38	17.94	20.03	24.65	28.55	36.12	42.20	49.14
甘肃	0.15	0.20	0.60	0.82	2.46	5.93	6.11	7.12	13.40	26.86	31.60	32.04	32.12	40.77	47.18	58.23
青海	0.01	0.01	0.02	0.03	0.03	0.05	0.08	0.09	0.13	0.31	0.91	1.01	2.23	2.70	5.98	6.08
宁夏	0.00	0.01	0.12	0.29	0.26	0.37	0.40	0.47	0.60	1.19	1.96	4.97	16.00	24.74	21.06	25.87
新疆	0.33	0.70	1.10	1.46	5.01	8.28	9.65	11.96	16.27	21.00	24.02	30.97	38.10	43.91	55.31	58.72

资料来源：《中国对外直接投资统计公报》。

附表8

中国各地区历年利用外资额

单位：亿美元

地区	2003年	2004年	2005年	2006年	2007年	2008年	2009年	2010年	2011年	2012年	2013年	2014年	2015年	2016年	2017年	2018年
北京	21.47	30.84	35.26	45.52	50.66	60.82	61.21	63.64	70.54	80.42	85.24	90.41	129.96	130.29	243.29	173.11
天津	16.33	24.72	33.29	41.31	52.78	74.20	90.20	108.49	130.56	150.16	168.29	188.67	211.34	101.00	106.08	48.51
河北	11.16	16.23	19.13	20.14	24.16	34.19	35.98	38.31	46.81	58.05	64.47	63.72	61.78	73.54	84.90	97.00
山西	2.20	0.90	2.75	4.72	13.43	10.23	4.93	7.14	20.73	25.04	28.07	29.52	28.70	23.32	16.90	23.62
内蒙古	3.68	6.27	11.86	17.41	21.49	26.51	29.84	33.85	38.38	39.43	46.45	39.77	33.66	39.67	31.50	31.59
辽宁	55.83	54.07	35.90	59.86	90.97	120.19	154.44	207.50	242.67	267.93	290.40	274.23	51.85	29.99	53.35	49.00
吉林	3.18	4.53	6.61	7.61	8.85	9.93	11.40	12.80	14.81	16.49	18.19	19.66	21.27	22.74	24.34	2.75
黑龙江	10.30	12.36	14.47	17.08	20.85	25.47	23.62	26.62	32.48	39.00	46.13	50.88	54.49	58.18	58.36	58.70
上海	58.50	65.40	68.50	71.07	79.20	100.84	105.38	111.21	126.01	151.85	167.80	181.66	184.59	185.14	170.08	173.00
江苏	158.02	121.38	131.83	174.31	218.92	251.20	253.23	284.98	321.32	357.60	332.59	281.74	242.75	245.43	251.35	255.92
浙江	54.49	66.81	77.23	88.89	103.66	100.73	99.40	110.02	116.66	130.69	141.59	157.97	169.60	175.77	179.02	186.39
安徽	3.91	5.47	6.88	13.94	29.99	34.90	38.84	50.14	66.29	86.38	106.88	123.40	136.19	147.67	158.97	170.02
福建	20.89	22.21	26.08	32.20	40.61	56.72	57.37	58.03	62.01	63.38	66.79	71.15	76.83	81.95	85.77	44.55
江西	16.12	20.52	24.23	28.07	31.04	36.04	40.24	51.01	60.59	68.24	75.51	84.51	94.73	104.41	114.64	125.72
山东	70.94	87.01	89.71	100.01	110.12	82.02	80.10	91.68	111.60	123.53	140.53	151.95	163.01	168.26	178.57	205.16
河南	5.61	8.74	12.30	18.45	30.62	40.33	47.99	62.47	100.82	121.18	134.57	149.27	160.86	169.93	172.24	179.02
湖北	15.57	20.71	21.85	24.49	27.66	32.45	36.58	40.50	46.55	56.66	68.88	79.28	89.48	101.29	109.94	119.41

续表

地区	2003 年	2004 年	2005 年	2006 年	2007 年	2008 年	2009 年	2010 年	2011 年	2012 年	2013 年	2014 年	2015 年	2016 年	2017 年	2018 年
湖南	14.89	14.18	20.72	25.93	32.71	40.05	45.98	51.84	61.50	72.80	87.05	102.66	115.64	128.52	144.75	161.91
广东	155.78	100.12	123.64	145.11	171.26	191.67	195.35	202.61	217.98	235.49	249.52	268.71	268.75	233.49	229.07	219.25
广西	4.56	2.96	3.79	4.47	6.84	9.71	10.35	9.12	10.14	7.49	7.00	10.01	17.22	8.88	8.23	5.06
海南	5.81	6.43	6.84	7.49	11.20	12.83	9.38	15.12	15.23	16.41	18.11	18.89	20.06	21.31	23.06	7.45
重庆	3.11	4.05	5.16	6.96	10.29	24.52	33.76	30.43	58.26	35.24	41.44	42.33	37.72	27.90	22.20	32.50
四川	5.82	7.01	8.87	12.08	14.93	30.88	35.90	60.25	94.81	98.01	102.84	102.88	99.96	79.77	81.01	114.12
贵州	0.56	0.65	1.08	0.94	1.27	1.49	1.34	2.95	5.15	4.91	5.77	4.66	4.19	9.67	8.24	6.08
云南	1.68	1.42	1.74	3.02	3.95	7.77	9.10	13.29	17.38	21.89	25.15	27.06	29.92	8.67	9.63	10.56
陕西	4.66	5.27	6.28	9.25	11.95	13.70	15.11	18.20	23.55	29.36	36.78	41.76	46.21	50.12	58.94	68.48
甘肃	0.39	0.35	0.20	0.30	1.18	1.28	1.34	1.35	0.70	0.61	0.71	1.00	1.10	1.16	0.44	0.50
青海	1.92	2.25	2.66	2.75	3.10	2.20	2.15	2.19	1.69	2.06	0.94	0.50	0.55	0.15	0.18	0.04
宁夏	0.32	0.67	0.67	0.37	0.50	0.62	0.70	0.81	2.02	2.18	1.48	0.92	1.86	2.54	3.11	2.14
新疆	0.40	0.46	0.47	1.04	1.25	1.90	2.16	2.37	3.35	4.08	4.81	4.17	4.53	4.01	1.96	2.05

资料来源：中国各地区历年统计年鉴。

附表 9　中国各地区历年进口额

单位：亿美元

地区	2003年	2004年	2005年	2006年	2007年	2008年	2009年	2010年	2011年	2012年	2013年	2014年	2015年	2016年	2017年	2018年
北京	516.1	740.1	946.4	1200.8	1440.7	2141.9	1663.5	2462.9	3305.6	3484.8	3659.0	3531.8	2647.7	2303.3	2654.5	3382.3
天津	149.9	211.8	259.0	309.7	333.8	383.0	339.4	446.2	588.9	673.2	795.0	813.0	631.2	583.6	693.6	737.2
河北	30.5	41.9	51.5	57.0	85.2	144.2	139.4	195.0	250.3	209.6	239.5	241.7	185.8	161.0	185.0	198.9
山西	8.2	13.5	20.2	24.9	50.5	51.4	57.3	78.7	93.2	80.3	78.0	72.9	62.6	67.3	69.9	85.0
内蒙古	16.7	23.7	31.0	38.2	47.9	53.3	44.6	54.0	72.4	72.9	79.0	81.6	70.8	72.4	90.0	99.3
辽宁	119.3	155.0	175.7	200.7	241.5	303.6	295.2	376.1	449.9	461.3	499.6	552.5	452.4	434.9	547.3	656.3
吉林	39.7	50.8	40.6	49.2	64.4	85.6	86.2	123.7	170.6	185.8	190.9	206.0	142.6	142.5	141.2	157.3
黑龙江	24.6	31.1	35.0	44.2	50.4	63.2	61.5	92.3	208.5	231.6	226.5	215.7	129.8	115.0	137.4	219.6
上海	638.9	865.0	956.2	1139.3	1390.1	1529.1	1359.2	1882.4	2278.7	2298.6	2370.1	2562.6	2533.3	2504.2	2825.5	3084.7
江苏	545.0	833.5	1049.6	1235.7	1458.6	1542.4	1395.4	1952.6	2269.9	2194.4	2220.0	2217.2	2069.2	1902.4	2277.5	2600.0
浙江	198.2	270.7	305.9	382.5	485.8	568.4	547.2	730.7	930.3	878.8	870.4	817.1	704.5	687.1	911.1	1113.2
安徽	28.8	32.7	39.3	54.1	71.2	88.2	67.9	118.6	142.3	125.4	172.7	176.9	155.7	159.7	234.3	267.7
福建	141.9	181.3	195.7	214.0	245.1	278.3	263.3	372.9	506.8	581.1	628.5	639.6	561.7	531.5	661.0	719.7
江西	10.2	15.3	16.3	24.4	40.0	58.9	54.1	82.0	95.9	83.0	85.8	107.1	92.8	102.3	118.5	142.8
山东	180.8	248.1	306.1	366.2	473.6	652.1	595.6	849.3	1101.7	1168.4	1323.1	1322.2	966.8	972.6	1175.1	1322.5
河南	17.3	24.4	26.4	31.6	44.1	67.6	61.3	73.0	133.8	220.6	239.7	255.9	307.2	284.1	306.0	290.5
湖北	24.5	33.8	46.3	55.0	67.0	90.0	72.7	114.9	140.5	125.7	135.4	164.0	163.4	133.5	158.5	187.1

续表

地区	2003 年	2004 年	2005 年	2006 年	2007 年	2008 年	2009 年	2010 年	2011 年	2012 年	2013 年	2014 年	2015 年	2016 年	2017 年	2018 年
湖南	15.9	23.4	22.5	22.6	31.7	41.3	46.6	67.0	90.4	93.5	103.5	108.9	101.6	85.5	128.6	159.6
广东	1306.8	1655.6	1898.1	2252.5	2648.7	2793.0	2521.4	3317.0	3815.4	4099.7	4552.2	4305.0	3793.2	3567.0	3838.1	4380.3
广西	12.2	18.9	23.0	30.7	41.5	58.9	58.8	81.4	109.0	140.2	141.3	162.2	231.6	247.0	297.9	295.4
海南	14.1	23.1	15.2	14.7	21.5	29.4	35.7	63.3	102.1	111.9	112.8	114.5	102.2	92.2	60.1	82.6
重庆	10.1	17.7	17.7	21.2	29.3	38.0	34.3	49.4	93.8	146.4	219.0	320.3	192.8	221.0	240.1	276.6
四川	24.3	28.9	32.0	44.0	57.7	89.8	100.0	138.5	187.0	206.7	226.3	253.6	181.0	213.6	305.5	395.4
贵州	4.0	6.5	5.4	5.8	8.0	14.7	9.5	12.3	19.0	16.8	14.0	13.7	22.7	9.6	23.7	24.8
云南	9.9	15.0	21.0	28.3	40.3	46.1	35.3	58.2	65.6	110.0	96.3	108.2	78.8	84.1	119.8	170.8
陕西	10.5	12.5	15.0	17.3	22.1	29.5	44.2	58.9	76.1	61.5	99.0	134.3	157.1	141.1	156.6	217.2
甘肃	4.5	7.7	15.4	23.2	38.7	44.9	31.3	57.7	65.7	53.3	55.6	33.1	21.4	27.7	31.2	37.9
青海	0.7	1.2	0.9	1.2	2.3	2.7	3.3	3.2	2.6	4.3	5.6	5.9	2.9	1.6	2.3	2.3
宁夏	1.4	2.6	2.8	4.9	5.0	6.2	4.6	7.9	6.9	5.8	6.7	11.3	7.8	7.7	13.9	10.4
新疆	22.3	25.9	29.0	19.6	22.1	29.2	30.1	41.6	59.9	58.2	52.9	41.9	21.7	20.6	29.4	35.9

资料来源：中国各地区历年统计年鉴。

附表10 中国各地区的金融规模——贷款余额与GDP的比值

地区	2003年	2004年	2005年	2006年	2007年	2008年	2009年	2010年	2011年	2012年	2013年	2014年	2015年	2016年	2017年	2018年
北京	2.408	2.250	2.200	2.234	2.017	2.070	2.555	2.585	2.440	2.416	2.418	2.515	2.544	2.483	2.483	2.325
天津	1.471	1.333	1.209	1.214	1.246	1.144	1.483	1.493	1.408	1.427	1.444	1.477	1.572	1.608	1.704	1.812
河北	0.557	0.726	0.641	0.646	0.617	0.590	0.761	0.773	0.740	0.802	0.859	0.953	1.094	1.177	1.273	1.326
山西	1.244	1.125	1.000	0.982	0.895	0.815	1.062	1.047	0.994	1.082	1.175	1.288	1.446	1.550	1.447	1.490
内蒙古	0.806	0.737	0.663	0.648	0.587	0.533	0.646	0.679	0.677	0.711	0.765	0.841	0.961	1.068	1.333	1.277
辽宁	1.203	1.162	0.989	0.980	0.932	0.863	1.022	1.013	1.027	1.059	1.092	1.154	1.266	1.739	1.763	1.777
吉林	1.235	1.100	0.921	0.905	0.815	0.753	0.857	0.831	0.769	0.767	0.820	0.912	1.081	1.160	1.202	1.260
黑龙江	0.981	0.850	0.664	0.639	0.599	0.545	0.697	0.697	0.679	0.724	0.786	0.890	1.075	1.152	1.208	1.232
上海	1.967	1.855	1.816	1.760	1.738	1.718	1.973	1.990	1.938	2.031	2.033	2.033	2.125	2.129	2.193	2.242
江苏	0.908	0.899	0.828	0.850	0.849	0.844	1.024	1.017	0.975	1.007	1.035	1.069	1.125	1.177	1.189	1.272
浙江	1.280	1.286	1.276	1.321	1.330	1.381	1.706	1.693	1.647	1.717	1.731	1.776	1.783	1.731	1.743	1.882
安徽	0.860	0.820	0.806	0.840	0.821	0.785	0.923	0.927	0.897	0.947	0.993	1.059	1.158	1.237	1.276	1.315
福建	0.770	0.758	0.773	0.850	0.872	0.886	1.010	1.034	1.034	1.077	1.120	1.181	1.237	1.262	1.258	1.262
江西	0.907	0.826	0.744	0.718	0.694	0.652	0.838	0.830	0.795	0.856	0.910	0.999	1.110	1.181	1.295	1.390
山东	0.867	0.784	0.729	0.717	0.681	0.648	0.766	0.784	0.776	0.800	0.810	0.842	0.880	0.907	0.930	1.018
河南	0.935	0.829	0.702	0.693	0.636	0.575	0.690	0.687	0.650	0.686	0.730	0.779	0.849	0.902	0.937	0.995
湖北	1.051	0.951	0.857	0.844	0.803	0.773	0.930	0.917	0.835	0.855	0.883	0.924	0.999	1.057	1.075	1.126

续表

地区	2003年	2004年	2005年	2006年	2007年	2008年	2009年	2010年	2011年	2012年	2013年	2014年	2015年	2016年	2017年	2018年
湖南	0.815	0.755	0.684	0.673	0.640	0.605	0.717	0.705	0.670	0.692	0.722	0.753	0.821	0.863	0.930	1.001
广东	1.270	1.164	1.031	0.975	0.964	0.917	1.127	1.126	1.102	1.175	1.211	1.252	1.314	1.372	1.405	1.492
广西	0.823	0.804	0.779	0.766	0.744	0.728	0.949	0.938	0.908	0.948	0.974	1.025	1.078	1.127	1.254	1.311
海南	1.225	1.123	1.084	1.054	0.979	0.920	1.173	1.218	1.267	1.362	1.457	1.540	1.794	1.893	1.896	1.825
重庆	1.165	1.090	1.090	1.137	1.111	1.102	1.356	1.388	1.318	1.367	1.409	1.446	1.461	1.439	1.463	1.584
四川	1.108	1.015	0.913	0.901	0.871	0.886	1.108	1.113	1.048	1.071	1.119	1.187	1.265	1.300	1.301	1.330
贵州	1.202	1.174	1.149	1.153	1.085	1.002	1.190	1.249	1.200	1.208	1.249	1.335	1.433	1.516	1.541	1.669
云南	1.156	1.103	1.152	1.204	1.188	1.159	1.423	1.463	1.362	1.372	1.334	1.403	1.530	1.559	1.551	1.568
陕西	1.372	1.206	1.013	0.941	0.890	0.828	1.013	0.991	0.948	0.959	1.001	1.065	1.207	1.233	1.218	1.249
甘肃	1.234	1.130	0.995	0.927	0.889	0.863	1.077	1.111	1.143	1.274	1.394	1.620	2.022	2.212	2.374	2.349
青海	1.318	1.330	1.175	1.115	1.095	1.007	1.294	1.350	1.336	1.474	1.601	1.811	2.064	2.169	2.371	2.297
宁夏	1.530	1.419	1.361	1.355	1.289	1.165	1.417	1.420	1.361	1.426	1.517	1.664	1.758	1.789	1.839	1.900
新疆	1.113	1.003	0.872	0.792	0.762	0.676	0.884	0.915	0.949	1.054	1.165	1.259	1.399	1.508	1.550	1.492

资料来源：中国各地区历年统计年鉴。

附表 11　发达国家实际 GDP

单位：亿美元

国家	2003 年	2004 年	2005 年	2006 年	2007 年	2008 年	2009 年	2010 年	2011 年	2012 年	2013 年	2014 年	2015 年	2016 年	2017 年	2018 年
美国	114582	118935	123114	126629	129004	128828	125560	128779	130776	133718	136181	139521	143540	145790	149022	153279
澳大利亚	4665	5929	6466	6620	7209	8521	7143	8722	10003	10871	11099	10186	9448	8501	9014	9527
英国	20438	23457	24029	24936	27806	25459	20660	20842	21966	21971	22189	24043	22847	20553	19948	20967
荷兰	5788	6494	6637	6927	7843	8576	7835	7570	8069	7381	7617	7720	6580	6706	7028	7558
德国	25057	27887	28130	29427	33152	35862	32103	31853	34657	32190	33427	34129	29026	29599	30804	32726
加拿大	8924	9907	10977	12033	12971	13188	11947	13666	14678	14784	14675	14075	12242	11939	12558	12815
瑞典	3315	3805	3847	4080	4606	4697	3834	4316	4919	4700	4949	4821	4096	4144	4237	4266
法国	18405	20820	21200	21910	24484	26269	24199	23519	25227	23390	24310	24523	20728	20900	21773	23200
以色列	1268	1343	1394	1483	1701	2004	1850	2053	2251	2133	2373	2488	2349	2473	2729	2826
日本	44457	48687	48587	46701	46887	52832	55199	61306	67353	68374	57018	52722	46709	52286	51692	52921
新西兰	883	1011	1094	1036	1209	1145	1015	1189	1334	1399	1452	1524	1327	1373	1445	1446
挪威	2288	2498	2682	2759	3109	3246	2862	2999	3265	3231	3233	3074	2449	2379	2464	2542
意大利	15696	17540	17736	18250	20205	21396	19180	18593	19628	17631	17904	17911	15111	15240	15787	16678
爱尔兰	1643	1926	2038	2160	2482	2539	2287	2222	2419	2240	2346	2550	2668	2793	3051	3409
奥地利	2617	2958	3029	3161	3577	3884	3545	3442	3718	3460	3576	3597	3042	3095	3234	3480

续表

国家	2003 年	2004 年	2005 年	2006 年	2007 年	2008 年	2009 年	2010 年	2011 年	2012 年	2013 年	2014 年	2015 年	2016 年	2017 年	2018 年
西班牙	9069	10292	10692	11237	12721	13766	12590	12004	12474	11192	11368	11516	9977	10267	10771	11573
比利时	3190	3637	3719	3846	4340	4681	4340	4251	4542	4208	4357	4408	3749	3794	3932	4178
芬兰	1711	1956	2013	2113	2425	2614	2274	2233	2404	2190	2246	2231	1874	1921	2009	2153
丹麦	2181	2462	2517	2638	2908	3089	2793	2713	2880	2675	2785	2832	2417	2474	2579	2735
瑞士	3529	3928	4045	4177	4543	5143	5006	5380	6425	6146	6332	6564	6332	6283	6389	6597
韩国	6805	7427	8632	9738	10552	9150	7952	9354	10117	10182	10779	11583	11083	11120	11764	12406
新加坡	976	1105	1205	1376	1582	1716	1671	2042	2352	2473	2588	2656	2519	2581	2677	2827

资料来源：世界银行 WDI 数据库。

附表 12

发达国家研发投入占 GDP 的比重

单位：%

国家	2003年	2004年	2005年	2006年	2007年	2008年	2009年	2010年	2011年	2012年	2013年	2014年	2015年	2016年	2017年	2018年
美国	2.55	2.49	2.51	2.55	2.63	2.77	2.82	2.74	2.77	2.69	2.73	2.73	2.74	2.74	2.79	2.83
澳大利亚	1.8	1.86	1.9	2.19	2.25	2.41	2.39	2.38	2.24	2.22	2.18	2.2	1.9	2	2.1	2
英国	1.59	1.54	1.56	1.58	1.62	1.62	1.68	1.66	1.67	1.59	1.64	1.66	1.67	1.68	1.66	1.71
荷兰	1.78	1.79	1.77	1.74	1.67	1.62	1.67	1.7	1.88	1.92	1.93	1.98	1.99	2	1.99	2.16
德国	2.46	2.42	2.42	2.46	2.45	2.6	2.73	2.71	2.8	2.87	2.82	2.87	2.92	2.94	3.02	3.13
加拿大	1.97	2	1.98	1.95	1.91	1.86	1.92	1.83	1.79	1.78	1.71	1.72	1.65	1.6	1.53	1.56
瑞典	3.61	3.39	3.38	3.5	3.25	3.49	3.45	3.21	3.25	3.28	3.31	3.15	3.27	3.26	3.33	3.31
法国	2.12	2.09	2.05	2.05	2.03	2.06	2.21	2.18	2.19	2.23	2.24	2.28	2.27	2.25	2.19	2.2
以色列	3.9	3.88	4.05	4.14	4.43	4.35	4.13	3.94	4.01	4.16	4.15	4.18	4.27	4.25	4.55	4.94
日本	3.04	3.03	3.18	3.28	3.34	3.34	3.23	3.14	3.25	3.21	3.32	3.4	3.28	3.14	3.2	3.26
新西兰	1.15	1.13	1.12	1.14	1.16	1.2	1.25	1.3	1.23	1.27	1.15	1.2	1.26	1.29	1.28	1.36
挪威	1.68	1.55	1.48	1.46	1.56	1.55	1.72	1.65	1.63	1.62	1.65	1.71	1.93	2.03	2.11	2.07
意大利	1.06	1.05	1.05	1.09	1.13	1.16	1.22	1.22	1.21	1.27	1.31	1.34	1.34	1.29	1.35	1.39
爱尔兰	1.13	1.18	1.19	1.2	1.23	1.39	1.61	1.59	1.55	1.56	1.57	1.58	1.19	1.18	1.05	1.15
奥地利	2.18	2.17	2.37	2.36	2.42	2.57	2.6	2.73	2.67	2.92	2.96	3.07	3.05	3.09	3.16	3.17

续表

国家	2003 年	2004 年	2005 年	2006 年	2007 年	2008 年	2009 年	2010 年	2011 年	2012 年	2013 年	2014 年	2015 年	2016 年	2017 年	2018 年
西班牙	1.02	1.04	1.1	1.17	1.23	1.32	1.35	1.35	1.33	1.29	1.27	1.24	1.22	1.19	1.21	1.24
比利时	1.83	1.81	1.78	1.81	1.84	1.92	1.98	2.05	2.16	2.27	2.33	2.39	2.47	2.49	2.59	2.76
芬兰	3.3	3.32	3.33	3.34	3.35	3.55	3.75	3.73	3.64	3.42	3.29	3.17	2.89	2.75	2.76	2.75
丹麦	2.51	2.42	2.39	2.4	2.52	2.77	3.06	2.92	2.95	2.98	2.97	2.91	3.06	3.12	3.06	3.03
瑞士	2.62	2.67	2.68	2.69	2.7	2.72	2.8	2.9	3	3.19	3.2	3.2	3.37	3.35	3.368	3.37
韩国	2.28	2.44	2.52	2.72	2.87	2.99	3.15	3.32	3.59	3.85	3.95	4.08	3.98	3.99	4.29	4.53
新加坡	2.00	2.08	2.15	2.12	2.32	2.60	2.13	1.93	2.07	1.92	1.92	2.08	2.18	2.08	1.94	2.00

资料来源：世界银行 WDI 数据库、OECD 网站及国际统计年鉴。

附表 13　　发达国家人力资本情况——劳动力中接受过高等教育的比例

单位：%

国家	2003 年	2004 年	2005 年	2006 年	2007 年	2008 年	2009 年	2010 年	2011 年	2012 年	2013 年	2014 年	2015 年	2016 年	2017 年	2018 年
美国	81	81	82	82	83	85	89	94	96	95	89	87	86	89	88	88
澳大利亚	73	72	72	71	73	73	77	81	83	85	87	90	120	122	114	108
英国	62	59	59	59	59	57	58	59	59	60	58	57	57	59	60	61
荷兰	56	57	59	60	60	60	61	64	76	77	77	79	81	80	85	87
德国	54	56	57	58	59	59	60	60	57	62	60	64	66	68	69	70
加拿大	60	62	63	63	63	64	63	62	64	64	66	66	65	66	69	70
瑞典	81	84	82	79	75	71	71	74	73	69	63	62	62	64	67	72
法国	52	53	54	54	53	52	53	55	56	58	60	62	63	64	66	69
以色列	57	57	58	58	61	60	62	62	66	68	66	66	65	64	63	61
日本	52	54	55	57	58	58	58	58	60	61	62	63	63	63	64	64
新西兰	69	84	81	79	79	78	83	83	82	81	80	81	81	82	82	83
挪威	79	79	79	78	75	73	73	73	74	74	77	78	78	81	82	83
意大利	58	62	64	66	66	66	67	66	66	65	64	63	63	63	63	64
爱尔兰	56	59	59	58	58	54	57	63	68	68	72	74	77	78	78	77
奥地利	46	47	48	49	63	66	68	76	79	79	80	79	81	83	85	87

续表

国家	2003年	2004年	2005年	2006年	2007年	2008年	2009年	2010年	2011年	2012年	2013年	2014年	2015年	2016年	2017年	2018年
西班牙	64	66	67	69	70	71	74	78	83	85	87	89	89	91	89	91
比利时	60	61	61	62	61	62	65	68	70	71	72	73	75	76	80	79
芬兰	87	90	92	93	94	95	91	93	95	93	91	89	88	87	88	90
丹麦	68	74	80	79	79	76	74	74	77	79	81	81	82	81	81	81
瑞士	44	45	46	46	47	49	50	53	54	55	56	57	58	58	60	61
韩国	84	88	92	97	102	104	104	103	100	97	94	93	93	94	94	96
新加坡	51	51	52	54	55	58	61	63	67	68	70	75	80	84	85	89

资料来源：世界银行 WDI 数据库、国际统计年鉴。

附表 14　发达国家的技术专利授权数量

单位：件

国家	2003年	2004年	2005年	2006年	2007年	2008年	2009年	2010年	2011年	2012年	2013年	2014年	2015年	2016年	2017年	2018年
美国	169525	164617	144038	174257	157747	158448	167828	220566	225548	254020	278710	301395	298987	303501	319275	308374
澳大利亚	13194	12589	10071	9241	9899	12709	13123	15840	19000	17017	18012	20570	23974	23768	21764	17199
英国	9823	10601	10230	7943	5977	5422	5474	5647	7253	6948	5300	5045	5508	5674	6372	6059
荷兰	2588	2394	2388	2372	2353	2077	1964	1973	2063	1926	2060	1744	1406	1947	2332	1096
德国	12755	16395	19481	20483	18353	15524	13256	12869	10391	12487	13074	14177	13645	14318	14222	14760
加拿大	11519	13106	15566	15008	18599	18760	19535	19155	20792	21652	23888	23528	21956	26485	24125	23571
瑞典	2971	3258	1936	1490	1280	1244	1280	1399	1056	1013	696	604	911	870	1033	1074
法国	11326	11563	11192	13560	11832	10580	10450	9620	9750	12584	11189	11714	12418	12156	11560	12043
以色列	1814	2360	2269	2584	2489	1855	2015	2293	5104	3386	3697	3984	4492	4938	4000	4107
日本	121911	123320	124304	134213	164416	174542	189017	211836	244932	262106	268852	267646	190685	217825	199677	191060
新西兰	10124	5571	4189	3412	3592	3203	3412	4347	4710	6152	4752	4677	4259	3910	2430	2039
挪威	2343	1555	2704	2494	1836	1655	1629	1663	1641	1332	1466	1433	1491	2565	2193	1597
意大利	6523	4763	5534	5560	6508	7318	18277	16106	6380	5625	8114	7795	7153	6429	4855	6424
爱尔兰	360	326	226	167	144	108	191	87	114	101	116	69	48	64	60	52
奥地利	1436	911	945	1781	1259	1318	1120	1145	1217	1452	1274	974	1368	1145	1107	1199

续表

国家	2003 年	2004 年	2005 年	2006 年	2007 年	2008 年	2009 年	2010 年	2011 年	2012 年	2013 年	2014 年	2015 年	2016 年	2017 年	2018 年
西班牙	1956	2068	2796	2188	2689	2297	2625	2805	2825	2732	3037	3270	2594	2301	2030	1835
比利时	629	715	708	548	519	526	364	532	541	795	745	373	567	1620	1016	1019
芬兰	2399	2080	1777	1074	941	1022	1066	934	854	832	719	790	943	778	710	604
丹麦	523	799	400	167	226	235	235	170	116	197	327	297	444	418	429	281
瑞士	764	751	850	948	737	787	969	741	368	455	534	677	687	617	771	614
韩国	44767	49279	73540	120772	124579	85180	56859	68643	93543	112525	126020	130051	96588	108394	119596	117734
新加坡	4417	5976	7530	7393	7478	6286	5609	4442	5949	5633	5575	5538	7054	7341	6217	5172

资料来源：世界知识产权组织（WIPO）数据库。

附表 15　　中国和发达国家的劳动生产率

单位：万美元/人

国家	2003 年	2004 年	2005 年	2006 年	2007 年	2008 年	2009 年	2010 年	2011 年	2012 年	2013 年	2014 年	2015 年	2016 年	2017 年	2018 年
美国	7.68	7.92	8.09	8.22	8.31	8.20	7.99	8.21	8.33	8.45	8.57	8.74	8.93	8.96	9.07	9.29
澳大利亚	4.61	5.79	6.13	6.13	6.57	7.57	6.22	7.46	8.44	9.05	9.10	8.26	7.52	6.68	6.95	7.25
英国	6.84	7.78	7.85	8.03	8.90	8.04	6.49	6.51	6.82	6.75	6.75	7.25	6.84	6.10	5.88	6.15
荷兰	6.82	7.60	7.74	8.01	8.92	9.60	8.68	8.54	9.12	8.24	8.48	8.61	7.28	7.41	7.71	8.25
德国	6.16	6.88	6.82	7.07	7.91	8.56	7.65	7.58	8.32	7.71	7.93	8.05	6.79	6.85	7.10	7.54
加拿大	5.15	5.64	6.20	6.72	7.10	7.10	6.39	7.23	7.70	7.69	7.54	7.20	6.23	6.01	6.24	6.30
瑞典	8.52	9.47	9.70	9.86	10.55	11.66	11.17	12.09	14.15	13.37	13.60	13.84	13.15	12.85	12.99	13.34
法国	7.20	8.24	8.21	8.59	9.55	9.60	7.81	8.73	9.84	9.33	9.71	9.37	7.90	7.89	7.94	7.90
以色列	6.48	7.27	7.33	7.54	8.36	8.90	8.14	7.88	8.46	7.78	8.05	8.14	6.86	6.90	7.20	7.67
日本	4.33	4.46	4.52	4.68	5.22	6.02	5.42	5.87	6.35	5.86	6.39	6.54	6.06	6.25	6.78	6.89
新西兰	6.63	7.30	7.28	6.99	6.98	7.87	8.25	9.20	10.20	10.42	8.64	7.97	7.04	7.82	7.68	7.89
挪威	4.27	4.76	5.02	4.65	5.34	5.01	4.41	5.12	5.67	5.92	6.07	6.18	5.28	5.26	5.36	5.26
意大利	9.50	10.31	11.03	11.19	12.32	12.49	11.02	11.50	12.43	12.10	11.98	11.29	8.87	8.59	8.92	9.14
爱尔兰	6.54	7.15	7.27	7.47	8.28	8.66	7.83	7.61	8.04	7.07	7.15	7.05	5.96	5.96	6.14	6.51
奥地利	8.23	9.42	9.44	9.63	10.67	10.82	9.90	9.77	10.74	9.99	10.38	11.28	11.72	12.08	13.08	14.53

续表

国家	2003 年	2004 年	2005 年	2006 年	2007 年	2008 年	2009 年	2010 年	2011 年	2012 年	2013 年	2014 年	2015 年	2016 年	2017 年	2018 年
西班牙	6.56	7.60	7.54	7.76	8.59	9.23	8.33	8.05	8.64	7.95	8.14	8.15	6.82	6.83	7.10	7.62
比利时	4.57	5.02	5.03	5.13	5.66	5.97	5.40	5.10	5.29	4.75	4.87	4.98	4.33	4.46	4.70	5.06
芬兰	7.28	8.14	8.06	8.30	9.19	9.82	9.06	8.70	9.33	8.58	8.79	8.85	7.50	7.58	7.81	8.28
丹麦	6.53	7.49	7.66	7.94	9.01	9.62	8.46	8.34	8.93	8.12	8.37	8.30	6.95	7.14	7.41	7.95
瑞士	7.60	8.49	8.68	9.00	9.92	10.43	9.46	9.26	9.83	9.19	9.62	9.74	8.25	8.18	8.64	9.12
韩国	2.88	3.08	3.56	3.97	4.26	3.67	3.19	3.70	3.94	3.91	4.09	4.27	4.03	4.00	4.19	4.38
新加坡	4.54	5.05	5.32	5.80	6.29	6.32	5.92	6.99	7.85	7.96	8.18	8.17	7.56	7.65	7.94	8.37
中国	0.22	0.24	0.27	0.31	0.37	0.44	0.49	0.55	0.63	0.69	0.76	0.82	0.86	0.86	0.90	0.98

资料来源：各国 GDP 和劳动力数据均取自世界银行 WDI 数据库，并经作者计算整理。

附表 16　发达国家的全球治理指数

国家	2003 年	2004 年	2005 年	2006 年	2007 年	2008 年	2009 年	2010 年	2011 年	2012 年	2013 年	2014 年	2015 年	2016 年	2017 年	2018 年
美国	7.97	7.70	7.47	7.78	7.64	7.97	7.35	7.49	7.57	7.66	7.41	7.39	7.50	7.48	7.59	7.45
澳大利亚	9.60	10.01	9.43	9.38	9.58	9.70	9.56	9.57	9.73	9.66	9.47	9.64	9.30	9.44	9.22	9.45
英国	8.84	8.93	8.42	9.14	8.91	8.64	7.89	8.37	8.13	8.33	8.49	8.77	9.09	8.61	8.32	8.00
荷兰	10.26	10.34	9.99	9.75	9.79	9.70	9.80	9.82	10.19	10.34	10.15	10.15	9.95	10.07	10.09	10.16
德国	8.55	8.60	8.95	9.20	9.09	8.80	8.70	8.65	8.66	8.79	8.89	9.49	9.21	9.06	8.93	8.97
加拿大	9.87	9.63	9.33	9.68	9.57	9.70	9.84	9.64	9.64	9.72	9.69	9.92	9.95	10.06	10.05	9.54
瑞典	10.75	10.95	10.14	10.09	10.53	10.40	10.55	10.53	10.85	10.99	10.86	10.44	10.42	10.42	10.27	10.19
法国	6.98	7.58	7.58	7.71	7.52	7.63	7.35	7.61	7.27	7.17	7.06	6.79	6.60	6.33	6.63	6.70
以色列	3.33	3.22	2.95	3.68	3.51	3.65	2.97	3.52	3.93	3.86	3.86	4.09	4.42	4.91	4.31	3.95
日本	6.84	7.06	7.05	7.64	7.13	7.09	7.22	7.35	7.49	7.59	7.96	8.26	8.14	8.17	8.20	8.05
新西兰	10.54	11.13	10.32	10.18	10.27	10.30	10.55	10.58	11.01	10.84	10.87	11.14	11.16	11.17	11.16	10.87
挪威	9.96	10.35	10.22	10.01	9.99	9.92	10.01	10.30	10.43	10.73	10.92	10.53	10.57	10.66	10.92	10.59
意大利	4.53	4.17	4.04	3.81	3.51	3.56	3.38	3.33	3.16	3.07	3.15	2.82	2.88	3.06	3.08	2.92
爱尔兰	8.73	8.59	9.34	9.39	9.52	9.49	8.96	8.77	8.63	8.58	8.55	9.12	8.99	8.31	8.15	8.38
奥地利	9.78	9.84	9.56	9.75	10.19	9.85	9.19	9.26	8.83	9.14	9.30	9.15	8.78	8.56	8.63	8.77

续表

国家	2003 年	2004 年	2005 年	2006 年	2007 年	2008 年	2009 年	2010 年	2011 年	2012 年	2013 年	2014 年	2015 年	2016 年	2017 年	2018 年
西班牙	7.12	6.41	6.60	5.26	5.31	5.36	5.06	5.23	5.50	5.30	5.02	4.73	4.76	5.07	4.79	4.85
比利时	8.37	8.09	7.86	7.82	7.83	7.46	7.89	7.95	8.17	8.14	8.32	7.70	7.74	7.51	7.08	7.09
芬兰	11.82	11.76	11.36	11.21	10.79	10.83	11.19	11.14	11.11	11.24	11.12	10.97	10.57	10.43	10.63	10.57
丹麦	11.11	11.34	10.82	11.12	11.33	11.09	11.02	10.81	10.99	10.64	10.73	10.33	10.29	10.00	9.86	10.10
瑞士	10.24	10.66	10.12	10.27	10.42	10.28	10.18	10.17	10.14	10.57	10.42	11.03	10.72	10.69	10.67	10.72
韩国	4.05	4.17	4.66	4.13	5.04	4.21	4.58	4.68	4.94	4.61	4.67	4.61	4.22	4.60	4.88	5.46
新加坡	8.42	8.92	8.87	8.60	8.85	9.17	8.78	8.79	8.81	9.41	9.26	9.40	9.55	9.65	9.74	9.83

资料来源：世界银行 WGI 数据库，并经作者计算整理。

附表 17 　　　　**中国 A 股制造业上市公司部分 OFDI 企业名录**

股票代码	上市公司简称	所属行业	主要投资的发达国家
600073	上海梅林	食品饮料	新西兰、澳大利亚
600300	维维股份	食品饮料	澳大利亚
600429	三元股份	食品饮料	法国、加拿大
600597	光明乳业	食品饮料	以色列、新西兰
600887	伊利股份	食品饮料	荷兰、新西兰
600962	国投中鲁	食品饮料	波兰、新加坡、美国
603779	威龙股份	食品饮料	澳大利亚
000568	泸州老窖	食品饮料	澳大利亚、美国
000869	张裕	食品饮料	澳大利亚、法国、西班牙
000876	新希望	食品饮料	美国、新加坡
002124	天邦股份	食品饮料	美国
002330	得利斯	食品饮料	澳大利亚
002385	大北农	食品饮料	美国
002481	双塔食品	食品饮料	加拿大
002626	金达威	食品饮料	美国、新加坡、日本
002646	青青稞酒	食品饮料	美国
300146	汤臣倍健	食品饮料	美国、加拿大
600439	瑞贝卡	纺织服装	美国、英国
600448	华纺股份	纺织服装	美国
603518	锦泓集团	纺织服装	意大利、韩国
603889	新澳股份	纺织服装	意大利、澳大利亚
000850	华茂股份	纺织服装	德国、意大利
000902	新洋丰	纺织服装	澳大利亚
000982	中银绒业	纺织服装	英国
002291	星期六	纺织服装	日本
002293	罗莱生活	纺织服装	美国
002394	联发股份	纺织服装	德国、日本、西班牙、意大利、美国

股票代码	上市公司简称	所属行业	主要投资的发达国家
002516	旷达科技	纺织服装	德国、美国
002762	金发拉比	纺织服装	丹麦
002763	汇洁股份	纺织服装	美国、加拿大
002612	朗姿股份	纺织服装	韩国
600398	海澜之家	纺织服装	新加坡、韩国
002154	报喜鸟	纺织服装	美国、意大利
002486	嘉麟杰	纺织服装	日本、瑞士
601996	丰林集团	木材加工	新西兰
603818	曲美家居	家具制造	德国
603600	永艺股份	家具制造	韩国
002043	兔宝宝	木材加工	英国
002240	威华股份	木材加工	美国
601515	东风股份	印刷业	澳大利亚
000488	晨鸣纸业	造纸业	美国、韩国、日本、德国
002103	广博股份	文具行业	美国
002235	安妮股份	纸制品服务	新加坡、日本
002292	奥飞娱乐	文化用品	美国、法国、韩国、英国
002303	美盈森	造纸业	美国
002678	珠江钢琴	文教用品	德国
002699	美盛文化	文化艺术品	美国、日本
000910	大亚圣象	家具制造	美国、德国、韩国
000902	新洋丰	化学原料及制品	澳大利亚
600141	兴发集团	化学原料及制品	德国、美国
600143	金发科技	橡胶塑料	德国、美国、澳大利亚
600160	巨化股份	化学原料及制品	美国
600277	亿利洁能	化学原料及制品	荷兰
600299	安迪苏	医药制造业	法国
600309	万华化学	化学原料及制品	美国、新加坡、日本

股票代码	上市公司简称	所属行业	主要投资的发达国家
600315	上海家化	化学原料及制品	英国
600352	浙江龙盛	化学原料及制品	美国
600389	江山股份	化学原料及制品	美国、新加坡
600458	时代新材	橡胶塑料	美国、德国、澳大利亚
600469	风神股份	橡胶塑料	意大利
600623	华谊集团	化学原料及制品	比利时
600803	新奥股份	化学原料及制品	美国、澳大利亚
601058	赛轮轮胎	橡胶制品	德国
601163	三角轮胎	橡胶制品	美国、澳大利亚、意大利、英国
601966	玲珑轮胎	橡胶制品	新加坡
603020	爱普股份	食品制造	新加坡、美国
603077	和邦生物	化学原料及制品	澳大利亚、以色列
603113	金能科技	石油加工	美国
000553	安道麦	化学原料及制品	以色列
000599	青岛双星	橡胶塑料	英国
000830	鲁西化工	化学原料及制品	德国、新加坡
000887	中鼎股份	化学原料及制品	美国、德国、奥地利
000936	华西股份	化学纤维制造业	美国、新加坡
002010	传化智联	物流及化学业务	荷兰
002019	亿帆医药	医药制造业	比利时、意大利、新加坡、美国
002167	东方锆业	有色金属	澳大利亚
002206	海利得	化学纤维制造业	丹麦、美国
002224	三力士	橡胶塑料	法国
002250	联化科技	化学原料及制品	英国、新加坡
002326	永太科技	化学原料及制品	美国
002341	新纶科技	化学原料及制品	日本
002381	双箭股份	橡胶塑料	澳大利亚
002382	蓝帆医疗	医疗设备	瑞士、新加坡、美国

股票代码	上市公司简称	所属行业	主要投资的发达国家
002466	天齐锂业	有色金属	澳大利亚
002470	金正大	化学原料及制品	新加坡、以色列、荷兰、美国
002493	荣盛石化	化学原料及制品	新加坡
002497	雅化集团	化学原料及制品	澳大利亚、新西兰
002597	金禾实业	化学原料及制品	美国
002632	道明光学	化学原料及制品	日本、韩国
002637	赞宇科技	化学原料及制品	新加坡
002643	万润股份	化学原料及制品	日本、美国
300019	硅宝科技	化学原料及制品	美国
300037	新宙邦	化学原料及制品	韩国、美国
300072	三聚环保	化学原料及制品	美国
300109	新开源	化学原料及制品	德国、日本、瑞典
300121	阳谷华泰	化学原料及制品	美国
300135	宝利国际	化学原料及制品	新加坡
300192	科斯伍德	化学原料及制品	法国
300230	永利股份	化学原料及制品	荷兰、韩国
300236	上海新阳	化学原料及制品	韩国
300387	富邦科技	化学原料及制品	以色列、荷兰、法国、加拿大
300429	强力新材	化学原料及制品	美国
300501	海顺新材	医药制造业	德国
600691	阳煤化工	化学原料及制品	新加坡
002588	史丹利	化学原料及制品	美国
600206	有研新材	有色金属	德国
600330	天通股份	电子设备	美国、瑞士
600478	科力远	电气机械制造	日本、美国、法国
600703	三安光电	电子设备	美国
600839	四川长虹	电子设备	澳大利亚、美国
601012	隆基股份	非金属矿物制品	德国、美国、日本

股票代码	上市公司简称	所属行业	主要投资的发达国家
603005	晶方科技	电子设备	美国
000016	深康佳	电子设备	德国、美国
000050	深天马	电子设备	日本、韩国、德国、美国
000413	东旭光电	电子设备	英国
000725	京东方	电子设备	美国、法国、以色列
002045	国光电器	电子设备	英国、美国
002055	得润电子	电子设备	意大利
002079	苏州固锝	电子设备	美国
002104	恒宝股份	电子设备	新加坡
002130	沃尔核材	电子设备	新加坡
002138	顺络电子	电子设备	日本、美国
002179	中航光电	电子设备	德国、日本
002185	华天科技	电子设备	美国
002236	浙江大华	电子设备	荷兰、美国、加拿大、意大利
002241	歌尔股份	电子设备	美国、丹麦、日本、韩国
002273	水晶光电	电子设备	日本、以色列
002402	和而泰	电子设备	意大利、美国
002414	高德红外	电子设备	比利时
002415	海康威视	电子设备	韩国、荷兰、加拿大、美国、澳大利亚、新加坡、比利时
002449	国星光电	电子设备	美国、德国
002456	欧菲光	电子设备	美国、日本、韩国
002484	江海股份	电子设备	日本
002506	协鑫集成	电子设备	澳大利亚
002528	英飞拓	电子设备	美国、澳大利亚
002655	共达电声	电子设备	瑞典、美国、丹麦
002745	木林森	电子设备	美国
002808	恒久科技	电子设备	英国、美国

续表

股票代码	上市公司简称	所属行业	主要投资的发达国家
002916	深南电路	电子设备	美国
300014	亿纬锂能	电气机械	美国
300032	金龙机电	电气机械	美国
300046	台基股份	电子设备	日本
300077	国民技术	电子设备	新加坡、美国
300083	劲胜智能	电子设备	韩国
300114	中航电测	电子设备	荷兰
300118	东方日升	电气机械	澳大利亚、美国、德国
300232	洲明科技	电子设备	美国、荷兰
300241	瑞丰光电	电子设备	日本
300269	联建光电	电子设备	美国
300296	利亚德	电子设备	法国、德国、美国、荷兰、日本
300319	麦捷科技	电子设备	韩国
300323	华灿光电	电子设备	美国
300346	南大光电	电子设备	美国
300373	扬杰科技	电子设备	韩国
300393	中来股份	电子设备	意大利
300408	潮州三环	电子设备	德国
300427	红相股份	电气机械	澳大利亚
603118	共进股份	通信设备	美国、英国
002151	北斗星通	通信设备	加拿大
002161	远望谷	通信设备	法国、韩国、澳大利亚、新加坡
002194	武汉凡谷	通信设备	美国、瑞典、芬兰
002281	光迅科技	通信设备	美国、丹麦、德国
002383	合众思壮	通信设备	日本、加拿大、新加坡
002583	海能达	通信设备	韩国、加拿大、英国、德国、澳大利亚、美国
300079	数码科技	通信设备	美国、加拿大
300134	大富科技	通信设备	美国、以色列

股票代码	上市公司简称	所属行业	主要投资的发达国家
300136	信维通信	通信设备	日本、美国、瑞典、韩国
300177	中海达	通信设备	英国、瑞典
300252	金信诺	通信设备	美国、加拿大
300322	硕贝德	通信设备	美国、韩国
300353	东土科技	通信设备	美国、德国
603019	中科曙光	通信设备	美国
000977	浪潮信息	通信设备	美国
002308	威创股份	通信设备	美国
002635	安洁科技	通信设备	美国、新加坡
300367	东方网力	通信设备	美国
600498	烽火通信	通信设备	美国、新加坡
600010	包钢股份	金属冶炼	新加坡
600176	巨石股份	非金属矿物制品	美国
600219	南山铝业	有色金属	德国、美国、澳大利亚、新加坡
600282	南钢股份	金属冶炼	英国、新加坡
600295	鄂尔多斯	铁矿石	日本、意大利
600558	大西洋	金属制品	美国
600586	金晶科技	建材	日本、澳大利亚、美国
600660	福耀玻璃	建材	德国、美国、日本、韩国
600673	东阳光	建材	日本
600782	新钢股份	金属冶炼	新加坡
600808	马钢股份	金属冶炼	美国、法国
600888	新疆众和	有色金属	日本
601388	怡球资源	金属	美国
601677	明泰铝业	有色金属	韩国
603601	再升科技	建材	意大利
603876	鼎胜新材	建材	韩国、美国
000060	中金岭南	有色金属	爱尔兰

续表

股票代码	上市公司简称	所属行业	主要投资的发达国家
000807	云铝股份	有色金属	美国、澳大利亚
000825	太钢不锈	金属冶炼	德国、美国
000932	华菱钢铁	金属冶炼	澳大利亚、新加坡
002026	山东威达	机械设备	德国
002032	苏泊尔	电器设备	新加坡、加拿大
002162	悦心健康	建材	美国
002203	海亮股份	有色金属	德国、西班牙、意大利、美国、法国、新加坡
002271	东方雨虹	建材	加拿大、美国
002384	东山精密	机械制造	美国
002403	爱仕达	电器设备	澳大利亚
002444	巨星科技	金属制品	美国、瑞士
002547	春兴精工	机械制造	美国、芬兰、加拿大
002623	亚玛顿	电气设备	德国、美国、日本
002701	奥瑞金	包装印刷	澳大利亚、法国
002756	永兴材料	金属材料	美国
002843	泰嘉股份	新材料	德国
300064	豫金刚石	金属制品	新加坡
300224	正海磁材	新材料	美国、韩国、日本、德国
300328	宜安科技	新材料	美国
300428	四通新材	金属材料	英国
300488	恒锋工具	金属制品	美国
600612	老凤祥	珠宝加工	美国、加拿大
600019	宝钢股份	金属冶炼	美国、韩国、新加坡、新西兰、德国、日本
000898	鞍钢股份	金属冶炼	日本、澳大利亚、意大利、德国、美国
300093	金刚玻璃	建材	澳大利亚
000960	锡业股份	有色金属	美国、德国、新加坡
600060	海信视像	机械设备	荷兰、日本、德国、美国、英国、加拿大、新加坡
600071	凤凰光学	机械设备	日本

续表

股票代码	上市公司简称	所属行业	主要投资的发达国家
600151	航天机电	机械设备	韩国、荷兰
600166	福田汽车	汽车制造	德国、日本、澳大利亚
600261	阳光照明	机械设备	美国、比利时
600302	标准股份	机械设备	德国
600480	凌云股份	机械设备	日本、德国
600487	亨通光电	机械设备	意大利、澳大利亚、美国、新西兰、荷兰
600499	科达洁能	机械设备	意大利
600580	卧龙电驱	机械设备	意大利、荷兰、日本、美国
600690	海尔智家	机械设备	意大利、韩国、新加坡、美国、日本、德国、英国
600699	均胜电子	机械设备	美国、日本、德国
600835	上海机电	机械设备	瑞士
601038	一拖股份	机械设备	法国
601100	恒立液压	机械设备	日本、德国、美国
601127	小康股份	机械设备	美国、新加坡
601222	林洋能源	机械设备	新加坡、澳大利亚
601567	三星医疗	机械设备	新加坡
601608	中信重工	机械设备	澳大利亚、西班牙
601615	明阳智能	机械设备	美国、丹麦
601633	长城汽车	汽车制造	美国、德国、澳大利亚
601717	郑煤机	机械设备	德国、澳大利亚、加拿大
601727	上海电气	机械设备	澳大利亚、英国、意大利、德国、日本
601766	中国中车	机械设备	美国、澳大利亚
601799	星宇股份	机械设备	日本、德国
601877	正泰电器	机械设备	新加坡、西班牙
603013	亚普股份	机械设备	美国、德国、澳大利亚
603088	宁波精达	机械设备	美国
603111	康尼机电	机械设备	美国、法国
603166	福达股份	机械设备	德国

股票代码	上市公司简称	所属行业	主要投资的发达国家
603308	应流股份	机械设备	荷兰、美国
603309	维力医疗	机械设备	德国、美国
603338	浙江鼎力	机械设备	英国、美国、意大利
603611	诺力股份	机械设备	新加坡、美国、德国
603617	君禾股份	机械设备	美国
603690	至纯科技	机械设备	日本、韩国
603699	纽威股份	机械设备	韩国、新加坡、美国、荷兰
603730	岱美股份	机械设备	美国、德国、韩国
603766	隆鑫通用	机械设备	意大利
603800	道森股份	机械设备	美国
603901	永创智能	机械设备	德国、荷兰
603997	继峰股份	机械设备	日本、美国、德国
000157	中联重科	机械设备	德国、美国、英国
000338	潍柴动力	机械设备	德国、加拿大、英国、美国
000404	长虹华意	机械设备	西班牙
000528	柳工	机械设备	英国、美国、荷兰、新加坡
000541	佛山照明	机械设备	德国、美国
000581	威孚高科	机械设备	丹麦、美国
000625	长安汽车	机械设备	意大利、美国、英国
000676	智度股份	机械设备	美国、新加坡
000821	京山轻机	机械设备	意大利
000901	航天科技	机械设备	法国
001696	宗申动力	机械设备	加拿大
002008	大族激光	机械设备	韩国、美国、加拿大、西班牙
002009	天奇股份	机械设备	美国、日本
002011	盾安环境	机械设备	韩国、美国、日本、德国
002023	海特高新	机械设备	新加坡、爱尔兰
002031	巨轮智能	机械设备	意大利、比利时、德国、美国

股票代码	上市公司简称	所属行业	主要投资的发达国家
002048	宁波华翔	机械设备	日本、新加坡、德国、美国
002050	三花智控	机械设备	奥地利、德国、日本、美国、韩国
002073	软控股份	机械设备	德国、美国
002085	万丰奥威	机械设备	日本、加拿大、英国、美国
002097	山河智能	机械设备	韩国、美国、加拿大
002105	信隆健康	机械设备	美国
002131	利欧股份	机械设备	美国
002158	汉钟精机	机械设备	韩国
002168	惠程科技	机械设备	日本
002180	纳思达	机械设备	美国、荷兰
002202	金风科技	机械设备	澳大利亚、德国、美国
002209	达意隆	机械设备	奥地利、美国
002223	鱼跃医疗	机械设备	德国
002206	浙富控股	机械设备	澳大利亚
002276	万马股份	机械设备	美国
002283	天润工业	机械设备	德国
002309	中利集团	机械设备	新加坡
002353	杰瑞股份	机械设备	美国、加拿大
002430	杭氧股份	机械设备	德国
002432	九安医疗	机械设备	美国、法国
002448	中原内配	机械设备	美国、德国
002454	松芝股份	机械设备	芬兰
002480	新筑股份	机械设备	德国
002483	润邦股份	机械设备	新加坡
002488	金固股份	机械设备	美国
002498	汉缆股份	机械设备	美国、新加坡、澳大利亚
002510	天汽模	机械设备	美国、德国
002520	日发精机	机械设备	意大利

股票代码	上市公司简称	所属行业	主要投资的发达国家
002527	新时达	机械设备	德国
002532	新界泵业	机械设备	德国
002559	亚威股份	机械设备	意大利
002580	圣阳股份	机械设备	比利时
002590	万安科技	机械设备	美国
002593	日上集团	机械设备	美国
002595	豪迈科技	机械设备	美国
002602	世纪华通	机械设备	美国
002611	东方精工	机械设备	意大利、荷兰
002630	华西能源	机械设备	德国
002639	雪人股份	机械设备	美国、意大利、德国
002658	雪迪龙	机械设备	比利时、英国
002662	京威股份	机械设备	德国
002665	首航节能	机械设备	西班牙
002689	远大智能	机械设备	澳大利亚、新加坡、德国
002725	跃岭股份	机械设备	日本
002747	埃斯顿	机械设备	德国、荷兰、意大利、美国、英国
002851	麦格米特	机械设备	瑞典
002922	伊戈尔	机械设备	美国、德国
300024	机器人	机械设备	新加坡
300030	阳普医疗	机械设备	美国
300068	南都电源	机械设备	美国、澳大利亚、德国、加拿大
300112	万讯自控	机械设备	丹麦
300123	亚光科技	机械设备	意大利、美国
300130	新国都	机械设备	美国
300137	先河环保	机械设备	美国
300145	中金环境	机械设备	西班牙、美国、新加坡
300153	科泰电源	机械设备	新加坡

续表

股票代码	上市公司简称	所属行业	主要投资的发达国家
300154	瑞凌股份	机械设备	德国、美国
300171	东富龙	机械设备	意大利、美国
300193	佳士科技	机械设备	意大利、美国、德国
300201	海伦哲	机械设备	德国、法国
300202	聚龙股份	机械设备	德国
300206	理邦仪器	机械设备	美国
300207	欣旺达	机械设备	德国
300216	千山药机	机械设备	美国、德国
300217	东方电热	机械设备	韩国、新加坡
300222	科大智能	机械设备	德国
300228	富瑞特装	机械设备	新加坡
300246	宝莱特	机械设备	德国
300249	依米康	机械设备	意大利、澳大利亚
300257	开山股份	机械设备	新加坡、美国、奥地利
300274	阳光电源	机械设备	澳大利亚、新加坡、加拿大、德国
300283	温州宏丰	机械设备	美国、德国
300293	蓝英装备	机械设备	德国、意大利
300298	三诺生物	机械设备	美国
300316	晶盛机电	机械设备	日本
300318	博晖创新	机械设备	美国
300362	天翔环境	机械设备	德国
300370	安控科技	机械设备	美国
300382	斯莱克	机械设备	韩国、英国、意大利、美国
300391	康跃科技	机械设备	美国
300407	凯发电气	机械设备	德国
300415	伊之密	机械设备	美国
300421	力星股份	机械设备	美国
300430	诚益通	机械设备	美国

续表

股票代码	上市公司简称	所属行业	主要投资的发达国家
300432	富临精工	机械设备	法国
300435	中泰股份	机械设备	美国
300438	鹏辉能源	机械设备	日本
300442	普丽盛	机械设备	意大利
300445	康斯特	机械设备	美国
300450	先导智能	机械设备	韩国、美国、芬兰
300457	赢合科技	机械设备	日本
300464	星徽精密	机械设备	意大利
300473	德尔股份	机械设备	日本、美国
300480	光力科技	机械设备	英国
300503	昊志机电	机械设备	瑞士
300507	苏奥传感	机械设备	德国
600006	东风汽车	机械设备	新加坡、日本
600336	澳柯玛	机械设备	美国
600346	恒力石化	机械设备	新加坡
600526	菲达环保	机械设备	新加坡
600741	华域汽车	机械设备	美国、德国
600983	惠而浦	机械设备	日本
601238	广汽集团	机械设备	美国
603158	腾龙股份	机械设备	法国
000333	美的集团	机械设备	德国、以色列、新加坡
002028	思源电气	机械设备	瑞士、美国
002335	科华恒盛	机械设备	法国
002459	晶澳科技	机械设备	美国、德国、日本、加拿大、澳大利亚
002555	三七互娱	机械设备	美国、韩国
300003	乐普医疗	机械设备	荷兰、美国
300203	聚光科技	机械设备	日本、美国
600079	人福医药	医药生物	新加坡、英国、美国、澳大利亚

续表

股票代码	上市公司简称	所属行业	主要投资的发达国家
600216	浙江医药	医药生物	德国、美国
600267	海正药业	医药生物	美国、德国
600276	恒瑞医药	医药生物	美国、德国、日本
600351	亚宝药业	医药生物	美国
600422	昆药集团	医药生物	美国
600521	华海药业	医药生物	德国、美国、韩国、日本
600535	天士力	医药生物	澳大利亚、法国、美国、荷兰、加拿大
600664	哈药股份	医药生物	美国
603222	济民制药	医药生物	西班牙
603367	辰欣药业	医药生物	美国
603456	九洲药业	医药生物	美国
603998	方盛制药	医药生物	美国
000423	东阿阿胶	医药生物	德国
000513	丽珠集团	医药生物	美国
000623	吉林敖东	医药生物	美国
002004	华邦健康	医药生物	瑞士、德国
002020	京新药业	医药生物	美国、以色列、德国、英国
002030	达安基因	医药生物	加拿大、美国
002038	双鹭药业	医药生物	美国、加拿大
002099	海翔药业	医药生物	德国
002118	紫鑫药业	医药生物	美国、荷兰
002166	莱茵生物	医药生物	美国、意大利
002287	奇正藏药	医药生物	美国
002294	信立泰	医药生物	美国、瑞士
002332	仙琚制药	医药生物	美国、意大利
002349	精华制药	医药生物	美国
002370	亚太药业	医药生物	加拿大
002399	海普瑞	医药生物	美国、加拿大

股票代码	上市公司简称	所属行业	主要投资的发达国家
002422	科伦药业	医药生物	美国
002433	太安堂	医药生物	美国
002437	誉衡药业	医药生物	美国
002550	千红制药	医药生物	澳大利亚
002675	东诚药业	医药生物	美国
002688	金河生物	医药生物	美国
002693	双成药业	医药生物	意大利
002737	葵花药业	医药生物	美国
002773	康弘药业	医药生物	以色列、美国
300049	福瑞股份	医药生物	法国
300199	翰宇药业	医药生物	德国
300255	常山生化	医药生物	德国、美国、加拿大
300363	博腾股份	医药生物	美国、瑞士、比利时
300439	美康生物	医药生物	美国、日本
600085	同仁堂	医药生物	美国、澳大利亚

资料来源：国泰安数据库、商务部公布的《境外投资企业（机构）名录》。

参考文献

[1] 白洁. 对外直接投资的逆向技术溢出效应 [J]. 世界经济研究, 2009 (8): 65 – 69.

[2] 白洁. 基于吸收能力的逆向技术溢出效应实证研究 [J]. 科研管理, 2011 (12): 41 – 45.

[3] 蔡冬青, 周经. 对外直接投资反向技术外溢的国际经验: 基于母国吸收能力的考察 [J]. 财经科学, 2014 (3): 121 – 130.

[4] 陈菲琼, 虞旭丹. 企业对外直接投资对自主创新的反馈机制研究: 以万向集团 OFDI 为例 [J]. 财贸经济, 2009 (3): 101 – 106.

[5] 陈菲琼, 钟芳芳, 陈珧. 中国对外直接投资与技术创新研究 [J]. 浙江大学学报, 2013 (4): 170 – 181.

[6] 陈昊, 吴雯. 中国 OFDI 国别差异与母国技术进步 [J]. 科学学研究, 2016 (1): 49 – 56.

[7] 陈培如, 冼国明. 中国对外直接投资的逆向技术溢出效应: 基于二元边际的视角 [J]. 科研管理, 2020 (4): 1 – 10.

[8] 陈强. 高级计量经济学及 Stata 应用 (第二版) [M]. 北京: 高等教育出版社, 2014.

[9] 陈岩, 翟瑞瑞. 对外投资、转移产能过剩与结构升级 [J]. 广东社会科学, 2015 (1): 5 – 16.

[10] 崔昊. 对外直接投资、逆向技术溢出与母国技术进步 [D]. 天津: 南开大学, 2012.

[11] 崔敏, 魏修建. 吸收能力与技术结构双重机制下服务业国际溢出效应

研究 [J]. 数量经济技术经济研究, 2016 (2): 76 - 94.

[12] 丁婉玲. 中国制造企业对外直接投资的动机与进入模式研究 [D]. 杭州: 浙江大学, 2011.

[13] 杜群阳, 朱勤. 中国企业技术获取型海外直接投资理论与实践 [J]. 国际贸易问题, 2004 (11): 66 - 69.

[14] 符磊, 强永昌. OFDI 逆向技术溢出产生的内生机制: 理论与启示 [J]. 投资研究, 2014 (7): 94 - 109.

[15] 付海燕. 对外直接投资逆向技术溢出效应研究: 基于发展中国家和地区的实证检验 [J]. 世界经济研究, 2014 (9): 56 - 67.

[16] 傅家骥. 技术创新学 [M]. 北京: 清华大学出版社, 1998.

[17] 高良谋, 马文甲. 开放式创新: 内涵、框架与中国情境 [J]. 管理世界, 2014 (6): 157 - 169.

[18] 高潇博, 王璐雯, 孔群喜. OFDI 逆向技术溢出是否存在"门槛条件": 基于区域及行业的视角 [J]. 国际商务 (对外经济贸易大学学报), 2018 (6): 61 - 74.

[19] 葛顺奇, 陈江滢. 中国企业对外直接投资面对疫情危机新挑战 [J]. 国际经济合作, 2020 (4): 21 - 36.

[20] 葛顺奇, 罗伟. 中国制造业企业对外直接投资和母公司竞争优势 [J]. 管理世界, 2013 (6): 28 - 41.

[21] 关志雄. 中美经济摩擦进入新阶段: 矛盾焦点从贸易失衡转向技术转移 [J]. 国际经济评论, 2018 (4): 35 - 45.

[22] 郭周明. 中国 OFDI 投资风险与对策: 以欧美为例 [J]. 国际经贸探索, 2019 (3): 4 - 17.

[23] 韩先锋. 中国对外直接投资逆向创新的价值链外溢效应 [J]. 科学学研究, 2019 (3): 556 - 567.

[24] 韩玉军, 王丽. 中国 OFDI 逆向技术溢出效应的影响因素研究: 基于国别面板数据的非线性门槛技术回归 [J]. 经济理论与经济管理, 2015 (6): 94 - 105.

[25] 黄晓丹. 中国对欧盟技术寻求型直接投资的逆向技术溢出效应研究

[D]．广州：广东外语外贸大学，2014．

[26] 霍忻，刘宏．中国对外直接投资的逆向技术溢出效应 [J]．首都经济贸易大学学报，2016（2）：3-10．

[27] 霍忻．中国对外直接投资逆向技术溢出的产业结构升级效应研究 [D]．北京：首都经济贸易大学，2016．

[28] 霍忻．中国企业技术获取型对外直接投资的技术进步效应研究 [J]．企业经济，2016（1）：36-42．

[29] 冀承，郭金兴．美国外国投资国家安全审查制度的历史变迁、制度设计及中国的应对 [J]．国际贸易，2019（6）：69-78．

[30] 冀相豹．中国对外直接投资影响因素分析：基于制度的视角 [J]．国际贸易问题，2014（9）：98-108．

[31] 贾妮莎，韩永辉，雷宏振．中国企业对外直接投资的创新效应研究 [J]．科研管理，2020（5）：122-130．

[32] 江小涓．跨国公司在华投资企业的研发行为 [J]．科技导报，2000（9）：27-31．

[33] 蒋冠宏，蒋殿春，蒋昕桐．我国技术研发型外向FDI的"生产率效应"：来自工业企业的证据 [J]．管理世界，2013（9）：44-53．

[34] 蒋冠宏，蒋殿春．中国工业企业对外直接投资与企业生产率进步 [J]．世界经济，2014（9）：53-76．

[35] 蒋冠宏．跨国并购和国内并购对企业市场价值的影响及差异：来自中国企业的证据 [J]．世界经济研究，2020（1）：82-95．

[36] 揭水晶，吉生保，温晓慧．OFDI逆向技术溢出与我国技术进步：研究动态及展望 [J]．国际贸易问题，2013（8）：161-169．

[37] 阚大学．对外直接投资的反向技术溢出效应 [J]．商业经济与管理，2010（1）：53-58．

[38] 孔群喜，彭丹，王晓颖．开放型经济下中国ODI逆向技术溢出效应的区域差异研究 [J]．世界经济与政治论坛，2019（7）：113-132．

[39] 雷红．中国OFDI逆向技术溢出、金融发展与全要素生产率 [J]．现代经济探讨，2019（8）：75-84．

［40］李佳，刘阳子．中国对欧盟直接投资：在规制与挑战中前行［J］．国际贸易，2019（9）：55-62.

［41］李娟，唐珮菡，万璐，庞有功．对外直接投资、逆向技术溢出与创新能力：基于省级面板数据的实证分析［J］．世界经济研究，2017（4）：59-71.

［42］李兰．OFDI的技术进步效应：基于母公司异质性视角的研究［D］．杭州：浙江大学，2018.

［43］李梅．国际R&D溢出与中国技术进步：基于FDI和OFDI传导机制的实证研究［J］．科研管理，2012（4）：86-92.

［44］李梅，柳士昌．对外直接投资逆向技术溢出的地区差异和门槛效应：基于中国省际面板数据的门槛回归分析［J］．管理世界，2012（1）：21-32.

［45］李梅，柳士昌．人力资本与国际R&D溢出：基于OFDI传导机制的实证研究［J］．科学学研究，2011（3）：373-383.

［46］李平，史亚茹．知识产权保护对OFDI逆向技术溢出的影响［J］．世界经济研究，2019（2）：99-110.

［47］李平，苏文喆．对外直接投资与我国技术创新：基于异质性投资东道国的视角［J］．国际商务（对外经济贸易大学学报），2014（2）：71-82.

［48］李童．双边关系对中国技术寻求型对外直接投资的影响［J］．人文杂志，2019（8）：47-54.

［49］李杏，钟亮．对外直接投资的逆向技术溢出效应研究：基于中国行业异质性的门槛回归分析［J］．山西财经大学学报，2016（11）：1-12.

［50］李延喜，何超，刘彦文，孔令文．对"一带一路"国家直接投资能否促进中国企业创新？［J］．科学学研究，2020（8）：1509-1525.

［51］梁锶，谢吉惠，苑生龙．中国对中东欧国家OFDI逆向技术溢出效应研究［J］．宏观经济研究，2018（8）：60-67.

［52］梁文化，刘宏．对外直接投资驱动中国技术进步的机理与实证研究：基于比较视角的分析［J］．经济问题探索，2017（2）：111-117.

［53］梁文化．中国OFDI逆向技术溢出对自主创新的影响研究［D］．北京：

首都经济贸易大学, 2017.

[54] 林青, 陈湛匀. 中国技术寻求型跨国投资战略: 理论与实证研究: 基于主要 10 个国家 FDI 逆向技术溢出效应模型的测度 [J]. 财经研究, 2008 (6): 86 – 99.

[55] 刘宏, 张蕾. 中国 ODI 逆向技术溢出对全要素生产率的影响程度研究 [J]. 财贸经济, 2012 (1): 95 – 100.

[56] 刘宏, 赵恒园, 李峰. 对外直接投资、吸收能力与地区创新产出: 基于省际面板数据的多变量门限回归分析 [J]. 河北经贸大学学报, 2019 (4): 38 – 49.

[57] 刘明霞. 中国对外直接投资的逆向技术溢出效应: 基于技术差距的影响分析 [J]. 中南财经政法大学学报, 2010 (3): 16 – 21.

[58] 卢进勇, 李思静, 张晨烨. 中欧 BIT 谈判重点、难点及策略 [J]. 国际经济合作, 2020 (3): 16 – 34.

[59] 马林, 章凯栋. 外商直接投资对中国技术溢出的分类检验研究 [J]. 世界经济, 2008 (7): 78 – 87.

[60] 马亚明, 张岩贵. 技术优势与对外直接投资: 一个关于技术扩散的分析框架 [J]. 南开经济研究, 2003 (4): 10 – 14.

[61] 毛其淋, 许家云. 中国企业对外直接投资是否促进了企业创新 [J]. 世界经济, 2014 (8): 98 – 125.

[62] 明秀南, 阎虹戎, 冼国明. 对外直接投资对企业创新的影响分析 [J]. 南方经济, 2019 (8): 39 – 55.

[63] 欧阳艳艳, 刘丽, 陈艳伊. 中国对外直接投资的产业效应研究 [J]. 产业经济评论, 2016 (1): 9 – 19.

[64] 欧阳艳艳. 中国对外直接投资逆向技术溢出的影响因素分析 [J]. 世界经济研究, 2010 (4): 66 – 71.

[65] 潘圆圆. 欧盟外资审查框架对中国的影响及应对策略 [J]. 国际贸易, 2019 (5): 19 – 26.

[66] 庞明川, 刘雷. 制度距离、技术差距和政治风险: 中国对发达国家逆向投资的影响因素分析 [J]. 财经问题研究, 2017 (9): 98 – 107.

[67] 庞明川. 中国对发达经济体逆向投资的现状、障碍与对策研究 [J]. 国际贸易, 2014 (5): 20 - 24.

[68] 裴长洪, 樊瑛. 中国企业对外直接投资的国家特定优势 [J]. 中国工业经济, 2010 (7): 45 - 52.

[69] 蒲红霞, 葛顺奇. 美国的外资安全审查制度与我国企业跨国并购的对策 [J]. 国际贸易, 2018 (3): 51 - 55.

[70] 仇怡, 吴建军. 我国对外直接投资的逆向技术外溢效应研究 [J]. 国际贸易问题, 2012 (10): 140 - 152.

[71] 茹玉骢. 技术寻求型对外直接投资及其对母国经济的影响 [J]. 经济评论, 2004 (2): 109 - 112.

[72] 茹运青, 孙本芝. 我国 OFDI 不同进入方式的逆向技术溢出分析: 基于技术创新投入产出视角的实证检验 [J]. 科技进步与对策, 2012 (10): 16 - 20.

[73] 沙文兵. 东道国特征与中国对外直接投资逆向技术溢出: 基于跨国面板数据的经验研究 [J]. 世界经济研究, 2014 (5): 60 - 65.

[74] 沙文兵, 李莹. OFDI 逆向技术溢出、知识管理与区域创新能力 [J]. 世界经济研究, 2018 (7): 80 - 94.

[75] 申俊喜, 王圳. 我国 OFDI 逆向技术溢出制约因素的实证研究 [J]. 科技与经济, 2013 (5): 71 - 75.

[76] 沈春苗, 郑江淮. 中国企业 "走出去" 获得发达国家 "核心技术" 了吗?: 基于技能偏向性技术进步视角的分析 [J]. 金融研究, 2019 (1): 111 - 127.

[77] 宋林, 张丹, 谢伟. 对外直接投资与企业绩效提升 [J]. 经济管理, 2019 (9): 57 - 74.

[78] 宋勇超. 中国对外直接投资的逆向技术溢出效应研究: 理论模型与实证检验 [J]. 经济经纬, 2015 (3): 60 - 65.

[79] 田巍, 余淼杰. 企业生产率和企业 "走出去" 对外直接投资: 基于企业层面数据的实证研究 [J]. 经济学 (季刊), 2012 (2): 383 - 408.

[80] 汪曲. 技术结构视角下吸收能力与知识溢出效应: 基于中国省际 1995 ~

2009 年面板数据的经验研究 [J]. 经济管理，2012 (9)：12 - 24.

[81] 汪洋，严军，马春光. 中国企业对外直接投资与区域自主创新能力 [J]. 经济与管理研究，2015 (10)：122 - 129.

[82] 王桂军，张辉. "一带一路"与中国 OFDI 企业 TFP：对发达国家投资视角 [J]. 世界经济，2020 (5)：49 - 72.

[83] 王建，胡珑瑛，马涛. 吸收能力、开放度与创新平衡模式的选择：基于上市公司的实证研究 [J]. 科学学研究，2015 (2)：304 - 312.

[84] 王恕立，向姣姣. 对外直接投资逆向技术溢出与全要素生产率：基于不同投资动机的经验分析 [J]. 国际贸易问题，2014 (9)：109 - 119.

[85] 王杨. 中国对外直接投资的逆向溢出和吸收能力研究 [J]. 宏观经济研究，2016 (4)：97 - 105.

[86] 王英，刘思峰. 国际技术外溢渠道的实证研究 [J]. 数量经济技术经济研究，2008 (4)：153 - 161.

[87] 王宇鹏. 中国企业对欧洲贸易投资的政策风险和对策 [J]. 国际贸易，2019 (4)：60 - 67.

[88] 吴建军，仇怡. 我国对外直接投资的技术创新效应：基于研发投入和产出的分析视角 [J]. 当代经济科学，2013 (1)：75 - 80.

[89] 吴先明，向媛媛. 国际化是否有助于提升后发企业的创新能力：基于中国上市公司的实证研究 [J]. 国际贸易问题，2017 (9)：14 - 24.

[90] 冼国明，杨锐. 技术累积、竞争策略与发展中国家对外直接投资 [J]. 经济研究，1998 (11)：57 - 64.

[91] 肖慧敏，刘辉煌. 中国企业对外直接投资的学习效应研究 [J]. 财经研究，2014 (4)：42 - 53.

[92] 肖慧敏. 企业异质性对中国对外直接投资行为与绩效的影响研究 [D]. 长沙：湖南大学，2015.

[93] 肖利平，谢丹阳. 国外技术引进与本土创新增长：互补还是替代：基于异质吸收能力的视角 [J]. 中国工业经济，2016 (9)：75 - 92.

[94] 徐大可，陈劲. 后来企业自主创新能力的内涵和影响因素分析 [J]. 经济社会体制比较，2006 (2)：17 - 22.

[95] 徐欣煜. 中国对欧盟 OFDI 逆向技术溢出效应的影响因素研究：基于吸收能力视角 [D]. 苏州：苏州大学，2016.

[96] 许晓娟，智冬晓. 中国本土企业获得 FDI 垂直技术溢出了吗?：基于 1999~2006 年中国制造业企业的实证研究 [J]. 中国软科学，2013 (8)：43 −54.

[97] 杨林. 我国科技型企业技术创新国际化战略的理论分析 [J]. 科学管理研究，2010 (3)：5 −10.

[98] 叶建平，申俊喜，胡潇. 中国 OFDI 逆向技术溢出的区域异质性与动态门限效应 [J]. 世界经济研究，2014 (10)：66 −73.

[99] 叶娇，赵云鹏. 对外直接投资与逆向技术溢出：基于企业微观特征的分析 [J]. 国际贸易问题，2016 (1)：134 −144.

[100] 尹东东，张建清. 我国对外直接投资逆向技术溢出效应研究：基于吸收能力视角的实证分析 [J]. 国际贸易问题，2016 (1)：109 −120.

[101] 赵宸宇，李雪松. 对外直接投资与企业技术创新：基于中国上市公司微观数据的实证研究 [J]. 国际贸易问题，2017 (6)：105 −117.

[102] 赵春明. 跨国公司与国际直接投资 [M]. 北京：机械工业出版社，2013.

[103] 赵伟，古广东，何元庆. 外向 FDI 与中国技术进步：机理分析与尝试性实证 [J]. 管理世界，2006 (7)：53 −60.

[104] 郑丹青. 对外直接投资与全球价值链分工地位：来自中国微观企业的经验证据 [J]. 国际贸易问题，2019 (8)：109 −123.

[105] 钟红，吴丹. 美国《外国投资风险评估现代化法案 2018》影响研究 [J]. 国际贸易，2019 (1)：75 −82.

[106] 周春应. 对外直接投资逆向技术溢出效应吸收能力研究 [J]. 山西财经大学学报，2009 (8)：47 −53.

[107] 周晶晶. 异质性企业跨国并购对其技术能力提升效应的研究：基于吸收能力的视角 [D]. 苏州：苏州大学，2018.

[108] 周立. 中美贸易争端：技术封锁与保护主义 [J]. 国际经贸探索，2018 (10)：88 −104.

[109] 周茂，陆毅，陈丽丽. 企业生产率与企业对外直接投资进入模式选

择：来自中国企业的证据 [J]. 管理世界，2015 (11)：70 – 86.

[110] 朱彤，崔昊. 对外直接投资、逆向技术溢出与中国技术进步 [J]. 世界经济研究，2012 (10)：60 – 67.

[111] 宗芳宇. 全球跨境投资政策变化、影响及中国的对策 [J]. 国际贸易，2019 (3)：50 – 56.

[112] 邹玉娟，陈漓高. 我国对外直接投资与技术提升的实证研究 [J]. 世界经济研究，2008 (5)：70 – 77.

[113] Aghion P，Howitt P. A Model of Growth Through Creative Destruction [J]. Econometrics，1992，60 (2)：323 – 351.

[114] Arrow K J. The Economic Implications of Learning by Doing [J]. The Review of Studies，1962，29 (3)：155 – 173.

[115] Barrios S，Gorg H，Strob E. Foreign Direct Investment Competition and Industrial Development in the Host Country [J]. European Economic Review，2005 (49)：1761 – 1784.

[116] Barro R，Lee J W. International Comparison of Educational Attainment [J]. Journal of Monetary Economics，1993 (34)：143 – 173.

[117] Bernard A B，Jensen B. Exporters，Jobs and Wages in U. S. Manufacturing：1976 – 1987 [J]. Brookings Papers on Economic Activity Microeconomics，1995：67 – 119.

[118] Bitzer J，Kerekes M. Does Foreign Direct Investment Transfer Technology Across Borders? [J]. New Evidence Economics Letters，2008，100 (3)：355 – 358.

[119] Blomstrom M，Sjoholm F. Technology Transfer and Spillovers：Does Local Participation with Multinationals Matter? [J]. European Economic Review，1999，43 (4)：915 – 923.

[120] Braconier H，Ekholm K. Foreign Direct Investment in Central and Eastern Europe：Employment Effects in the EU [J]. Social Science Electronic Publishing，2002，4 (1)：561 – 562.

[121] Branstetter L. Is Foreign Direct Investment a Channel of Knowledge Spillo-

vers? Evidence from Japan's FDI in the United States [J]. Journal of International Economics, 2006, 68 (2): 325 – 344.

[122] Cantwell J. Technology Sourcing by Foreign-Owned MNEs in Germany [J]. EIBA Annual Conference, Athens, 2002 (12): 8 – 10.

[123] Cantwell J, Tolentino P E. Technological Accumulation and Third World Multinational [J]. International Investment and Business Studies, University of Reading, 1990, 139 (7): 129 – 157.

[124] Cesar C, Beatriz F. Knowledge Absorptive Capacity: New Insights for Its Conceptualization and Measurement [J]. Journal of Business Research, 2010, 63 (7): 707 – 715.

[125] Chesbrough H W. Open Innovation: The New Imperative for Creating and Profiting from Technology [M]. Boston: Harvard Business Press, 2003.

[126] Coe D T, Helpman E. International R&D Spillovers [J]. European Economic Review, 1995 (39): 859 – 887.

[127] David C. The Impact of Outward Investments on Parent Company's Employment and Skill Composition: Evidence from the Italian Ease [J]. Structural Change and Economic Dynamics, 2008 (19): 81 – 94.

[128] Driffield N, Love J H. Foreign Direct Investment: Technology Sourcing and Reverse Spillovers [J]. The Manchester School, 2003, 71 (6): 659 – 672.

[129] Driffield N, Love J H, Yang Y. Technology Sourcing and Reverse Productivity Spillovers in the Multinational Enterprise: Global or Regional Phenomenon? [J]. British Journal Manage, 2014, 25 (1): 24 – 41.

[130] Dunning J H. International Production and the Multinational Enterprise [M]. London: Allen & Unwin, 1981: 75 – 86.

[131] Fosfuri A, Motta M. Multinationals Without Advantages [J]. The Scandinavian Journal of Economics, 1999, 101 (4): 617 – 630.

[132] Fosfuri A, Motta M, Ronde T. Foreign Direct Investment and Spillovers Through Workers' Mobility [J]. Journal of International Economics, 2001,

53 (1): 205 – 222.

[133] Griliches Z. The Search for R&D Spillovers [J]. Scandinavian Journal of Economics, 1992 (4): 29 – 47.

[134] Gwanghoon L. The Effectiveness of International Knowledge Spillover Channels [J]. European Economic Review, 2006, 50 (8): 2075 – 2088.

[135] Hansen B E. Threshold effects in Non-Dynamic Panels Estimations, Testing and Inference [J]. Journal of Economics, 1999, 93 (2): 345 – 368.

[136] Helpman E, Coe D T. International R&D Spillovers [J]. European Economic Review, 1995 (39): 859 – 887.

[137] Helpman E, Melitz M, Yeaple S R. Export versus FDI with Heterogenous Firms [J]. American Economic Review, 2004, 94 (1): 300 – 316.

[138] Hermes N, Lensink R. Foreign Direct Investment, Financial Development and Economic Growth [J]. The Journal of Development Studies, 2003 (40): 142 – 163.

[139] Herzer D. The Long-run Relationship between Outward Foreign Direct Investment and Total Factor Productivity: Evidence for Developing Countries [J]. The Journal of Development Studies, 2011, 47 (5): 67 – 85.

[140] Hitt M A, Hoskisson R E, Kim H. International Diversification: Effects on Innovation and Firm Performance in Product-Diversified Firms [J]. Academy of Management Journal, 1997, 40 (4): 767 – 798.

[141] Hymer S. The International Operations of National Firms: A Study of Direct Foreign Investment [M]. Cambridge, Massachusetts: MIT Press, 1976.

[142] Kogut B, Chang S. Technological Capabilities and Japanese Foreign Direct Investment in the United States [J]. The Review of Economics and Statistics, 1991 (73): 401 – 413.

[143] Lall S. The New Multinationals: The Spread of Third World Enterprises [M]. London: Wiley, 1983.

[144] Lecraw R C, Wolfe R. Controlled Compensation Walls and Compromise Compensation Walls in Garnet Films by the Silicon Annealing Technique

[J]. Magnetism & Magnetic Materials, 1993 (18): 188 – 192.

[145] Lichtenberg F R, Pottelsberghe de la Potterie B. Does Foreign Direct Investment Transfer Technology Across Borders [J]. The Reviews of Economics and Statistics, 2001 (1): 10 – 20.

[146] Lucas R E. On the Mechanics of Economic Development [J]. Journal of Monetary Economics, 1988, 22 (1): 3 – 42.

[147] Makino S, Yiu D. The Choice Between Joint Venture and Wholly Owned Subsidiary: An Institutional Perspective [J]. Organization Science, 2002, 13 (6): 667.

[148] Mani S. Outward Foreign Direct Investment from India and Knowledge Flows, the Case of Three Automotive Firms [J]. Asian Journal Technology Innovation, 2013, 21 (1): 25 – 38.

[149] Mansfield E. Technology Transfer, Innovation and Public Policy [M]. Lexington: DC Heath, 1982.

[150] Mathews J A. Dragon Multinationals: New Players in 21st Century Globalization [J]. Asia Pacific Journal of Management, 2006 (23): 5 – 27.

[151] Melitz M J. The Impact of Trade on Intra-Industry Reallocations and Aggregate Industry Productivity [J]. Econometrica, 2003, 71 (6): 1695 – 1725.

[152] Miller D A. Preliminary Typology of Organizational Learning: Synthesizing the Literature [J]. Journal of Management, 1996, 22 (3): 485 – 505.

[153] Morck R, Yeung B, Zhao M. Perspective On China's Outward Foreign Direct Investment [J]. Journal of International Business Studies, 2008 (39): 337 – 350.

[154] Nelson R R. Institutions Supporting Technical Change in the United States [M]. Technical Change and Economic Theory, London, 1987.

[155] Neven D, Siotis G. Foreign Direct Investment in the European Community [J]. Oxford Review of Economic Policy, 1993 (9): 72 – 93.

[156] North D C, Thomas R P. The Rise and Fail of the Manorial System: A

Theoretical Model [J]. The Journal of Economic History, 1971, 31 (4):
777 – 803.

[157] Peter C. Acquisition Integration Models: How Large Companies Successfully
Integrate Startups [J]. Technology Innovation Management Review, 2011
(10): 26 – 31.

[158] Porter M. The Competitive Advantage of Nations [M]. London: Macmillan,
1990.

[159] Ramasamy B, Yeung M. The Determinants of Foreign Direct Investment in
Services [J]. World Economy, 2010 (33): 573 – 596.

[160] Romer P M. Endogenous Technological Change [J]. Journal of Political
Economy, 1990, 98 (5): 71 – 102.

[161] Romer P M. Increasing Returns and Long-run Growth [J]. Journal of Politi-
cal Economy, 1986, 94 (5): 1002 – 1037.

[162] Sivak R, Caplanova A, Hudson J. The Impact of Governance and Infra-
structure on Innovation [J]. Post-Communist Economies, 2011, 23 (2):
203 – 217.

[163] Solow R M. Technical Change and the Aggregate Production Function [J].
Review of Economics & Statistics, 1957, 39 (3): 554 – 562.

[164] Stefano E, Lueia P. The Impact of Outward FDI on the Home Country's La-
bour Demand and Skill Composition [J]. International Business Review,
2009 (18): 357 – 372.

[165] Teece D J. Foreign Investment and Technological Development in Silicon
Valley [J]. California Management Review, 1992, 34 (2): 88 – 106.

[166] Uzawa, H. Optimum Technical Change in an Aggregative Model of Economic
Growth [J]. International Economic Review, 1965, 6 (1): 18 – 31.

[167] Vahter P, Masso J. Home Versus Host Country Effects of FDI: Searching
for New Evidence of Productivity Spillovers [J]. Bank of Estonia Working
Papers, 2005, 53 (2): 165 – 196.

[168] Van Pottelsberghe de la Potterie B, Lichtenberg F R. Does Foreign Direct

Investment Transfer Technology Across Borders [J]. The Review of Economics and Statistics, 2001 (83): 490 - 497.

[169] Vernon R. International Investment and International Trade in the Product Cycle [J]. The Quarterly Journal of Economics, 1966, 80 (2): 190 - 207.

[170] Wells L J. Third World Multinationals: The Rise of Foreign Direct Investment from Developing Countries [M]. New York: Wiley, 1983.

[171] Wesson T. A Model of Asset—Seeking Foreign Direct Investment Driven by Demand Conditions [J]. Canadian Journal of Administrative Sciences, 1999, 16 (1): 1 - 10.

[172] Yamawaki II. International Competitiveness and the Choice of Entry Mode [J]. The Review of Economics & Statistics, 1993 (83): 490 - 497.

后　记

　　本书是在我的博士论文基础之上，经过修改补充完成的。首先感谢经济科学出版社的编辑们，在她们的支持下本书才得以顺利出版。博士毕业论文的写作过程使我感慨颇多，尽管在这期间感受到了科研工作的辛苦、乏味以及心理上的煎熬，但体会到更多的还是收获。论文写作过程中，通过阅读几百篇中外文参考文献和相关书籍，使自己的知识储备更加充实，从最初的彷徨、迷惑，逐渐找到了清晰的研究思路和方向。查阅文献、收集数据、分析论证成了我生活的主基调，其间感受到了痛苦、沮丧、压力，但是坚持下去的信念始终没有放弃。天道酬勤，刻苦努力终将获得回报。通过毕业论文的写作，使我不仅收获了愈加丰厚的专业知识、更有效的研究方法，开阔了学术视野，也磨炼了自己的意志。感谢母校辽宁大学，给我提供了继续深造的平台，让我实现了人生理想。我要感谢在这里遇到的许多良师益友，正是有了师长的辛勤指导、同学们的互相帮助、家人的鼓励和付出，才使我有信心继续完成学业，借此机会向所有帮助过我的人表示诚挚的谢意。

　　首先感谢我的导师徐坡岭教授，徐老师学术成就斐然，为人谦逊和蔼。能成为徐老师的学生，是我一生的荣耀。当初报考博士时，徐老师平易近人，接纳我为门下弟子。尽管后来徐老师调离辽大到北京工作，但仍然坚持把我们几个博士生带到毕业，使我们不胜感激。论文选题时，导师给我指点了新颖的研究视角，让我很受启发，明确了研究方向。论文写作过程中，恩师儿次打电话给我，关心论文的进度并给予指点。徐老师在讲授专业课时，给予我们学术上的点拨、思维上的引导，使同学们受益匪浅。徐老师治学严谨、诲人不倦的精神是我一生学习的楷模。

　　同时感谢导师组的其他几位老师，在论文开题时崔岩教授、刘洪钟教授和曲文轶教授给我提出了宝贵意见，使我的论文结构进一步明确。预答辩时，刘文革教授、孙丽教授、杨攻研教授以及吉林大学的史本叶教授等老师给我提出的修改建议，使我论文的细节能够更加完善。同时也要感谢参加我毕业论文答辩的各位老师，对我论文的悉心评阅和指点，导师们严谨求实的学术态度让人敬佩！

　　感谢我的同窗好友们，还记得第一年求学时，高级微观、宏观和计量经济学都颇有难度，大家一起商讨作业，准备期末复习时集思广益、团结互助。尽管在一起学习相处的时光短暂，但友情深厚。今后愿大家友谊长存，共同进步！另外，也要感谢院办负责研究生工作的老师和学弟学妹们，他们提供细致周到的服务，为我们的学业顺利完成提供了便利。

　　感谢我的家人们，他们不仅在生活上给予我无微不至的关照，在精神上也一直鼓励我完成学业，他们无私的爱一直激励我前行！亲人们的关心和帮助将永远是我前进的动力。

　　博士论文的完成不是终点，而是学术生涯新的起点，未来我会将刻苦钻研、持之以恒的精神延续下去，在今后的学术研究中砥砺前行、再创新高！